本书获得中国社会科学院大学中央高校基本科研业务费优秀博士学位论文出版资助项目经费支持，谨以致谢！

中国社会科学院大学文库
优秀博士学位论文系列
UCASS EXCELLENT
DOCTORAL DISSERTATION

元代刑部研究

陈佳臻 著

中国社会科学出版社

图书在版编目(CIP)数据

元代刑部研究/陈佳臻著.—北京：中国社会科学出版社，2021.12
（中国社会科学院大学文库.优秀博士学位论文系列）
ISBN 978-7-5203-9315-7

Ⅰ.①元… Ⅱ.①陈… Ⅲ.①刑部—研究—中国—元代 Ⅳ.①D691.42

中国版本图书馆 CIP 数据核字（2021）第 227013 号

出 版 人	赵剑英
责任编辑	刘　芳
责任校对	郭若男
责任印制	李寡寡

出　　版	中国社会科学出版社
社　　址	北京鼓楼西大街甲 158 号
邮　　编	100720
网　　址	http://www.csspw.cn
发 行 部	010-84083685
门 市 部	010-84029450
经　　销	新华书店及其他书店
印　　刷	北京明恒达印务有限公司
装　　订	廊坊市广阳区广增装订厂
版　　次	2021 年 12 月第 1 版
印　　次	2021 年 12 月第 1 次印刷
开　　本	710×1000　1/16
印　　张	21.5
字　　数	385 千字
定　　价	96.00 元

凡购买中国社会科学出版社图书，如有质量问题请与本社营销中心联系调换
电话：010-84083683
版权所有　侵权必究

中国社会科学院大学文库
优秀博士学位论文系列
编辑委员会

主　任	张政文　王新清
副主任	林　维　张　波　张　斌
编　委	（按姓氏笔画排序）

王　炜　向　征　刘　强　刘文瑞　杜智涛
李　俊　何庆仁　张菀洺　赵　猛　赵一红
皇　娟　徐　明　高海龙

中国社会科学院大学优秀博士学位论文系列

序　　言

呈现在读者面前的这套中国社会科学院大学（以下简称中国社科大）优秀博士学位论文集，是专门向社会推介中国社科大优秀博士学位论文而设立的出版资助项目，属于中国社会科学院大学文库的重要组成部分。

中国社科大的前身，是中国社会科学院研究生院。中国社会科学院研究生院成立于 1978 年，是新中国成立最早的研究生院之一。1981 年 11 月 3 日，国务院批准中国社会科学院研究生院为首批博士和硕士学位授予单位，共批准了 22 个博士授权学科和 29 位博士生导师。截至 2020 年 7 月，中国社科大（中国社会科学院研究生院）拥有博士学位一级学科 17 个、硕士学位一级学科 16 个；博士学位二级学科 108 个、硕士学位二级学科 114 个；还有金融、税务、法律、社会工作、文物与博物馆、工商管理、公共管理、汉语国际教育等 8 个硕士专业学位授权点；共有博士生导师 757 名、硕士生导师 1132 名。40 多年来共授予科学学位硕士 7612 人、博士 6268 人，专业硕士学位 6714 人。

为鼓励博士研究生潜心治学，作出优秀的科研成果，中国社会科学院研究生院自 2004 年开始评选优秀博士学位论文。学校为此专门制定了《优秀博士学位论文评选暂行办法》，设置了严格的评选程序。按照"宁缺勿滥"的原则，从每年答辩的数百篇博士学位论文中，评选不超过10篇的论文予以表彰奖励。这些优秀博士学位论文有以下共同特点：一是选题为本学科前沿，有重要理论意义和实践价值；二是理论观点正确，理论或方法有创新，研究成果处于国内领先水平，具有较好的社会效益或应用价值与前景；三是资料翔实，逻辑严谨，文字流畅，表达确当，无学术不端行为。

《易·乾》曰："君子学以聚之，问以辩之。"学术研究要"求真求实求新"。博士研究生已经跨入学术研究的殿堂，是学术研究的生力军，是高水平专家学者的"预备队"，理应按照党和国家的要求，立志为人民做学问，为国家、社会的进步出成果，为建设中国特色社会主义的学术体系、学科体系和话语体系做贡献。

习近平总书记教导我们：学习和研究"要求真，求真学问，练真本领。'玉不琢，不成器；人不学，不知道'。学习就必须求真学问，求真理、悟道理、明事理，不能满足于碎片化的信息、快餐化的知识"。按照习近平总书记的要求，中国社科大研究生的学习和学术研究应该做到以下三点。第一，要实实在在地学习。这里的"学习"不仅是听课，读书，还包括"随时随地的思和想，随时随地的见习，随时随地的体验，随时随地的反省"（南怀瑾先生语）。第二，要读好书，学真知识。即所谓"有益身心书常读，无益成长事莫为"。现在社会上、网络上的"知识"鱼龙混杂，读书、学习一定要有辨别力，要读好书，学真知识。第三，研究问题要真，出成果要实在。不要说假话，说空话，说没用的话。

要想做出实实在在的学术成果，首先要选择真问题进行研究。这里的真问题是指那些为推动国家进步、社会发展、人类文明需要解决的问题，而不是没有理论意义和实践价值的问题，也不是别人已经解决了的问题。其次，论述问题的依据要实在。论证观点依靠的事例、数据、观点是客观存在的，是自己考据清楚的，不能是虚假的，也不能是自以为是的。再次，要作出新结论。这里说的新结论，是超越前人的。别人已经得出的结论，不能作为你研究成果的结论；对解决问题没有意义的结论，也不必在你的成果中提出。要依靠自己的独立思考和研究，从"心"得出结论。做到"我书写我心，我说比人新，我论体现真"。

我希望中国社科大的研究生立志高远，脚踏实地，以优异的学习成绩和学术成果"为国争光、为民造福"。这也是出版本优秀博士学位论文集的初衷。

王新清

2021年12月9日

序　言

　　元代是中国法律发展史上一个非常特殊而重要的阶段。说其特殊，不仅是因元朝的统治民族为蒙古族，更因在其百年统治中竟然无成文法典，完全依靠各种"例"来调整法律关系，按当时的话来说，就是"有例可援，无法可守"。元代的"例"，包含了相当多类似于判例的内容，像21世纪初发现的《至正条格》断例残卷，其中具体案件的判决例竟然超过一半，占比达58%强，这种现象在判例法不太成熟的古代中国应当说是非常罕见的。说其重要，是因元代法律乃至司法体系中发生的许多变化直接影响到以后的明清时代。譬如刑部，因有元一代不设大理寺，刑部实际上已兼具前代大理寺的职能，导致其审判功能大大增强。前述元代许多具体案件的判决例，实际上有相当多由刑部作出，经中书省批准，作为"通例"颁行全国。明清时代虽然重设大理寺，但刑部审判功能的强化，不能不说与元代的影响有关。

　　元代司法审判制度，学界研究已有不少积累，但以刑部本身作为研究对象，目前似还未见有专门论著。陈佳臻君《元代刑部研究》是在其博士论文的基础上修改完成的，对元代刑部的建置沿革、官吏设置、职能乃至对后世的影响等，全书均有较深入研究，其中不乏真知灼见。虽然有些内容，如刑部在司法审判中如何创制判例（或者说刑部如何"造法"），涉及不多，小有遗憾，但全书应当说基本厘清了元代刑部的一些基本问题，推动了相关研究走向深入。这一点，相信读者在通读全书后，会自有评判。

佳臻君是我指导的第一名博士研究生。本来，他在北京师范大学历史学院从游彪教授学习宋史，毕业后始随我学元史。中国社会科学院研究生院（现改为中国社会科学院大学）的博士研究生学制仅有三年，学习时间并不充裕，对跨方向的学生来说尤其如此。起初，我很担心他能否按期毕业。所幸的是，佳臻君在校期间，学习异常刻苦，很快就掌握了元史基础知识，并通读了大部分元代基本文献。元代刑部，是他刚入学不久就确定下来的题目，以此之故，佳臻君能有的放矢，最大限度地利用有限时间完成毕业论文的写作。论文答辩时，受到答辩委员会的一致认可，并被评为当年研究生院优秀博士论文。

元代法律史尽管有其特殊性与重要性，但客观地讲，这门学科迄今尚未受到学界应有重视。目前所见各类相关辞书或大学教材，或对元代法律避而不谈，或错误观点连篇累牍。究其实质，是因目前法史学界尚未完全脱离"通""专"失衡的状态，具体到元代，就是常从唐宋或明清法律的视角来揣度元代，却忽视元代法律自身的特殊性。佳臻君毕业后，有志于从事中国法律史研究，目前正在中国法律史研究的重镇——中国政法大学做师资博士后，如不出意外，应该会以法律史学为其终生职业。在这里，我衷心希望佳臻君能以《元代刑部研究》为学术生涯的起点，百尺竿头，更进一步，在不久的将来续出更多这方面的成果。

是为序。

刘　晓
2021 年 1 月 31 日

目　　录

绪　论 ………………………………………………………（1）
　一　选题缘起和意义 ……………………………………（1）
　二　研究对象与范式 ……………………………………（4）
　三　研究综述 ……………………………………………（10）

第一章　元代刑部渊源概述 ……………………………（15）
　第一节　唐宋时期的刑部建置与职能概况 ……………（16）
　第二节　辽金时期刑部建置与职能概况 ………………（19）
　第三节　大蒙古国时期的汉地司法机构变迁 …………（25）
　第四节　关于"行六部"问题辨析 ………………………（29）
　小　结 ……………………………………………………（32）

第二章　元代刑部建置考 ………………………………（33）
　第一节　元代中书省的建省概况 ………………………（33）
　第二节　中统以来刑部名称的变化：
　　　　　右三部—兵刑部—刑部 ………………………（38）
　　一　中统二年六月以前的中书省僚属情况 …………（38）
　　二　中统二年六月以后建立的左、右三部体系 ……（42）
　　三　至元元年（中统五年）到至元七年间刑部名称
　　　　的变化 ……………………………………………（46）
　　四　至元七年后的刑部名称变化情况 ………………（50）

第三节　刑部的机构编制情况……………………………（55）
　　一　刑部的办公地点……………………………………（55）
　　二　刑部官吏的品秩……………………………………（64）
　　三　刑部官吏的俸禄……………………………………（69）
　　四　刑部官吏的其他日常问题…………………………（79）
　小　结………………………………………………………（81）

第三章　元代刑部官吏考……………………………………（83）
第一节　刑部官吏的基本编制……………………………（83）
　　一　刑部官员的编制情况………………………………（83）
　　二　刑部吏员的编制情况………………………………（93）
第二节　刑部官吏的信息数据分析………………………（98）
第三节　刑部官吏的选调与迁转…………………………（108）
　　一　刑部官员的选调与迁转……………………………（108）
　　二　刑部吏员的选调与迁转……………………………（114）
第四节　《刑部第三题名之记碑》的基本情况与价值……（119）
　小　结………………………………………………………（130）

第四章　静态视角下的元代刑部职能…………………………（132）
第一节　元代刑部的基本职能及其调整（一）…………（132）
　　一　立法权………………………………………………（134）
　　二　司法权………………………………………………（139）
　　三　管理没官奴婢和财产………………………………（144）
第二节　元代刑部的基本职能及其调整（二）…………（146）
　　一　杂糅职能的剔除……………………………………（147）
　　二　整合其他相关职能…………………………………（151）
第三节　司法审判及行移文书中的刑部…………………（159）
　　一　司法审判流程中的刑部……………………………（160）
　　二　文书行移格式中的刑部……………………………（164）

第四节　刑部其余职能述略 …………………………………（171）
  小　结 ………………………………………………………（174）

第五章　动态视角中的元代刑部职能 …………………………（176）
  第一节　中书省框架内的刑部职能体现
　　　　——以省部关系为考察点 ……………………………（178）
  第二节　特殊司法领域的刑部职能问题 …………………（186）
　　一　大宗正府与刑部之间的职能调整 ……………………（186）
　　二　其他特殊部门与刑部的司法权调整 …………………（196）
  第三节　约会制与司法权的统合、再分配 ………………（200）
  第四节　五府官审囚与刑部 ………………………………（208）
　　一　元朝五府官的发展概况 ………………………………（208）
　　二　"官法同构"视域下的五府官建构逻辑 ………………（211）
　　三　五府官制度的兴废及弊端 ……………………………（213）
  小　结 ………………………………………………………（218）

余　论 …………………………………………………………（220）
　　一　元朝司法对明制的影响 ………………………………（220）
　　二　元朝司法实践对明朝立法的影响 ……………………（226）
　　三　元代的司法腐败问题 …………………………………（231）

附　录 …………………………………………………………（240）

参考文献 ………………………………………………………（307）

后　记 …………………………………………………………（326）

绪 论

一 选题缘起和意义

著名宋史研究专家邓广铭曾经提出中国史治史的"四把钥匙"——职官、地理、年代、目录,从时空经纬阐述了中国史特别是古代史研究的基本要素。其中,"职官"大体指的是对中国古代官制、机构及其相关制度的研究,向来是构成中国古代制度史研究最基础和坚实的部分。对官制、机构及其相关制度的研究可以有多个方向,多重角度,或微观,或宏观,既可以一个部门、官职为出发点,也可以某项政策、某些群体或某个断代为视域。本书的选题,是这一总体研究体系中的一个具体的点。

元朝,是中国历史上由蒙古族建立的第一个全国统一的多民族王朝。实际上,如果推算它的前身,那么1206年铁木真称成吉思汗时所建立的大蒙古国就可视为其政权建立的标志。史家一般又以1368年,即元顺帝至正二十八年离开大都,出逃漠北一事作为元朝灭亡的标志。这一历史书写是明朝统治者以新王朝正朔为角度进行的,而元朝作为一个政权的存续,事实上并不在1368年就结束,逃往漠北的元朝政权一直若隐若现延续其国祚,其统治势力主要在漠北地区,史家一般称之为"北元"。大蒙古国在1234年灭亡金朝,顺利成为中国北方的统治者,与当时保有半壁江山的南宋形成对峙。随后,蒙宋双方又爆发了断断续续长达四十年的战争,1279年,元军于崖山一役彻底消灭南宋残余势力,统一南北。

在大蒙古国(元朝)的征服和发展历史中,接受文明程度较高的汉文化的影响，成为其发展中无法避开的问题。但由于其发展轨迹及征服者身份等特殊因素，元朝蒙古人受汉文化影响的速度和程度均不及匈奴、鲜卑、女真等北方民族，也与清代满族有意识地接受汉文化影响的情况不同。大体来看，蒙古人对汉文化的影响采取较为放任态度，既不干预放纵，亦无过度抵抗，民族交流与融合呈现自然合体的状态。中统元年，建政伊始的忽必烈决心重用汉人，并利用汉地的人力、物力、财力与漠北的阿里不哥争夺汗位，由此加速了元朝政权采纳汉制的进程。在"祖述变通"思想的指导下，忽必烈采纳一系列汉法。其中，在官制设计上，忽必烈融唐、金旧制及大蒙古国制度而创设出具有元朝特色的中央和地方行政机构。具体而言，元朝的中央，以中书省（个别时期是尚书省）为最高行政机构，以枢密院、御史台分掌军事、监察大权，与中书省之间互有分权制衡，但总体上仍是中书省一家独大。中书省之下，初设有左、右三部，后来分而为六部，与传统六部体系既有接轨，也有变化。本书要讨论的，就是这六部之中负责司法及司法行政事务的刑部。

具体而言，选择元代刑部作为研究选题，主要基于如下因素和意义。

其一，目前国内的史学界，尤其是中国史方面，政治史、制度史仍是其研究的主流，也是初窥门径的学者切入研究领域的首选，因此，将研究选题选定在传统政治史、制度史的研究框架之中，有利于在有限的研究和写作时间内将研究尽可能做到更好。具体到元史研究来说，元史学界目前在政治史、制度史方向上的研究较为成熟，有相当可资利用的学术成果，但是在一些研究领域也存在空白或不足，给后来研究者留下继续发挥的空间。

其二，从研究内容本身来说，对元代官制的研究是所有研究元史学者绕不开的话题，但与其他朝代相比，元代官制呈现出独具特色的一面。如前述，元朝政权由起自朔方的蒙古人建立，因其特殊的征服过程，相应官制建立亦呈现出以汉式机构框架为主、多元融合的架构。官制融合进程主要始于太宗窝阔台汗到宪宗蒙哥汗期间，世祖忽必烈汗之后，因其统治重心的转移和大蒙古国的解体而渐趋稳定在汉制框架内。关于元代官制的研究，学界已经取得了相当瞩目的成果，研究范式也从最初较为单一的汉地视角转向蒙汉二元乃至更为多元的视角，这进一步完善了对元代官制的研究，也对以往研究中存在的认识误区有所纠偏。学界的成果为本书元代刑部的研究提供了良好的研究基础，但总体上仍具发挥空间，主要表现为专题式研究成果的缺失，探索空间仍较充分。基于此，本书以元代刑部为研究对象，既可推进该机构及相关问题的研究，同时又得以管中窥豹，为全面研究元代六部的建置、职能、运作等问题作一基础、前瞻性的探究。

其三，元代刑部值得研究的地方还在于其既有承前启后的一面，又有其本身所处的时代特色。前者指，被称为刑部的机构自隋唐以来业已有之，其唐、宋、金时之刑部亦多少与元代刑部存在继承的关系，明清时期的刑部又为元代刑部所影响。元代刑部较诸他朝，有其自身的独特性，包括但不限于建置上的独特性、职能上的独特性和它在王朝政治、司法运作体系中的独特性。对共性的比较和个性的探讨将构成本书对元代刑部研究的主要内容。另外，研究元代刑部的意义还在于，从实证角度对元代刑部的具体问题进行深入考证，并在考证中深化对元代刑部及其相关问题的研究。如利用《刑部第三题名之记碑》，与元代刑部相关传世文献相印证并进一步解读碑的内容，能够深化对其建置，官吏设置，职能，金元、元明制度继承等问题的考证和认识。

其四，刑部是负责司法及司法行政事务的部门，故对司法及司法行政问题的探讨不可避免。基于此，在对元代刑部本身的研究同时，本书还尝试进一步触及元代法制史方面的相关问题，如通过刑部职能的研究，进一步探讨其司法流程，并通过不同角度，如司法腐败等角度分析刑部及其所运作的元代法律体系诸问题，在跨学科层面上尝试加深对元代刑部的认识。

二 研究对象与范式

本书的研究对象与范式，在不同研究语境下所指较为宽泛，故需进行相关的界定和介绍。研究中拟使用的概念和方法论，亦于此作必要介绍。

（一）关于本书探讨的具体对象的时空范围

在时间上，元代刑部究竟以哪一时间段作为其机构存在的上下限，需作一界定。如前述，元朝的建立过程较为特殊，若从成吉思汗大蒙古国建立算起，则时间未免过长，不但史料文献不足征，且前四汗时期的政治制度设计受汉制影响有限，所谓刑部在这一阶段尚未成型。故本书所讨论的元代刑部，主要从忽必烈中统元年建立中书省后开始，具体而言，是中统二年（1261）六月。其时间下限，则以至正二十八年（1368）即明洪武元年，明军占领大都，顺帝北狩为止。必须再次说明的是，此一时间上下限之截取，绝非意味着本书将至正二十八年视为元朝灭亡的时间标志。事实上，在此后相当一段时间内，北元仍保有中国北方大量领土，甚至一度试图恢复中原故土，在陕西、上都等地发起过反攻，其中央官制的建置，年号的使用等仍一袭元朝，这从黑水城文书、明朝诸史料中可以看出。本书之时间截取，仅仅出于对传统历史叙事的尊重，同时也囿于作者的精力、能力，至正二十八年以后刑部的情况不拟过多涉及。

在空间上，首先，本书对刑部的讨论，并不局限于狭义的元代"刑部"的讨论。元代"刑部"在正式称为刑部之前，实际上还有一个过渡阶段。中统二年，忽必烈建立所谓"六部"，是由左三部、右三部两大部门组成的混合大部门，此后于至元元年（1264，实际执行当在至元二年）一度析为吏礼、户、兵刑、工四部，至元七年（1270）始列六部，其间数度反复，最终于至元十三年（1276）确立吏、户、礼、兵、刑、工六部体系，不再变化。本书所涉及的元代刑部，包含其早期的右三部和兵刑部形态。另外，严格来说，与刑部相关的机构还包括刑部的上都分部，元末诸分省中的分部（如济宁分省中就有刑部分部）以及各行省理问所[①]等，本书也不作过多涉及，主要集中在中央机构意义上的，位于大都的中书省下辖的刑部的探讨。

（二）关于本书的研究思路

本书一系列研究，主要围绕元代刑部这一机构具体展开。按古今学者的共同说法，刑部这一机构的最古源头，当为西周古制中的秋官大司寇，此后历经数变，在隋唐时期形成三省六部体系下的刑部，得宋金元明清诸朝继承，大要不变。故本书第一章对元代刑部的渊源追溯，仅止于隋唐，主要介绍元代刑部之前隋、唐、辽、宋、金诸朝六部体系的变化以及刑部在其中的演变轨迹，同时对大蒙古国时期的司法体系略作介绍。另外，元代前期还从金制中继承了行六部这一机构和官称，常与六部混淆，本章第四节对此展开辨析。

本书第二章主要探究元代刑部的建置问题，包括刑部机构名称的演变情况、办公地点、官吏品级俸禄、日常作息等基本问题。在对机构名称演变的探讨中，本书梳理了元代刑部一步步从右三部、兵刑部的建置逐渐变成刑部之历程。变化历程中所伴随的官吏人员设置、调整等问题也一并予以介绍。本章还特别分析了中书省和尚书省并存时期刑部的设置情况。对办公地点的探讨，主要利用出土的《刑部第三题名之记碑》的位置，以及此前学者已有的一系列考证，廓清元代刑部办公地点变化之要径，特别是中书省、尚书省并存时期的办公地点情况，并对一些偏误的研究结论进行驳斥。在官

[①] 各行省下辖的理问所与刑部有一定的职能上的相似，在管理地方司法事务上，刑部甚至可视为腹里地区的"理问所"。元人戴良曾在《送王理问序》中称："凡庶府百司事有不平者，则平之于宰相；宰相不欲以自平，则下之于理官。于是理官得以考其情而生死之，使死者不怨，生者衔德。是宰相者，代其君以用刑者也；理官者，代宰相以掌刑者也。宰相势虽尊，而其责不若理官之为重。盖宰相不能必人之死生，而理官得以法令而死生之也。故理官者，国家生民之司命也，其责可不谓重乎？"据此可知二者之间职能之相似。必须强调的是，行省理问所与中书省刑部之间并无隶属关系，理问所对行省宰执负责，刑部对中书省负责。而行省与中书省之间原则上互为表里，很难完全视为上下隶属，后文详述。

吏品级俸禄部分，本章则主要梳理了元代刑部品级的变化情况，从刑部视角对职官、散官在元代的设置情况作分析，并以之与俸禄相对应，对相关俸禄记载的史料中存在的若干疑点作尝试解释。最后，本章还梳理了刑部官吏的日常作息和待遇等问题。

本书第三章对刑部官吏进行探究，包括刑部官吏的编制情况，选拔标准等问题，同时通过搜集史料，尽可能将目前各类文献中能见到的有名有姓的刑部官吏加以归类整理，构成附表若干，并利用这些数据，分析刑部官吏的出身、民族、学历、生卒、迁转等问题。同时结合《刑部第三题名之记碑》，对刑部官吏进行更为深刻直观的研究。本章末附论《刑部第三题名之记碑》的意义和价值，并修正前人点校工作中存在的瑕疵。

第二、第三章讨论的虽是刑部的具体问题，但因其中大多数问题为六部共有，故在一定程度上也推进了对六部的研究和认知。

本书第四、第五章讨论刑部职能。第四章主要侧重探讨刑部作为一常设机构，本身所具有的基本职能，包括通过对比唐、金刑部的职能来看元代刑部基本职能的调整情况，并从中总结出三朝刑部的职能共通之处和调整之处，尤其注意金元六部废除二十四司体系后刑部职能调整灵活性的一面，同时也关注到刑部在剔除杂糅职能和整合其他相关职能时加强治安管理和狱政职能的情况。第四章还从文书行移的角度探讨了刑部司法流程及其中存在的问题。第五章则通过刑部与其他部门的互动情况，探讨刑部职能的行使，包括刑部与中书省、大宗正府及其他拥有垂直管理和司法权的部门等之间的互动，从中窥视元朝政治权力运作路径及其背后深层次的本质问题。

本书第六章对若干由刑部引申出来的问题作进一步探讨，包括元朝司法对明朝的影响，元朝司法腐败问题等，以此检讨元朝司法中存在的问题。

当然，作为学术研究之一小阶段，本书在具体探究过程中亦存在至少两个方面的局限性：一是囿于本人的学识和水平，难以对汉文以外的文献进行全面有效之利用；二是受成书时间等因素影响，海量史料和研究成果的分析利用难免有疏漏之处。

（三）关于方法论、涉及的问题和概念

本书坚持以马克思主义唯物史观为指导，在此基础上充分借鉴古今中外较可取的研究思路，作为本书研究的方法论。另外，书中涉及的问题和概念，也需要一并说明，包括但不仅限于如下内容。

其一，以传统治史方法为主要研究方法。中国古代史学发达，在不断的积淀和发展中形成"予夺褒贬"和"据事直书"两大治史理念，[①] 前者侧重以史料见义理，从史料中知借鉴，是趋向实用的治史方法。中国史自《春秋》即有"微言大义"的传统。"据事直书"则侧重求真，追求史料的纯真，注重征实考信，是趋向严谨务实的治史方法。梁启超曾指出中国史，特别是唐代以后历史书写的弊端，"后世奖励虚荣之涂术益多，墓志、家传之类，汗牛充栋，其目的不外为子孙者欲表扬其已死之祖父，而最后荣辱，一系于史。驯至帝者以此为驾驭臣僚之一利器"[②]。基于此，则"据事直书"，追求真理的严谨考据态度也就成了历史研究的又一必然态度。这两种方法各有利弊，当兼采众长。具体而言，在对元代刑部的研究中，既要注重以"据事直书"的严谨态度考证其中一些具体的实证问题，也要注重在考证中管窥现象背后的深层次问题，以"予夺褒贬"的阐释精神进一步看到机构、职能等现象背后所反映的本质问题。

其二，重视传世文献中的史料筛选工作。元代史料纷繁复杂，良莠不齐，其情事出多源，有传统汉文史料固有的真伪问题，有中外域史料而造成的语言障碍问题，也有王朝更替造成的史料篡改问

---

① 罗炳良：《"予夺褒贬"与"据事直书"——中国传统史学的两种治史理念及其演变趋势》，《学术研究》2006年第6期。

② 梁启超：《中国历史研究法》，中华书局2009年版，第37页。

题。在传统汉文史料固有的真伪问题上，构成文章史料来源之一的行状、家传、神道碑、勋德碑等人物、事件记载材料的可靠性问题尤其突出。这类史料虽较为细致地反映了历史细节，有时还可与正史相互补充证明，但因其创作目的，不免为传主、事主歌功溢美，因此史料难免存在失真。在中外域史料而造成的语言障碍问题上，既有因不能直接使用外文史料而采用其汉译本，如《世界征服者史》《史集》等，也有元代独特的将蒙文直译成汉文的硬译体文书，给史料研读工作造成一定困难。而在王朝更替造成的篡改问题上，最突出者莫过于因元明革命而在元史书写中掺入意识形态，或删削不当。同时，清人在编修《四库全书》中将元人旧名进行重译，如将"也可札鲁忽赤"改称"伊克扎尔固齐"，"达鲁花赤"改称"达噜噶齐"等，也给文献互参工作造成额外困难。面对这些问题，本书对史料的一般使用原则是尽可能使用最原始版本（如元刻本），若无前本，始用明清以后版本（如四库本）。诸史料使用时亦尽可能交参互用，如在使用宋濂等编修的《元史》和柯劭忞编撰的《新元史》时，不盲目偏信其一。《新元史》虽校正《元史》不少讹误，但亦非全部正确，本身甚至也产生新的讹误，更不能据此武断认为二者必见优劣。

其三，出土文献和工具书成为重要的辅助研究材料。涉及元代刑部的出土文献，主要包括已经整理的黑水城文书等地方档案材料，以及与刑部相关的出土石刻文献，如《刑部第三题名之记碑》等。以黑水城文书为材料，主要因其出土材料中涉及若干司法判例，可与其他法律文献《至正条格》等形成互照。而石刻材料《刑部第三题名之记碑》无疑为进一步直观地研究元代刑部的建置、官吏等问题提供了一手材料，材料之重要性自不待言。目前，与整理地方文书档案相关的著作有李逸友编著的《黑城出土文书（汉文文书卷）》[①]和孙继民、宋坤、陈瑞青、杜立晖等著的《中国藏黑水城汉

---

① 李逸友编著：《黑城出土文书（汉文文书卷）》，科学出版社1991年版。

文文献的整理与研究》① 等。因其汉文文书主要为中国藏,俄、英藏本以西夏文居多,故暂不作过多涉及。石刻材料除《刑部第三题名之记碑》外,蔡美彪编著的《元代白话碑集录》(修订版)②,国家图书馆善本金石组汇编的《历代石刻史料汇编》③,台湾新文丰出版公司编的《石刻史料新编》④ 等也是重要的史料检索工具。除此之外,一些由学者编成的工具书也被加以利用,以确保研究更为精准、便捷。这些工具书主要包括陆峻岭编的《元人文集篇目分类索引》⑤,王德毅等编著的《元人传记资料索引》⑥,姚景安编的《元史人名索引》⑦,日本学者植松正编著的《元代政治法制史年代索引》⑧,中华文化复兴运动推行委员会四库全书索引编纂小组主编的《钦定辽金元三史国语解索引》⑨,朱士嘉编的《宋元方志传记索引》⑩ 等,主要用于核实人名等,特别是核实因清人肆意篡改音译而产生的诸多异译。

其四,跨学科的概念也被适当借鉴在本书的讨论中,如社会学领域非常出名的马克斯·韦伯的"官僚制"的概念。韦伯在《经济与社会》⑪ 中使用这一概念,本意是为了描述西方近代以来社会,特别是资本主义社会中的"官僚集团",探讨其社会形态中存在一种

---

① 孙继民、宋坤、陈瑞青、杜立晖等:《中国藏黑水城汉文文献的整理与研究》,中国社会科学出版社 2016 年版。
② 蔡美彪:《元代白话碑集录》(修订版),中国社会科学出版社 2017 年版。
③ 国家图书馆善本金石组汇编:《历代石刻史料汇编》,北京图书馆出版社 2000 年版。
④ 《石刻史料新编》,台北:新文丰出版公司 1979、1982、1986、2006 年版。
⑤ 陆峻岭编:《元人文集篇目分类索引》,中华书局 1979 年版。
⑥ 王德毅等:《元人传记资料索引》,中华书局 1987 年版。
⑦ 姚景安:《元史人名索引》,中华书局 1982 年版。
⑧ [日] 植松正:《元代政治法制史年代索引》,东京:汲古书院 2008 年版。
⑨ 中华文化复兴运动推行委员会四库全书索引编纂小组主编:《钦定辽金元三史国语解索引》,商务印书馆 1986 年版。
⑩ 朱士嘉:《宋元方志传记索引》,上海古籍出版社 1986 年版。
⑪ [德] 马克斯·韦伯:《经济与社会》,阎克文译,上海人民出版社 2010 年版。

理想自觉的官僚集团的可能性。这一概念引起不少研究中国古代官制的学者的注意和借鉴。中国古代文官政治发达是不争的事实，在某种程度上这种发达与韦伯所描述的"官僚制"有共同之处，故以韦伯的"官僚制"概念作为研究中国古代官制的参考和借鉴，未失为一审视视域，阎步克、李治安、张帆等学者的研究亦多少参考利用了韦伯的概念。本书借鉴其概念，并不仅仅局限于探讨刑部这一机构个案，而是以刑部为出发点，反思从中管窥的元代官制中所存在的问题，特别是以理想的模型——理性官僚集团为参照，得见元代官制发展的趋势并探寻这种趋势对刑部职能履行的影响等。

其五，本书还将从比较视域审视元代刑部及其相关问题。史学的比较研究法，简单地说是通过对诸历史现象的比较来加深、扩大和验证对历史的认识的一种方法。比较研究历经一个多世纪的发展，在今天的各个学科中形成很多流派。这些流派对"比较"的界定不尽相同，本书不拟一一介绍和筛选，仅以最广义的比较研究概念，即将两个或两个以上具有一定共同变量的事物作为比较对象。具体而言，这一方法运用到对元代刑部的考察中，主要通过与前后朝刑部的对比，进一步检讨元代刑部及其相关职能。

三　研究综述

既往方能开来。学界的研究成果，是本书写作的当然参考对象。具体而言，学界的研究成果可分为直接相关和间接相关两部分。

直接相关部分是目前对元代刑部的研究情况。相对来说，直接研究元代刑部的专著或论文较少，目前来看，有赵文坦《元代的刑部和大宗正府》[①]，直接对元代刑部这个机构进行了相关探讨。该文成文时间较早，对刑部作了总体考察，整理总结了与元代刑部相关的部分内容，如职能、官员构成等，但行文较为简约，个别地方存在瑕疵，如刑部尚书的姓名有若干收录错误，如"陈思谦"作"吕

---

① 赵文坦：《元代的刑部和大宗正府》，《历史教学》1995年第8期。

思谦"等。此外,2004年在天安门东观礼台附近出土元代刑部的第三题名记碑,为元代刑部的研究提供了重要的碑刻文献材料。对此,北京石刻艺术博物馆研究员刘卫东撰有《〈刑部题名第三记碑〉考》①,在介绍了题名记碑出土情况的同时,对元代刑部略作简介。该文为元代刑部研究提供重要的思路和线索,但也存在讨论不足之处。许多问题没有仔细讨论清楚,甚至石刻碑文的点校也有一些误差。

以上为目前学界针对元代刑部的直接研究现状。间接研究现状,分为以下几种情况。

其一,其他断代的刑部研究成果,为本书研究提供重要的借鉴和参考。相较而言,其他断代的刑部相关研究成果要比元代丰富,可以为本书提供相对成熟的研究范式,如唐代有陈灵海的《唐代刑部研究》②、王建峰的《唐代刑部尚书研究》③ 等,宋代有刘本栋的《五代至北宋初期刑部制度研究》④、龚延明的《宋代刑部建制述论——制度史的静态研究》⑤ 和王晓昱的《宋代刑部研究》⑥ 等。明清以后,存世史料显著增多,史料种类愈趋多元,因而研究成果也愈趋细化,对明清两朝刑部的探讨自然也就进一步细化,如朱志培的《明代刑部大理寺职能嬗变考》⑦、张田田的《清代刑部的驳案经验》⑧ 等。

---

① 刘卫东撰:《〈刑部题名第三记碑〉考》,《北京文博文丛》2014年第3期。
② 陈灵海:《唐代刑部研究》,法律出版社2010年版。
③ 王建峰:《唐代刑部尚书研究》,博士学位论文,山东大学,2007年。
④ 刘本栋:《五代至北宋初期刑部制度研究》,硕士学位论文,河南大学,2011年。
⑤ 龚延明:《宋代刑部建制述论——制度史的静态研究》,《河北大学学报》(哲学社会科学版),2016年第5期。
⑥ 王晓昱:《宋代刑部研究》,硕士学位论文,南开大学,2009年。
⑦ 朱志培:《明代刑部大理寺职能嬗变考》,硕士学位论文,华东政法大学,2011年。
⑧ 张田田:《清代刑部的驳案经验》,法律出版社2015年版。

其二，部分通史性著作也会在探讨中央官制特别是六部时介绍刑部。其中，以陈高华、史卫民撰写的《中国政治制度通史·元》[①]介绍最为详细。其著中第三章"中央行政体制"第三节"六部及其职能"中，有对元代六部演变和职能的具体介绍；第八章"司法制度"第四节"审判机构和审判程序"中，有专门介绍刑部和大宗正府之间的权力调整问题，主体内容源于陈高华《元朝的审判机构和审判程序》[②] 一文。

其三，研究具体的元代中央及其他机构或政治制度的著作论文中，也会涉及对元代刑部的部分研究。

首先，元朝（包括"大蒙古国"）并非自政权建立伊始便采纳汉法，因此其国家机构的建置有一嬗变过程。大蒙古国时期，国家机构设置简略，行使司法和审判等职能的主要是"大断事官"一职，也称"也可札鲁忽赤"。这一职位随着大蒙古国的日益扩张和社会发展而发展。忽必烈时，因国家制度设计中融入汉法，"也可札鲁忽赤"逐渐演变成后来元朝的机构"大宗正府"。"大宗正府"的权力时涨时落，总体而言，随着元朝中央机构逐渐采纳汉式的中书省和六部体系，"大宗正府"的职能与原先的"也可札鲁忽赤"相比要相对小一些。一方面，中书省、枢密院，甚至宣政院、太禧宗禋院、詹事院、宣徽院等机构，都纷纷设立或短暂设立本机构的断事官，分走了原来"大断事官"的部分权力；另一方面，刑部的设立也从中分走了相当一部分的立法、司法权力。机构之间存在权力衔接和让渡，故早期关于"大断事官"和后续"断事官""大宗正府"等相关机构的研究，也构成本书对刑部机构研究的必要参考之一，如

[①] 陈高华、史卫民撰：《中国政治制度通史·元》，社会科学文献出版社 2011 年版。

[②] 陈高华：《元朝的审判机构和审判程序》，载《东方学报》第 66 册，1994 年 3 月，后收于《元史研究新论》，上海社会科学院出版社 2005 年版。

李涵的《蒙古前期的断事官、必阇赤、中书省和燕京行省》①，田村实造的《元朝札鲁忽赤考》②，扎奇斯钦的《说〈元史〉中的札鲁忽赤并兼论元初的尚书省》③，姚大力的《从"大断事官"制到中书省——论元初中枢机构的体制演变》④，刘晓的《元朝断事官考》⑤、《元代大宗正府考述》⑥等。

其次，元朝大规模比附、采纳汉法的做法，要到忽必烈即位之后。忽必烈于1260年建元中统后，逐渐采纳原先金朝的一省制中央机构建置设立中书省。⑦ 中书省之下，其最初于中统二年设立左三部和右三部，并非一开始就采用六部建置。其后，部一级的建置在左右三部、四部⑧、六部之间摇摆不定，后来才逐渐固定为六部体系。对于这个阶段的了解和把握，是研究下一阶段刑部权力来源和建置的一个必然前提，因此，这一阶段关于中央机构设置和调整的相关研究成果，也成为本书对刑部机构研究的必要参考之一，如张帆《元代宰相制度研究》⑨、《金元六部及相关问题》⑩，李治安《元代

---

① 李涵：《蒙古前期的断事官、必阇赤、中书省和燕京行省》，《武汉大学学报》1963年第3期。
② ［日］田村实造：《元朝札鲁忽赤考》，《中国征服王朝的研究》（中），京都：同朋舍出版社1964年版。
③ 扎奇斯钦：《说〈元史〉中的札鲁忽赤并兼论元初的尚书省》，《蒙古史论丛》（上），学海出版社1980年版。
④ 姚大力：《从"大断事官"制到中书省——论元初中枢机构的体制演变》，《历史研究》1993年第1期。
⑤ 刘晓：《元朝断事官考》，《中国社会科学院研究生院学报》1998年第4期。
⑥ 刘晓：《元代大宗正府考述》，《内蒙古大学学报》（人文社会科学版）1996年第2期。
⑦ 元朝陆陆续续设立过几次尚书省，但时间都不是很长，也并非金朝意义上的尚书省。
⑧ 四部体系为吏礼、户、兵刑、工部，是元代从左右三部体系向六部体系过渡的中间阶段。
⑨ 张帆：《元代宰相制度研究》，北京大学出版社1997年版。
⑩ 张帆：《金元六部及相关问题》，《国学研究》第6卷，北京大学出版社1999年版。

政治制度研究》①等。

　　复次，元代正式采用一省六部制后，刑部机构的发展渐趋稳定。但由于元代司法的特殊性，刑部并非唯一拥有司法审判权力的机构，大宗正府、枢密院、宣政院等部门，亦在有限的人户或具体问题上取得参与司法审判的资格和权力，形成元代较具特色的"约会制"。此外，御史台、行御史台、肃政廉访司等各级监察系统，对司法审判亦有相当的审覆干预权。故对这一现象的相关研究成果，本书亦需加以参考，如陈高华的《元朝的审判机构和审判程序》一文，对此有较为充分阐述。

　　最后，在研究元代法律制度、法典文献等问题时，不可避免会涉及元代刑部职能的研究。元代刑部的基本职能是司法审判，法律制度、法典文献中所载的司法判例，往往是这一职能的生动体现和外化。另外，需要特别指出的是，元朝取消了一度设置的大理寺，故元代刑部兼具前代刑部和大理寺的职能，刑部设狱即为其特色之一。因此，对狱政职能的梳理，是研究元代刑部的一大特色。这一方面的研究有刘晓的《元代监狱制度研究》②、宋国华的《论元代的监狱管理——兼与唐宋的比较》③等。

　　以上是本书所涉元代刑部的基本研究综述情况。该载不尽之处，并见拙文《元代法制史研究综述》。④

---

① 李治安：《元代政治制度研究》，人民出版社2003年版。
② 刘晓：《元代监狱制度研究》，《元史论丛》第7辑，江西教育出版社1999年版。
③ 宋国华：《论元代的监狱管理——兼与唐宋的比较》，《平顶山学院学报》2015年第4期。
④ 拙文载《隋唐宋辽金元史论丛》第9辑，上海古籍出版社2019年版。

第一章

元代刑部渊源概述

　　刑部，是中国古代六部体制下负责司法及司法行政的具体部门之一，由来已久。如纪昀、黄本骥各撰同名《历代职官表》，沈家本《历代刑法考》等，甚至将刑部的这种狱政司法渊源追溯到夏商时期，认为其鼻祖乃彼时的司寇官。①《唐六典》《通典》《文献通考》等则相对保守地将刑部尚书一职推溯至西周的秋官大司寇。② 元代刑部，系其中枢宰执机构中书省下辖的六部之一，如果从狭义的制度溯源看，可追溯到唐代三省六部体制下的刑部。若就更广义的范畴看，刑部自然追溯至司寇，但唐以前的"刑部"，无论从职能、地位、建置等方面，都与唐以后的刑部不尽相同，兼之历来研究唐、宋刑部的学者对其传承多有介绍，本书不拟在此方面作过多的介绍。本书对元代刑部的研究，拟从唐代三省六部建置下的刑部开始。

---

① 以沈家本的《历代刑法考·历代刑官考》记载为例，其认为"(夏)《尚书大传·虞夏传》：'秋伯之乐。'（郑）注：'秋伯，秋官，士也。咎陶掌之。'……（殷）《礼记·曲礼》：'天子之五官曰司徒、司马、司空、司士、司寇、典司五众。'郑注：'此亦殷时制也。'……按：郑氏以此制与夏、周并异，故断为殷制，今从之。"同时，沈家本也认为，"夏、商以前刑官虽略可考，其属官之数，书传无征，今不能详矣"，是知其所认为的于史有征的刑官，只能具体上溯到夏、商时期。

② 《唐六典》卷6《尚书刑部》："周之秋官卿也。"《通典》卷53《职官三》："周礼秋官大司寇之任也。"《文献通考》卷52《职官考六》："周礼秋官大司寇，掌建邦之三典，以佐王刑邦国，盖其任也。"诸记载之间继承性明显。

第一节　唐宋时期的刑部建置与职能概况

众所周知，中国古代的官制发展到唐代，出现一巨大转折。此前，在从西魏"改三十六曹为十二部"到隋朝初建六部体系的过程中，刑部经历了一系列变迁。隋朝虽初步建立起三省六部体系，但六部之下，却由三十六名侍郎分掌诸职。据《隋书·百官下》，隋朝时，三十六名侍郎虽按六部划分，每部亦大致归有四种职能的侍郎，但其人数却参差不齐，执掌之职权亦轻重不一：

> 吏部尚书，吏部侍郎二人，主爵侍郎一人，司勋侍郎二人，考功侍郎一人。礼部尚书，统礼部、祠部侍郎各一人，主客、膳部侍郎各二人。兵部尚书，统兵部、职方侍郎各二人，驾部、库部侍郎各一人。都官尚书，统都官侍郎二人，刑部、比部侍郎各一人，司门侍郎二人。度支尚书，统度支、户部侍郎各二人，金部、仓部侍郎各一人。工部尚书，统工部、屯田侍郎各二人，虞部、水部侍郎各一人。凡三十六侍郎，分司曹务，直宿禁省，如汉之制。①

后来，隋朝在具体的实践中将"都官尚书"改为"刑部尚书"，"度支尚书"改为"户部尚书"，学者陈灵海在《唐代刑部研究》中指出，此举是"以北周官制之美学形式，整合齐梁之制度实践，杂糅而成"②。到了唐朝，正式意义的三省六部制便建立起来了。六部之下，设有尚书、侍郎、郎中、员外郎等各级官员，并置部吏若干

---

① （唐）魏征等撰：《隋书》，中华书局1982年标点本，第774页。
② 陈灵海：《唐代刑部研究》，法律出版社2010年版，第20页。

属事。据《唐六典》① 所载，唐代前中期的六部设置，是整齐划一的。见表1-1。

表1-1　　　　　　　唐代前中期的六部设置情况②

尚书	侍郎	郎中			
吏部尚书	吏部侍郎	吏部郎中	司封郎中	司勋郎中	考功郎中
户部尚书	户部侍郎	户部郎中	度支郎中	金部郎中	仓部郎中
礼部尚书	礼部侍郎	礼部郎中	祠部郎中	膳部郎中	主客郎中
兵部尚书	兵部侍郎	兵部郎中	职方郎中	驾部郎中	库部郎中
刑部尚书	刑部侍郎	刑部郎中	都官郎中	比部郎中	司门郎中
工部尚书	工部侍郎	工部郎中	屯田郎中	虞部郎中	水部郎中

通过表1-1可见，唐代的三省六部制印证了陈灵海所称"北周官制之美学形式"。首先，隋朝所设置的都官尚书和度支尚书，后来分别改为刑部尚书和户部尚书，与其他四部保持形式上的一致。这一点为唐制所继承，六部的形式看起来更加统一。其次，原本在侍郎一级就进行的部门划分，到了唐代也进一步下调到郎中一级，形成六部二十四司体系，尚书、侍郎正式成为六部下辖各部门的长贰官员。

就职能而言，唐代前中期的六部职能相对固定，其基本职司以上表二十四司郎中的职能为划定依据。其中，刑部之下，分有刑部、都官、比部、司门四个部门职能。据《唐六典》所载，这四个部门所分管的职能为：

---

① 有关《唐六典》是否为唐代政治组织施行之纲要，历来颇多讨论。本书倾向于认可严耕望在《略论唐六典之性质与施行问题》中所持的观点："《六典》一书之编撰，以开元时代现行官制为纲领，以现行令式为材料，其沿革则入注中，故其性质即为一部开元时代现行职官志。"以此来看，以《唐六典》作为考察唐代前中期职官设置情况的文献是基本没有问题的。

② 本表据《唐六典》所载六部各卷内容整理。

（刑部）郎中、员外郎掌贰尚书、侍郎，举其典宪而辨其轻重。……都官郎中、员外郎掌配没隶，簿俘囚，以给衣粮、药疗，以理诉竟、雪免；凡公私良贱必周知之。……比部郎中、员外郎掌句诸司百寮俸料、公廨、赃赎、调敛、徒役课程、逋悬数物，以周知内外之经费而总勾之。……司门郎中、员外郎掌天下诸门及关出入往来之籍赋，而审其政。①

据此观之，唐代刑部的职能并不完全局限于司法方面，它涵盖了许多与司法职能不完全相关的职能。如比部所管，实为审计职能，而司门一职，则为监督城门关卡及其相关赋籍登记等事务。出现这种职能杂糅的原因，与上述所谓"北周官制的美学形式"有一定的关系，当然也与平衡各部之间权力轻重的考虑有关。这种职能杂糅或许从制度设计之初的静态面看，确曾相对平衡了各部权力，但最终并不能在制度的动态发展中始终保持，以至于在六部设置不久之后，权力轻重不一的问题就已经初露端倪，为唐代中后期乃至后代调整六部职能埋下伏笔。举个例子，唐代的科举工作，初由吏部负责，由考功员外郎"掌天下贡举之职"②。但吏部本身铨选用人权重，如果再加上科举大权，吏部的权力就会更加膨胀，导致六部权力失衡，本身也容易造成吏部政务繁冗。为了平衡权重，开元二十四年（736），唐玄宗"专令礼部侍郎一人知贡举"③，将科举大权从吏部划入职能较少的礼部，从而使吏、礼两部之间的权力差距缩小。

总之，六部事务的权重不一，必然导致这种整齐划一的建置不能长久。而随着三省六部制在唐代中后期的崩溃，六部整齐划一的建置也遭到破坏。严耕望在《论唐代尚书省之职权与地位》分析认为，唐代中后期，尤以安史之乱为标志，尚书省及六部的地位逐

---

① （唐）李林甫等撰，陈仲夫点校：《唐六典》卷6《尚书刑部》，中华书局2014年标点本，第180—195页。
② 《唐六典》卷2《尚书吏部》，第44页。
③ 《唐六典》卷2《尚书吏部》，第44页。

渐下跌。作为六部之一的刑部，王建峰在其博士论文《唐代刑部尚书研究》中亦具体指出其地位、权力在唐代中后期逐步衰落的境况。概要而言，于朝廷之内，刑部权力为权相所夺，刑部尚书常以本官兼任盐运使或判之他官而不事本司之事，实际上等于不再履行刑部的职责。据《文献通考》记载，到了五代，负责科举"或以兵部尚书，或以户部侍郎、刑部侍郎为之"①，刑部侍郎也开始不履行本部职责了。而于朝廷之外，则因稳定的社会环境不再，藩镇割据、战火连年，导致刑部所能行使的权力范围十分有限。

这一局面一直持续到宋初。北宋大体统一中原之后，仍沿袭唐末"官、职、差遣"分离的制度。在司法领域，宋初的刑部基本沦为一个空壳机构，仅剩"覆大辟案"② 等少部分权力，其他权力，则为审刑院、纠察刑狱司等部门分割。元丰官改后，中央回归三省六部体制，司法机构逐渐合并成原来的刑部和大理寺，刑部的权力始重聚并。值得注意的是，三省六部体系在元丰官改后并不稳定，特别是南宋以后，三省有向一省过渡的倾向。

第二节　辽金时期刑部建置与职能概况

由唐制演化而来的另一支制度变化，则为辽金两朝所继承发展。辽代采取南北面官制，大要言之，即分北、南不同官制，以分治契丹与汉人事务。北面官制多在契丹旧制基础上演变而成，南面官制则在借鉴唐制的基础上创立，但"实际设官较唐朝简单得多"③。终辽一代，似从未有完整的六部建置。据《辽史·百官志》

---

① （元）马端临著，上海师范大学古籍所、华东师范大学古籍所注：《文献通考》卷30《选举考三》，中华书局2011年标点本，第876页。
② （元）脱脱等撰：《宋史》卷163《职官三》，中华书局1985年标点本，第3858页。
③ 李锡厚、白滨：《辽金西夏史》，上海人民出版社2016年，第73页。

载:"汉人枢密院兼尚书省,吏、兵、刑有承旨,户、工有主事,中书省兼礼部,别有户部使司。"①《亡辽录》亦载:"中书、门下共一省,兼礼部……尚书省并入枢密院,有副都承旨、吏房、兵房、刑房承旨,户房、厅房即工部也,主事各一员。"② 以此观之,辽代虽号称借鉴唐制,但实际上已经完全打破唐代的三省六部建置,而另行设计一套中央运作体制。

金朝为女真族建立的政权,建政后始逐步推行汉式官制,并于金熙宗天眷年间在全国范围内大规模实行官改,全面借鉴汉式官制。据《金史》记载:"至熙宗颁新官制及换官格,除拜内外官,始定勋封食邑入衔,而后其制定。"③ 此次官改后,金中央政权正式"循辽、宋之旧"④,实行三省六部制,并于天眷三年(1140)将六部从与"左、右司通署"中分离出来。这次官改虽号称采纳辽、宋旧制,实则取法于唐代的三省六部。此后,到了海陵王正隆年间,官改进一步推进,三省制并为一省制,"罢中书、门下省,止置尚书省"⑤,并"终金之世守而不敢变焉"⑥。

三省制并为一省制,是金代政治的一大变化特色,历来多为学者所关注。⑦ 但实际上,金代中央官制的变化,并不仅仅于三省变一

---

① (元)脱脱等撰:《辽史》卷47《百官志三》,中华书局1974年标点本,第771页。

② (宋)徐梦莘撰:《三朝北盟会编》卷21《政宣上帙》,上海古籍出版社1987年影印本,第152页。

③ (元)脱脱等撰:《金史》卷55《百官一》,中华书局1975年标点本,第1216页。

④ 《金史》卷55《百官一》,第1216页。

⑤ 《金史》卷55《百官一》,第1216页。

⑥ 《金史》卷55《百官一》,第1216页。

⑦ 如程妮娜《论金代的三省制度》(《社会科学辑刊》1998年第6期)、《金代一省制度述论》(《北方文物》1998年第2期),吴凤霞《辽金元省制特点刍论》(《社会科学辑刊》1996年第5期)等文章,以及吴宗国主编的《中国古代官僚政治制度研究》(北京大学出版社2004年版)中也收录有张帆《以一省制为核心的中央官制》,俱是对金代三省变一省制问题的探讨和关注。

省上，无论其取法于唐、宋或辽，其在具体发展过程中也逐渐衍生出自己的制度特色。较早注意到这个变化的是张帆，其在《金元六部及相关问题》中指出："由北方民族所创建的金、元两朝，就是六部制度、地位变化较为显著的一个时期，与前后王朝有一定的差异。"① 的确，从金代的六部看，其虽然仍沿用唐代以来的六部名称，但无论从建置或职能看，金代六部与唐、宋六部都存在着相当的区别。

从《金史·百官志》记载看，金代六部的设置亦非建国伊始就有，同样经历了一个较为漫长的发展过程。"六部，国初与左、右司通署，天眷三年始分治。"② 从这一记载看，金初的六部是与尚书省左、右司合署办公的，六部与左、右司之间并无明确的职能区别。一直到天眷三年，六部始从左、右司分离出来，成为相关具体政务的负责机构，而左司则"总察吏、户、礼三部受事付事"，右司"总察兵、刑、工三部受事付事"③，变成六部政务的监督机构。《金史·百官志》没有对其六部变化作更多细节阐述，宋人熊克所撰的《中兴小纪》稍微提及。据《中兴小纪》卷十八记载，金代的六部初置时，"六部初置吏、户、礼三部侍郎，后置三尚书，仍兼兵、刑、工。既而六曹皆置尚书、郎官。左、右司及诸曹皆备"④。显然，金朝统治者对六部的借鉴有一变化过程，这表明金代虽然号称实行汉制，实际上却非简单行用汉制，而是结合自身政权的需求灵活采纳化用汉制。据《金朝见闻录》载，天眷二年（1139），金人

---

① 张帆：《金元六部及相关问题》，载《国学研究》第 6 卷，北京大学出版社 1999 年版，第 141 页。
② 《金史》卷 55《百官一》，第 1219 页。
③ 《金史》卷 55《百官一》，第 1217—1218 页。
④ （宋）熊克著，顾吉辰、郭群一点校：《中兴小纪》，福建人民出版社 1984 年点校本，第 226 页。但实际上点校本中断句有误，其原句为"六部初置吏、户、礼三部侍郎，后置三尚书，仍兼兵、刑、工。既而六曹皆置尚书郎官左、右司，及诸曹皆备"。本书采用其文字时已改其标点断误之处，特作说明。

的官改理念是"远自开元所记①，降及辽宋之传，参用讲求。有便于今者，不必泥古；取正于法者，亦无循习"②。可见，金人的制度设计，仅以前朝制度作为参考依据，而非彻底循用汉制。

这种想法在制度设计上表现为，金代不但在中央一级率先打破三省制，直接采用一省制，在六部方面，金代也并不简单地沿袭汉式六部。首先，其初置六部时，仅有吏、户、礼三部，且先有侍郎后才有尚书。其余三部由吏、户、礼三部尚书兼任，之后才慢慢分离出来，最终形成六部。其次，仔细观诸《金史》等文献可见，金朝在正式形成六部建置之后，并没有如唐、宋一般严格于郎中一级采取"二十四司"体系，在郎中一级区分不同部门的职能。但这并不代表金代六部没有职能分工。③ 金朝诸法中有《六部格式》三十卷，是规范金朝六部职能的法律文件，但其具体所载内容是什么，是否具体到部门内部分工，分工情况如何已经无从得知，无法与元代的情况形成对照，诚为憾事。但从其他记载中亦可推知，金代六部存在某种意义上的分工，只是这种分工采取更加灵活的实用主义姿态，因事而设。以《金史·百官志》中所载的六部分工情况为例。

从表1-2可以看出，金代六部中，只有吏、户、刑这三个政务较为繁冗的部门明确指出了分工，其余三个部门则无分工记载。这表明，金代六部的分工是建立在实用原则的基础上，部门分工与否，分工程度，取决于实际政务的繁冗程度和部门权力的大小等。至此，唐代整齐划一，具有"美学形式"的六部建置终于在金代演化为灵活的实用型六部建置。

最后还需要注意的是，金代六部之下还有许多附属机构，《金史·百官志》称为"六部所辖诸司"④。这一点，亦金代六部大异

---

① 此处所指，应即唐开元时期所撰之《唐六典》。
② 《三朝北盟会编》卷166《炎兴下帙》，第1198页。
③ 详见张帆《金元六部及相关问题》。
④ 《金史》卷56《百官二》，第1253页。

表1-2 金代六部职掌分工情况①

部门	分工
吏部	侍郎以下，皆为尚书之贰。郎中掌文武选、流外迁用、官吏差使、行止名簿、封爵制诰。一员掌勋级酬赏、承袭用荫、循迁、致仕、考课、议谥之事。员外郎分判曹务及参议事，所掌与郎中同
户部	郎中而下，皆以一员掌户籍、物力、婚姻、继嗣、田宅、财业、盐铁、酒曲、香茶、矾锡、丹粉、坑冶、榷场、市易等事，一员掌度支、国用、俸禄、恩赐、钱帛、宝货、贡赋、租税、府库、仓廪、积贮、权衡、度量、法式、给授职田、拘收官物、并照磨计帐等事
礼部	无分工记载
兵部	无分工记载
刑部	员外郎二员，从六品，一员掌律令格式、审定刑名、关津讥察、赦诏勘鞫、追征给没等事；一员掌监户、官户、配隶、诉良贱、城门启闭、官吏改正、功赏捕亡等事
工部	无分工记载

于前朝之处。所谓"六部所辖诸司"，即六部之外的某些机构，分别由六部直接管理，其机构官员在六部以外单独设置，虽非六部官吏，但从行政领导关系上，又为六部下属机构，接受六部领导。这一设置，在前朝的六部体系中并不存在，是金代官制的一大创新之处。②据《金史·百官志》之记载，将"六部所辖诸司"条列如下表1-3。

由表1-3可见，金代的六部，除吏部负责人事，没有下辖机构外，其余五部或多或少都下辖有具体的职能机构。这些职能机构负责非常具体的行政事务，大多与六部职能对应，或为其职能之合理衍生，似为六部具体政令的执行者。如兵部所掌，为"兵籍、军器、城隍、镇戍、厩牧、铺驿、车辂、仪仗、郡邑图志、险阻、障塞、

---

① 本表据《金史·百官一》六部相关内容引述或总结。
② 传统中原王朝的制度设计中，负责具体政务的有六部和所谓"五寺九监"。二者之间虽在职能上多有重合，但结合文献，无论从品秩、隶属或其他，二者之间很难看出存在上下级领导关系。依严耕望《论唐代尚书省之职权与地位》的总结，二者之间，似更类于近代以来的政务官和事务官的区别。

远方归化之事"①，而其所属之四方馆，即对应其中"厩牧、铺驿"等事，法物库则对应其中"兵籍、车辂、仪仗"等事，承发司的职能为"掌受发省部及外路文字"，但显然这种受发公文的行为离不开铺驿的交通支持，故也一并置于兵部下辖。又如刑部所掌，为"律令格式、审定刑名、关津讥察、赦诏勘鞠、追征给没""监户、官户、配隶、诉良贱、城门启闭、官吏改正、功赏捕亡"② 等，而其下辖万宁宫提举司"掌守护宫城殿位"，也是"关津讥察""城门启闭"等职能的延伸。

表1-3　　　　　　　　　　金代六部所辖诸司情况

六部	所辖诸司	职能
吏部	无	无
户部	榷货务	掌发卖给随路香茶盐钞引
	交钞库	掌诸路交钞及检勘钱钞、换易收支之事
	印造钞引库	掌监视印造勘覆诸路交钞、盐引，兼提控造钞引纸
	抄纸坊	由上述印造钞引库提控，一度并入其中
	交钞库物料场	掌收支交钞物料
	随处交钞库抄纸坊	贞祐二年（1214），于上京、西京等处设立，职能与上述相关部门同
	平准务	元光二年（1223）五月到十月间短暂设立，未载具体职能
礼部	惠民司	掌修合发卖汤药
兵部	四方馆	掌提控诸路驿舍驿马并陈设器皿等事
	法物库	掌卤簿仪仗车辂法服等事
	承发司	掌受发省部及外路文字
刑部	万宁宫提举司	掌守护宫城殿位
	庆宁宫提举司	未载具体职能，其提举兼龙门县令，同提举兼仪鸾监
工部	修内司	掌宫中营造事
	都城所	掌修完庙社及城隍门钥、百司公廨、系官舍屋并栽植树木工役等事

---

① 《金史》卷55《百官一》，第1235页。
② 《金史》卷55《百官一》，第1236页。

续表

六部	所辖诸司	职能
工部	祇应司	掌给宫中诸色工作
	甄官署	掌剜石及埏埴之事
	上林署	掌诸苑园池沼、种植花木果蔬及承奉行幸舟船事

第三节　大蒙古国时期的汉地司法机构变迁

以上是对唐宋辽金四朝司法机构的回顾。大体来看，从唐代到金代，六部建置基本得到沿袭，但同为六部，唐宋时期与辽金时期却别有不同。辽金以后，由于政权建立者多为中原汉地周边民族，在对唐制的取舍上，他们采取更加务实的态度，未过多地受传统惯性的约束，以唐制为参考，却又不简单恢复唐制，而往往结合自己政权发展的性质和特点吸收唐制。

这种灵活务实的做法为元朝所继承。元朝为蒙古族建立的政权，在进入汉地后，他们在统治策略上不可避免要如前代一般吸收采纳汉法，但亦不简单套用模仿汉式管理体制，而是结合自己的特点和需求吸收。与金朝相似的是，大蒙古国并不完全建立在对中原征伐的基础上，相反，在入主中原之前，大蒙古国已经初具自己的国家规模和管理体制。这使得大蒙古国及随后由之蜕变的元朝，在接受中原文化方面很不彻底，其国家管理体制中的蒙汉二元性色彩要比辽金时期明显得多。

但无论如何，大蒙古国的统治范围到达汉地之后，不可避免地要通过笼络汉地统治力量，采用一定程度的汉式管理体制来进行统治。本节拟对这一时期大蒙古国在汉地的司法机构的变迁进行梳理。在刑部正式出现以前，大蒙古国一开始在汉地司法紊乱，各地藩王、世侯常在其封地、辖地内自主行使司法权。此后经过整顿，司法权收归札鲁忽赤（断事官），由其负责处理汉地司法刑名等事务，此一官职来自草原制度，在随后发展中逐渐与传统汉式机构相融合。其存在和变迁，对日后元代刑部的成立、建置、职能划分等问题无不存在较为直接的影响。

众所周知，大蒙古国的征服战争始于其对蒙古境内诸部的统一。1206年，统一蒙古的铁木真在忽里台大会上被推为成吉思汗，标志着统一的大蒙古国的建立。此后，成吉思汗任命其养弟失吉忽秃忽为"也可札鲁忽赤"，意即"大断事官"，负责大蒙古国的行政和司法事务。据《蒙古秘史》载成吉思汗对失吉忽秃忽说："在全国百姓中，你可惩治盗贼和欺诈者，按道理应该处死的处死，应该惩罚的惩罚！……把全国领民的分配情况和所断的案件都写在青册上面。凡是失吉忽秃忽与朕议定而写在青册白纸上的规定，直到子子孙孙，永远不得更改，更改的人要治罪。"① 这是大蒙古国最初建立的行政司法合署机构，因其时大蒙古国仍处于草原游牧地区，社会形态相对简单，故而得以一"也可札鲁忽赤"统摄所有行政和司法事务。

在忽必烈以前，大蒙古国历任诸汗的统治中心一直在蒙古的和林，"也可札鲁忽赤"制度在这里一直行之有效。但蒙古之外，随着大蒙古国征服进程而新占领的地区却有着与蒙古迥异的社会形态，某些地区，如汉地，其社会形态的复杂程度和社会管理水平较之于草原旧制要高，这导致原先大蒙古国所行的简单制度无法复制到新占领的地区。约于成吉思汗称汗后的第六年（1211），成吉思汗率兵南征，正式发起对金朝的征服战争。直到太宗窝阔台，始彻底灭亡金朝。在对金战争中，蒙古在汉地占领的领土越来越多，管理水平却没有及时跟上，导致所占领的汉地在相当一段时间内管理混乱，基本由分封的藩王和各地汉人实力军阀（世侯）掌握生杀予夺大权。后来，蒙古军队西征需要调集大量人力、物力、财力，汉地始获重视。太宗三年（1231），在耶律楚材的建议下，"始立中书省，改侍

---

① 余大钧译注：《蒙古秘史》第203节，内蒙古大学出版社2014年版，第370页。

从官名，以耶律楚材为中书令，粘合重山为左丞相，镇海为右丞相"①。

这个所谓的"中书省"，其实是以耶律楚材为首，负责征收汉地赋税的一个说法，耶律楚材本人并没有实际到汉地去设立什么"中书省"，其设立的标志，不过是太宗窝阔台"授中书省印，俾领其事，事无巨细，一以委之"②的行为而已，并没有相关的建置和规定。其设立的目的主要是从汉地抽取国用财富。不过，此次设立的"中书省"，实际上是耶律楚材在汗廷经过一番斗争所得。据《中书令耶律公神道碑》称：

> 自太祖西征之后，仓廪府库，无斗粟尺帛，而中使别迭等佥言："虽得汉人，亦无所用，不若尽去之，使草木畅茂，以为牧地。"公即前曰："夫以天下之广，四海之富，何求而不得？但不为耳，何名无用哉？"因奏地税、商税、酒、醋、盐、铁、山泽之利，周岁可得银五十万两，绢八万匹，粟四十万石。上曰："诚如卿言，则国用有余矣，卿试为之。乃奏立十路课税所，设使副二员，皆以儒者为之。"③

结合《元史·太宗纪》看，十路课税所的设立在太宗二年（1230），比"中书省"的设立早近一年。从《神道碑》看，正是此次十路课税所的"试为之"取得了不错的成果，才最终促使太宗"即日授中书省印，俾领其事，事无巨细，一以委之"。以此看来，设立所谓"中书省"的实质，不过是给予耶律楚材以正式的名分去统筹、管理和运行各路课税所，使之源源不断向汗廷输送国用财富。所以，此"中书省"与传统汉式中央机构中的中书省并非一个概念，

---

① （明）宋濂等撰：《元史》卷2《太宗》，中华书局1976年标点本，第31页。

② （元）宋子贞撰：《中书令耶律公神道碑》，载苏天爵《元文类》卷57，上海古籍出版社1993年影印本。

③ （元）宋子贞撰：《中书令耶律公神道碑》，载苏天爵《元文类》卷57。

其本身乃由担任必阇赤的耶律楚材担任，似可视为蒙古大汗身边的近侍怯薛中必阇赤一职的外延。而所谓中书令，无非是汉人比附的结果。此"中书省"的设立并没有从根本上改变大蒙古国在汉地的统治局面，汉地主要仍由汉人世侯自行管理和统治。

此后稍晚几年，为加强对汉地的统治，太宗六年（1234）时，窝阔台又委派胡土虎为"中州断事官"，实际上是以"札鲁忽赤"的身份管理已征服的汉地事务，并随后在汉地主持括户工作。此时金已灭亡，汉地由前线战乱的局面逐渐稳定下来。在逐渐开展的工作中，此一断事官被汉人比附为"行尚书省"。该"行尚书省"的领导班子由蒙廷亲自委派的断事官，即札鲁忽赤充任，与此前的"中书省"必阇赤班子性质不同。结合诸文献可以看出，这个"行尚书省"的权力要远大于原来的"中书省"，是代表大蒙古国中央对所占领的整个中原地区实行直接统治的机构。宪宗蒙哥即汗位后，进一步将蒙古以外的大汗辖地划分为"三大行省"——燕京等处行尚书省、别失八里等处行尚书省和阿母河等处行尚书省。这样一个由"断事官"附会而来的"行尚书省"，就将中原汉地的刑名、行政等权力逐渐收归，从而结束了地方上贵族、军阀各自为政的局面。

但是，新的"行尚书省"对汉地的治理效果，恐怕也很难令人满意。据《元史·世祖纪》载：

> 宪宗令断事官牙鲁瓦赤与不只儿等总天下财赋于燕，视事一日，杀二十八人。其一人盗马者，杖而释之矣，偶有献环刀者，遂追还所杖者，手试刀斩之。帝（忽必烈）责之曰："凡死罪，必详谳而后行刑，今一日杀二十八人，必多非辜。既杖复斩，此何刑也？"不只儿错愕不能对。①

宪宗蒙哥即位后委派来充任燕京等处行尚书省断事官的人选中，

---

① 《元史》卷4《世祖一》，第58页。

有牙鲁瓦赤和不只儿。他们在燕京任职一天就杀了二十八人，同时还将一个已经处罚过的盗马者再次处死，原因仅仅是有人偶然献来一把刀。由此可见，行尚书省的设立虽然结束了汉地各自为政的局面，但其不成章法的管理体系和司法制度，使其在设立之后对汉地的治理效果大打折扣，仅就司法刑名方面即可看出其施政的随意性。

第四节　关于"行六部"问题辨析

关于大蒙古国初期的"中书省"和"行尚书省"问题，学者论述已经颇为充分。① 利用这些已有的研究成果，本节拟进一步阐述大蒙古国时期行六部的设置问题。大蒙古国时期行六部与六部之间本无联系，因其名字过于接近，以至于治史者常易混淆，出现诸多点校之讹误，或将马月合乃的"行部尚书"误改为"刑部尚书"之类的错误，故本节拟予辨析。

行六部的设置，早在金朝便有，仅《金史》中便不乏记载。金朝行六部的设置与其行尚书省的设置密不可分，行六部的主要职能在于为行省提供军需物资，并主持行省辖区内与民生相关的各种经济事务。② 这一设置后来为大蒙古国所继承，主要职能亦与金朝多有重合。如史天泽的父亲史秉直在投降蒙古后，便为"行尚书六部事"，协助木华黎筹措军需供应，"主馈饷，军中未尝乏绝"③。另一

---

① 如唐长孺的《蒙元前期汉文人进用之途径及其中枢组织》（载氏著《山居存稿》，武汉大学出版社 2013 年版），李涵的《蒙古前期的断事官、必阇赤、中书省和燕京行省》（《武汉大学学报》1963 年第 3 期），姚大力的《从"大断事官"制到中书省——论元初中枢机构的体制演变》（《历史研究》1993 年第 1 期），李治安的《元代行省制起源与演化论述》（《南开学报》1997 年第 2 期），屈文军的《论中书省的本质》（载氏著《元史研究——方法与专题》，中国社会科学出版社 2017 年版）等文章均作专门论及。
② 详见杨清华的《金朝行省制度研究》，博士学位论文，吉林大学，2009 年。
③ 《元史》卷 147《史天倪传》，第 3479 页。

"行六部事"的官员赛典赤·赡思丁，亦在宪宗伐蜀时"主馈饷，供亿未尝阙乏"①。可见，到了大蒙古国时期，行六部的基本职能仍与筹措军需相关。此后，随着大蒙古国在中原地区统治的稳定，行六部的职能亦如金朝的发展趋势，进一步拓展到与民生相关的各种经济事务，如王恽于《中堂事记》中所载"初，行六部所会东平路民赋帐册，或有言未尽者，堂议欲覆实之"②，即表明行六部确已涉及民生经济事务。

那么，行六部在大蒙古国时期是否等于当时的行尚书省事？唐长孺的《蒙元前期汉文人进用之途径及其中枢组织》一文认为："所谓行六部于燕，疑即行尚书省事，亦即燕京之断事官或札鲁火赤也。"③ 李治安的《元代行省制起源与演化论述》则认为行六部并不等于行尚书省，而是当时尚书省之下的"分曹属官"而已。但其文无过多论证，并没有注意到这个问题所造成的理解分歧。姚大力的《从"大断事官"制到中书省——论元初中枢机构的体制演变》一文结合史料也指出，所谓"行六部"实际上指代的是"大必阇赤"，而非"大断事官"，也即行六部不等于行尚书省。事实上，如果把关于大蒙古国时期行六部为数不多的记载拿出来对比便可知道，行六部与行尚书省事确非一职。

例证之一为上文提及的赛典赤·赡思丁，其《元史》列传中载"宪宗即位，命同塔剌浑行六部事"④，而本纪中却载宪宗"以牙剌

---

① 《元史》卷125《赛典赤赡思丁传》，第3063页。
② （元）王恽：《中堂事记》，载杨亮、钟彦飞点校《王恽全集汇校》卷80，中华书局2013年标点本，第3329页。但本句点校，诸版本不同，且皆有讹误。中华书局《王恽全集汇校》中断为"初行六部，所会东平路民赋帐册……"，上海书店出版社《金元日记丛编》中断为"初行六部所，会东平路民赋帐册……"，均属有误。点校者显然误解了大蒙古国时期的官制情况，以为彼时存在六部。实际上，直到忽必烈建政的很长一段时间内，六部体系一直未能确立，故本句应断如正文所示。
③ 唐长孺：《蒙元前期汉文人进用之途径及其中枢组织》，载《山居存稿》，武汉大学出版社2013年版，第583页。
④ 《元史》卷125《赛典赤赡思丁传》，第3063页。

瓦赤、不只儿、斡鲁不、睹答儿等充燕京等处行尚书省事,赛典赤、匿咎马丁佐之"①。按本纪中所载"不只儿"即为列传中的"布智儿",从其列传中载"宪宗以布智儿为大都行天下诸路也可札鲁忽赤"② 看,不只儿所谓的"行尚书省事",即为"札鲁忽赤",亦即"断事官"。其时燕京尚未为"大都",此一提法当为后人所改,前揭李治安的文章已经指出。而"行天下诸路"的称法亦间接印证李涵文中的观点,即此时的燕京行尚书省辖境已覆盖到当时蒙古所统治的中原地区。依此看来,本纪所载的几位"行尚书省事"官员,其实便是宪宗蒙哥从和林派来的"札鲁忽赤",而赛典赤和匿咎马丁的身份却不是"行尚书省事",而仅仅是"佐之",对比列传,可知其所谓"行六部事",不过是"行尚书省事"下的一个辅佐身份而已。

例证之二为马月合乃。王恽于《中堂事记》中称其为"前行部尚书"③,即曾经充任行六部尚书一职。而在其曾孙马祖常所撰的《神道碑》中,月合乃的职务为"赞断事官事"④。唐长孺据此认为"行六部即断事官矣"⑤。实际上,这是唐先生的一个误解。按《神道碑》所记,月合乃的职务是"赞断事官事",并非"断事官"本身,"赞"更多是参赞、辅佐之意。这一点,《元史》列传中的记载更为明确,其载月合乃"赞卜只儿断事官事"⑥,表明其与赛典赤等一样,仅仅为辅佐的角色。

---

① 《元史》卷3《宪宗》,第45页。
② 《元史》卷123《布智儿传》,第3021页。
③ 有关此"行部尚书"的提法,实际上是"行六部尚书"的简称,四库本将其中一处误改成"刑部"。《中堂事记》"中统二年七月二十九日"条载"前行部马月忽乃来谒",此处四库本误作"刑部",《金元日记丛编》沿袭此误,未作改动。
④ (元)马祖常撰:《故礼部尚书马公神道碑铭》,载王媛点校《马祖常集》,吉林文史出版社2010年标点本,第242页。
⑤ 唐长孺:《蒙元前期汉文人进用之途径及其中枢组织》,载《山居存稿》,第583页。
⑥ 《元史》卷134《月合乃传》,第3245页。

以此对照来看，"行六部"并不等同"行尚书省"，只是断事官下的参赞人员而已。

小　　结

本章主要对元代刑部的制度渊源进行梳理。在元代刑部（包括其前身右三部、兵刑部）出现之前，有历代刑部作为元代这一部门创设的历史依据，元代刑部在相当程度上沿袭了历代刑部的建置和职能，因此对隋、唐、辽、宋、金的刑部设置情况作梳理是必要的。梳理中可见，历代刑部在继承的同时，也不断发生变化，最明显的变化是六部二十四司体系打破后，刑部建置、职能变得更加灵活。本章同时还对元代之前的大蒙古国时期的汉地司法机构——也可札鲁忽赤变迁进行梳理，这也是元代司法机构的前身。也可札鲁忽赤制度的存在，使得入元以后司法职能未能全部归集于刑部，而仍在出现像大宗正府这类分割司法权力的机构。本章最后还考辨了易与六部混淆的、金元之际常见的"行六部"机构，并对若干古籍点校中与其相关的点校错误进行改正。

第 二 章

元代刑部建置考

要谈刑部，须先从元代的中书省谈起。一般认为，中书省是元代最高的国家行政机关，其下辖六部及其他相关部门，并对腹里地区进行直接管理，是腹里地区的"行省"。因此，在谈论刑部前，本书拟先以一节篇幅勾勒其直属上级——元代中书省的建省过程。

第一节 元代中书省的建省概况

宪宗蒙哥在位的第九年（1259），蒙宋之间在四川钓鱼城发生了一场大战。宋军成功阻击了蒙古军队，并击伤了大汗蒙哥。不久，蒙哥在军中病故，蒙古帝国一时群龙无首。此时，同在蒙宋荆湖前线的忽必烈迅速与贾似道达成和议，率兵北还，欲与驻守漠北和林的幼弟阿里不哥争夺汗位。中统元年（1260）三月，忽必烈到达开平，在部分蒙古宗王和拥戴他的臣僚的支持下称汗，《元史》称此举为"即皇帝位"[①]。此后，忽必烈于该年四月设立中书省，"以王文统为平章政事，张文谦为左丞"[②]。忽必烈设立一省制的中书省，当

[①] 《元史》卷4《世祖一》，第63页。
[②] 《元史》卷4《世祖一》，第63页。

是受金朝的影响。尽管在元初时常有人提议恢复三省制，但始终遭到宰执反对，如高鸣在《论三省不如一省疏》（至元七年，1270）中所称："方今天下大于古而事益繁，取决一省，犹曰有壅，况三省乎？且多置官者，求免失政也。但使贤俊萃于一堂，连署参决，自免失政，岂必别官异坐，而后无失政乎？"① 一省制在元代始终得到贯彻。

此时的中书省，似乎只有王文统和张文谦两人，是否还有协署官员，未见明载，因此很难谈得上是一个完整常设的机构。② 很快，中统元年四月，阿里不哥也在和林称汗，直接与忽必烈所在的开平政权对立。为了控制汉地，也为了措集足够的人力、物力、财力以与阿里不哥争天下，忽必烈于五月设立十路宣抚使，其中，中书左丞张文谦出任大名、彰德等路宣抚使。另一位中书省官王文统，也在不久后被派到燕京。是年七月，忽必烈率军北征阿里不哥前，于燕京建立所谓的"行中书省"。此行中书省，据王恽的《中堂事记》载，有于四月就任平章政事、此时仍为平章政事的王文统，新增丞相祃祃，平章政事赵璧和参知政事张易。此外，于四位官员之下，又设有各色吏目，分别负责各个具体行政事务。

这个七月建立的行中书省与四月所谓的中书省，据唐长孺的文章分析，并没有实际的区分。以五月忽必烈建元中统的诏书中提及的"故内立都省，以总宏纲；外设总司，以平庶政"③ 一句看，四月份立中书省应该确有其事，但省官可能仅有上文所述的王文统和张文谦。由于此时的"中书省"建置简单，甚至在一些时人眼中，

---

① （元）高鸣撰：《论三省不如一省疏》，载（明）黄淮、杨士奇等编《历代名臣奏议》卷162，上海古籍出版社1989年版，第2126页。

② 从王恽的《中堂事记》记载来看，中统元年四月所立的中书省很可能连协署的官员都没有。因为从《中堂事记》中元年七月立燕京行中书省及此后中统二年行省官员部分北上开平办公的诸记载看，其间所任用的官吏绝大多数都是燕京行中书省的官员，这侧面反映出开平本身或许没有相关方面的办事官吏。

③ 《元史》卷4《世祖一》，第65页。

它还根本谈不上成立。如在中统元年五月，张文谦宣抚大名时，曾根据忽必烈的"劄付各道宣抚司取儒士吏员通钱谷者各一人"[①] 政策，推荐当地士人胡祗遹。见于《紫山大全集》中的《上张左丞书》，当为胡祗遹作于此时的文章。文中指出"方今庶官之先者，当内立省部以总其枢机，外立司农司以厚其食货"[②]，但此时原则上已经立有中书省，胡祗遹在建议中再次提出"内立省部"，很可能就是因为当时的所谓"中书省"建置过于简单，以至于地方士人难以察觉其已经成立的事实。

此后七月，忽必烈于燕京所立的行中书省，就不应该是独立于中书省外的另一个机构，而是他原先四月中书省的扩张和发展。[③] 此处，王恽《中堂事记》的"（中统元年）秋七月十三日，立行中书省于燕京"[④] 一句可能使人误以为中书省和行中书省是两个机构。其实，据《元史》"（七月）癸酉，以燕京路宣慰使祃祃行中书省事，燕京路宣慰使赵璧平章政事，张启元参知政事，王鹗翰林学士承旨兼修国史，河南路宣抚使史天泽兼江淮诸翼军马经略使"[⑤] 看，祃祃是"行"中书省事，而不作"行中书省"解，如此则可以明白，七月的行中书省，实际上仍是中书省，并且是在四月建立的中书省的基础上发展而来。

中统元年八月，中书省又进一步扩充成员，任命京兆路宣抚使廉希宪为中书右丞。到了中统二年（1261）二月，忽必烈回到开平，同时召集在燕京的中书省官并各路宣抚使北上开平。此时，所有中书省的官员才基本集合到一起。随后，忽必烈于二年五月进一步扩

---

① （元）王恽：《中堂事记》，载《王恽全集汇校》，第 3310 页。
② （元）胡祗遹撰：《上张左丞书》，载魏崇武、周思成点校《胡祗遹集》，吉林文史出版社 2008 年标点本，第 267 页。
③ 参见唐长孺的文章《蒙元前期汉文人进用之途径及其中枢组织》和张帆的著作《元代宰相制度研究》。
④ （元）王恽：《中堂事记》，载《王恽全集汇校》，第 3310 页。
⑤ 《元史》卷 4《世祖一》，第 67 页。

充中书省官员。据《中堂事记》载："诏以世臣不花、经略使史天泽为右丞相。……忽鲁不花、耶律铸为左丞相。……塔察儿、廉右丞平章政事。张参政为右丞，宣抚杨果、宣抚商挺参知政事，余如故。"①"余如故"一句，表明了此次中书省扩员是在前面中书省的基础上进行的。过了六七天，又增补粘合南合为平章政事。以此为节点，此时的中书省人员构成就应该如下表所示。

表2-1　　　　　中统二年五月时元朝中书省官员构成②

姓名	官职	来历
王文统	平章政事	最初的中书省平章政事，后到燕京之任
张文谦	中书左丞	最初的中书左丞，后任大名彰德等路宣抚使
祃祃③	丞相	初为燕京路宣慰使，中统元年七月于燕京行中书省事
赵璧	平章政事	初为燕京路宣慰使，中统元年七月于燕京任平章政事
张易④	中书右丞	初为西京等处宣抚使，中统元年七月于燕京任参知政事
廉希宪	平章政事	中统元年八月由京兆等路宣抚使进中书右丞，二年五月改平章政事
不花	右丞相	宪宗朝怯薛丹长领断事官
史天泽	右丞相	由河南宣抚使兼江淮诸翼军马经略使进
忽鲁不花	左丞相	
耶律铸	左丞相	中统元年由六盘山逃归忽必烈，二年四月十五日到达开平
塔察儿	平章政事	
杨果	参知政事	由北京等路宣抚使进
商挺	参知政事	初为陕西四川等路宣抚使
粘合南合	平章政事	由西京路宣抚使进

概而述之，到中统二年五月二十八日开始分立中书省和行中书省之前，忽必烈的政府里只有一个中书省班子，并经三次扩充建成表2-1所体现的规模。第一次为中统元年四月任命王文统和张文

---

① （元）王恽：《中堂事记》，载《王恽全集汇校》，第3380—3381页。
② 本表内容从王恽的《中堂事记》中整理而得。
③ 按照"余如故"的说法，祃祃此时应该仍是"丞相"，甚至确切地说是燕京行中书省事。据《元史·世祖二》载，到了中统三年（1262），祃祃又以平章政事，行省陕西、四川。
④ 张易即张启元。

谦，第二次为中统元年七月任命祃祃、赵璧和张易，随后增补了廉希宪，第三次为中统二年五月，任命不花、史天泽①、忽鲁不花、耶律铸②、塔察儿、杨果、商挺③，随后增补了粘合南合。粘合南合增

---

① 王磐于至元十三年二月撰《中书右丞相史公神道碑》。其碑中记"（中统）二年春，上北征还，以公为中书右丞相"。这样的描述容易引起歧义，使人误以为史天泽授相时间在中统二年春。实际上，史天泽的授相时间为中统二年夏五月。详见下文注释。

② 现存于北京石刻艺术博物馆的《大元故光禄大夫监修国史中书左丞相耶律公墓志铭》（下简称为《墓志铭》）载："中统元年，公（耶律铸）在六盘山。夏会有变，扈从者皆从之，唯公弃其妻子，挺身逃归。上（忽必烈）大喜，诏曰：'庆承相种，学冠□□，□振家声，雅知朝政。盖为臣无以有已而忧国常忘其家。矧遵阀阅之先猷，宜正君臣之大义。可特授□□□丞相。'（此处虽碑文不可辨识，但结合史料，当为"可特授中书左丞相"）'"。这则记载亦容易引起歧义，使人误以为耶律铸的授相时间为中统元年。实际上，据《中堂事记》载"（中统二年四月）十五日……耶律中书来自漠北"可知，耶律铸到达开平的时间是中统二年四月十五日，随后才于五月十九日被任命为中书左丞相。《墓志铭》中忽必烈的"诏曰"，应是五月二十日王鹗所撰任命制词中的内容。

③ 《元史》此处的记载有讹误。《元史》卷4《世祖一》有"（中统二年）五月……以河南经略宣抚使史天泽为中书右丞相，河南军民并听节制"语。同时，于六月又有"以不花为中书右丞相，耶律铸为中书左丞相，张启元为中书右丞"语。经考证，此两则史料实际上是合在一处的，换句话说，授史天泽、不花、耶律铸、张启元等人相职的事件并非分别发生在五月、六月，而是同时发生于五月。唐长孺先生的《补元史张易传》一文曾提到"五月史天泽授相"一条，但他说"其他官皆不记，疏漏之甚"，殊不知其他官并非不载，而是其记载被错误移至六月条中。兹订如下：按王恽《中堂事记（中）》完整地记载了此次授相的全过程。先是，中统二年五月十八日，忽必烈召宋子贞、刘肃、张德辉、杨果等"于内殿，以擢用辅弼为问"。杨果等向忽必烈推荐了史天泽，并称他"累朝旧臣，勋硕昭著，若使宅百揆，大厌人望"。忽必烈认可了这一奏议，决定授予史天泽等人相位。于是，五月十九日，"诏以世臣不花、经略使史天泽为右丞相。……忽鲁不花、耶律铸为左丞相。……塔察儿、廉右丞（廉希宪）平章政事。张参政（张易，又叫张启元）为右丞，宣抚杨果、宣抚商挺参知政事，余如故"。随后，忽必烈又于二十日令王鹗撰制词，并于二十一日作为正式颁发的任命状。《中堂事记》是王恽在中统年间于中枢任职时所撰的"直省日录"，所记载乃其每天工作时所参与或获知的信息，可信度极高。故其所记，可订《元史》记载之误。另外，《元朝名臣事略》卷7《丞相史忠武王传》亦对史天泽的授相时间予以确认，其所收史天泽《家传》称："（中统）二年夏五月，（史天泽）拜中书右丞相。"以此观之，《元史》中关于史天泽授相时间的记载就没有问题，而其所载六月"以不花为中书右丞相，耶律铸为中书左丞相，张启元为中书右丞"语则有讹误。此条记载无论从任命时间，还是颁发任命状的时间看，都不应在六月，而当在五月，附于史天泽授相记载之后。实际上，柯劭忞的《新元史》卷7《世祖纪一》已经重新整合了这两则史料，但他又犯了两个错误，即把"参知政事张易"为中书右丞误作为张文谦，另把五月二十四日才任平章政事的粘合南合也列入五月十九日的授相事件中了。

补后不久，忽必烈开始派遣中书省官员到各地去"行中书省事"，如于五月二十八日"交史丞相、张左丞、杨参政留中，王平章、廉平章、张右丞行省事于燕"①，九月"丙寅，诏以粘合南合行中兴府中书省"②等，从而开启了元朝的行省制度。《元史·百官七》对此有一概述可为互证："中统、至元间，始分立行中书省，因事设官，官不必备，皆以省官出领其事。其丞相，皆以宰执行某处省事系衔。"③ 囿于本书主题，此处不作继续讨论。

第二节　中统以来刑部名称的变化：
右三部—兵刑部—刑部

讨论六部中的刑部，必须建立在对其上级中书省的正确把握上。如果无法事先认清中统元年到中统二年五月只有一个中书省，而错误地以为有两个中书省，就很容易在接下来的对六部的讨论中出现错误。

忽必烈建政之后，长期未按传统六部体系设立六部，首先是由于中书省建置并非一蹴而就。由上节分析可知，中书省的建置经过了三次较大规模的扩充，并于中统二年五月二十四日初具规模。在扩充中书省的同时，中书省官员也在加紧完善原先的僚属班子，并在此基础上建立起最初的"六部体系"。

一　中统二年六月以前的中书省僚属情况

据上文来看，中书省的僚属班子，应是在中统元年七月建"燕京行中书省"时才形成。王恽的《中堂事记》记载了这个班子的构

---

① （元）王恽：《中堂事记》，载《王恽全集汇校》，第3386页。
② 《元史》卷4《世祖一》，第74页。
③ 《元史》卷91《百官七》，第2305页。

成，整理为下表2-2。

表2-2　　中统元年七月燕京行中书省所设官职与僚属姓名

姓名	任职	姓名	任职
贾居贞	左右司郎中	王德容	左右司员外郎
郭荣祖		张桐	
晋汝贤		邢敏	
刘郁	都事	李惟寅	提控令史
王德辅		术甲谦	
马璘	左房省掾	杨文卿	右房省掾
乐思齐		杨恕	
王文慜		袁裕	
刘杰		李鼎	
王守正		刘作	
宋筠		吴璧	
杨颙		张安仁	
杨湜		宋璋	
杨珍		梁德佐	
蔡玠		张适	
冯处厚		刘济	
高明		周鼎	
陈鼎		张楫	
阎沂		边正卿	架阁库官
李壑		王和卿	
刘谦	典吏	阿虎歹	断事官
卢慎		麦肖	
侯康济		曲天八合赤	
王显卿		唐古鲟	
赵文辉		老塔察儿	
张瀵		亦捻哥	
杨仁风	奏事官	斡脱赤	
班庭直	客省使	忽都奉御	

续表

姓名	任职	姓名	任职
孟甲	奉使	阿里和之	通译使
刘武		道奴大哥	
刘芳		王合剌	
许楫	知省印	王炳	
杜纯甫		麦术丁	回回译史
李显祖	宣使	冯崧	书填勘合令史
蒲散禧		马绍	
王好礼		李从周	
杨帖木儿		冯渭	掌故
宁潾		完颜良辅	
夹谷忽都虎		杨威	详定官
许靖	讲集太常礼乐官	张永锡	
郭伯达		周止	
樊兴嗣	肄习供卫事官	魏初	掌记
蔚柞	省理问官	沈侃	检法兼缘堂
边邦杰		张抄儿赤	堂厨局长
张云鹏		元铎	省医
刘渊	铸印局官	杨庸	
刘骥		无	抄纸房
王利用		无	印造局
张介	交钞提举司官	无	织造银货局
梁秀实		郭仪	确货司官
王焕		王谔	
魏祥卿	万亿库官	郭汝梅	应办供顿官
高泽	交钞库官	重阳二哥	
路子敬		斜飞	
康天英	到省听任人员	李瑞	到省听任人员
胡祗遹		张焕	
李谦		刘仲祥	
刘宣		张遹祖	
韩瓒		白俞	
马天骥		吴让	
陈祥			

说明：其中，《中堂事记》载，通译使三人，实际列出四人；讲集太常礼乐官三人，实际仅列出两人；肄习供卫事官两人，实际只列出一人；省理问官两人，实际列出三人；掌记两人，实际仅列一人。其中抄纸房、印造局、织造银货局以小字注于王焕名下，但没有具体提供任职人员名单。

通过表2-2可以看到，燕京行中书省建立之时，其下已经配备有比较齐全的僚属班子。这些僚属有具体的职能分工，从其名称来看，其中的大多数部门是原来金朝六部的基础上裁减而成的。参照《金史·百官志》、第一章表1-2和表1-3所列的金朝六部和"六部所辖诸司"，可以建立起元初中书省僚属部门与前朝六部之间的某些对应关系。可以说，元朝中统年初的中书省，实际上就是一个整合了前朝尚书省和六部的精简机构。①

表2-3　　　　元初中书省与金尚书省、六部部门对比

中统初年的中书省	金朝尚书省及其六部
中书省左右司	尚书省左右司
中书省左、右房	尚书省左、右房
交钞提举司	户部交钞库
交钞库	
抄纸房	户部抄纸坊
印造局	户部印造钞引库
榷货司	户部榷货务
应办供顿官	工部祗应司
检法兼缘堂	各部检法官
铸印局	礼部"符印"等职能
讲集太常礼乐官	礼部"礼乐"等职能
肄习供卫事官②	兵部法物库

由表2-3可见，中统二年六月以前，中书省的建置下有处理原六部事务的职能部门。这些部门多承担了原六部中较为核心且必不

---

① 据《金史·百官志》记载，金初也曾实行过六部与尚书省通署的制度："六部，国初与左、右司通署，天眷三年始分治。"由此可见，在不熟悉汉法的非汉族政权进入中原时，这种简并的建置不失为其优先选择。

② 肄习供卫事官，据《中堂事记》载，其职能为"彩画銮驾，一切仪仗服色等物，及教习、随取到控鹤等人"，与金朝的法物库"掌卤簿仪仗车辂法服等事"虽不完全一样，但有部分重合之处。

可少的职能,故从设官分职的角度讲,此时元朝并不需要存在另外的六部体系。且因为中书省只有一个,所以也可以排除一个中书省有六部建置,而另一个中书省没有的情况。

二 中统二年六月以后建立的左、右三部体系

中书省在不断完善和扩充的同时,时任省官也在积极推进官制的进一步改革,以使中书省及其僚属机构更加成熟完备。据《中堂事记》载,中统二年四月十一日,中书省臣"会九道宣抚定议官制"[①],十三日"诸相入朝议定六部等事上闻,纶音抚慰,大允所奏"[②],五月十九日又"入见,奏裁大拜及六部事"[③],可知此时六部尚未建立,中书省官员正在紧锣密鼓地制定其详细建置。

到了中统二年六月二日,省臣终于"奏定左右三部尚书等官"[④],并于六月四日正式任命左、右三部官员。这一左三部、右三部建置,就是元朝第一次建立的"六部体系"。在"祖述变通"思想的指导下,忽必烈并没有完全按照唐朝以来的实践建立起六部,而是将六部分为吏、户、礼左三部和兵、刑、工右三部,刑部并无独立建置。《中书右三部郎中冯公神道碑》中提到了这一情况:"尚书未分兵、刑、工三曹之事,丛闽繁会。"[⑤] 这一左、右三部建置虽迥异于唐以来历代实行的六部体系,但从原先金朝的六部体系中,或可得到某些相关借鉴的影子。见《金史·百官志》之记载,发现金朝虽由六部办公,但他们的"检法"部门却并非按六部划分,而是分为左三部检法司、右三部检法司,"掌披详法状","检断各司

[①] (元)王恽:《中堂事记》,载《王恽全集汇校》,第3357页。
[②] (元)王恽:《中堂事记》,载《王恽全集汇校》,第3358页。
[③] (元)王恽:《中堂事记》,载《王恽全集汇校》,第3380页。
[④] (元)王恽:《中堂事记》,载《王恽全集汇校》,第3394页。
[⑤] (元)姚燧撰:《中书右三部郎中冯公神道碑》,载查洪德点校《姚燧集·牧庵集》卷20,人民文学出版社2011年标点本,第320页。

取法文字"①。换句话说，金朝的六部在需要处理某事时，会先从检法司处查到相关政策法规，再具体结合事件作出处理。从某种意义上看，其左、右三部检法司才是事件处理的核心。因此，元初左、右三部的建置，或是在参照金朝制度后进行了改造。

中统二年左、右三部的设置情况，文献多语焉不详。得益于王恽的《中堂事记》，左、右三部的建置情况才得以清晰地呈现出来。与此相对照，可知《元史·百官志》中的记载有误。其载：

> 世祖中统元年，以兵、刑、工为右三部，置尚书二员，侍郎二员，郎中五员，员外郎五员。以郎中、员外郎各一员，专署刑部。②

其中，左、右三部的设置时间是中统二年六月二日，四日始任命相关官员。中统元年的说法肯定是错误的。但仍有一个问题值得注意，即偶见史料中会提到中统二年六月以前的六部官称，这是否意味着在此之前，仍有六部体系的存在呢？这个问题需要分类讨论，以王恽的《中堂事记》为例，本节将其中所载所谓"六部官员"列如下表2-4。

表2-4　　　　　中统二年六月以前六部官称枚举

姓名	官称
高逸民	礼部员外郎
刘芳	兵部郎中
王焕	户部员外郎

上述官员，实际上都不是真正的六部官员。第一，授予这种官称的官员，往往是出于某种目的需要而设立，如出使他国，王恽的《中堂事记》中称之为"借职"。上述高逸民，其实是中统二年三月

---

① 《金史》卷55《百官一》，第1235页。
② 《元史》卷85《百官一》，第2143页。

十五日"借职礼部员外郎为副"①使高丽,而刘芳则"借职兵部郎中"②使百夷国。这种"借职",实际上与元代常用的"遥授"有异曲同工之处,借职者本人仅仅使用了这个头衔,以达到某种目的。③其二人的本来身份,从上表2-2看,刘芳乃当时中书省的奉使,而高逸民则或与《牧庵集》中《中书左丞李忠宣公行状》中提到的"故真州总管高逸民"④是同一人。而加诸礼部、兵部的头衔,无非是忽必烈政权沿袭传统汉人政权的惯例而已。由诸史可见,传统中原王朝派出的使节,多由礼部官员为使,由是可知这种"借职"是对传统做法的沿袭,以周边民族熟知的官称派出使节,既可以更好地达到外交效果,亦有与南宋争正朔的意味。

  王焕可能属于另外一种情况。据表2-2可知,其时王焕的实际官职是"交钞提举司官",尽管从工作性质上,确实属于日后户部的职责之一,但此时王焕并不是什么"户部员外郎"。而很可能是王恽编定《中堂事记》时加上的。王恽在其前序曾言,《中堂事记》是自己将直省日录"略为修饰"⑤而成,这个修饰就包括增补某些官员后来才取得的官称,如其载"(中统二年四月廿三日)司天台官,中顺大夫张□为雨土事以民劳上闻"⑥,其中,"中顺大夫"乃至元元年(中统五年,1264)元朝行迁转法之后才出现的散官官阶,中统二年时官多世袭,并无散阶,可知其为后来王恽所增补。⑦又如其

---

① (元)王恽:《中堂事记》,载《王恽全集汇校》,第3348页。
② (元)王恽:《中堂事记》,载《王恽全集汇校》,第3360页。
③ 详见拙文《元代"遥授"现象研究》,《湖北社会科学》2019年第4期。
④ (元)姚燧撰:《中书左丞李忠宣公行状》,载《姚燧集·牧庵集》卷30,第459页。
⑤ (元)王恽:《中堂事记》,载《王恽全集汇校》,第3309页。
⑥ (元)王恽:《中堂事记》,载《王恽全集汇校》,第3363页。
⑦ 李鸣飞在《金元散官制度研究》中指出,因为散官之于大蒙古国毫无意义,因此在早期木华黎伐金时,主要是对金代的模仿和继承,而到了"蒙古国后期乃至于世祖初期,多有官员仅带'宣差'或'宣授'职事官,不带散官的现象越来越多"。她还举《五岳观碑》《创塑东岳行宫二圣后记》等为例,指出可见的中统年间的官员"全部没有散官",与上述情况或可参证(兰州大学出版社2014年,第153—154页)。

中载"以上都太仓使宋绍祖、邢人郝子明为（左三部）郎中"①，然而"上都"的说法不可能出现在中统二年，因为中统四年（1263）改开平府为上都之后才有所谓"上都"。以此观之，中统二年六月以前王焕为"户部员外郎"，如果不是与高逸民、刘芳等一样为"借职"，就是后来王恽所增补的，至少其本身不能作为证明中统二年六月以前元朝中央存在六部的证据。②

综上，中统二年六月以前，不存在作为职能部门的六部。左、右三部的建置，从中统二年六月开始，要一直沿用到中统末、至元初年。但是，在中统二年六月到至元元年官改前，史料仍偶尔会见到一些不以左、右三部相称，而以六部相称的记载。这种情况往往是当时记载之人不明元初左、右三部建置的情况而产生的讹误。如《元史》中载"（中统三年三月）壬申，命户部尚书刘肃专职钞法，平章政事赛典赤兼领之"③，实际上此时的刘肃并不是什么户部尚书，而是左三部尚书。作为左三部尚书，刘肃分管了其中属于户部的工作，因此该史料的撰者才误以为刘肃是户部尚书。④

中统年间，忽必烈还授予某些官员六部尚书、侍郎的官衔，这种授予更像是名誉衔，被授衔的官员并不之任实职，因而虽没有明确标明为借职，但实际情况恐怕与借职无异。如马月合乃，他在中统三年（1262）九月被忽必烈授为礼部尚书。马月合乃原为宪宗蒙哥时期燕京行尚书省的"行六部尚书"，后因一路追随忽必烈，"令专馈饷"，又在平定阿蓝答儿叛乱中出私财犒军，终于官拜礼部

---

① （元）王恽：《中堂事记》，载《王恽全集汇校》，第3398页。
② 魏初的《青崖集》中载有其于至元八年所上《奏章》若干，其中提到"照得在先提举诸路交钞，如王涣等，以户部郎中兼之"句，可与此相印证。文中"王涣"讹为"王涣"，"户部员外郎"亦与"户部郎中"有异，但实际所指当是同一人。此则材料亦可旁证，王焕的户部员外郎并非六部体系下的户部官员。
③ 《元史》卷5《世祖二》，第83页。
④ 详见拙文《〈析津志·名宦〉史源考——兼考元初中书官员刘肃的官职》，《文献》2020年第5期。

尚书，配金虎符。① 不过，马月合乃的"礼部尚书"也不是六部体系下的礼部尚书。据《元史》记载，马月合乃受封礼部尚书之后，也没有履行礼部尚书的职能，而是一度担任军储都转运使，后又"兼领颍州、光化互市，及领已括户三千，兴煽铁冶"②。可见，其所谓礼部尚书不过一空衔，并无实际之任，亦非六部体系下的礼部尚书。与此相类似的还有张耕，因在邢州安抚使任上颇有作为，故于中统二年八月十七日"超授吏部尚书，兼前职，仍易（赐）虎符"③。赵炳，因平李璮有功，"入为刑部侍郎，兼中书省断事官"④。据此，本书认为，这种空授六部尚书、侍郎官衔的做法，实际上与前述中书省官行省地方的情况是一致的，都属于加带中央官衔赴任地方的情况，在一定程度上与借职并无区别。

三 至元元年（中统五年）到至元七年间刑部名称的变化

中统年间的左、右三部建置，一直延续到至元元年（中统五年）。据《元史·百官志》载，右三部于"至元元年，析置工部，而兵刑仍为一部"⑤。而《元史》载是年八月"诏新立条格：省并州县，定官吏员数，分品从官职，给俸禄，颁公田，计月日以考殿最"⑥ 看，至元元年八月似已敲定了析分左、右三部的政策。但实际上，这一政策可能一直要到至元二年（1265）才得到落实。按《元史》载，（至元二年二月）"癸亥，并六部为四，以麦术丁为吏礼部尚书，马亨户部尚书，严忠范兵刑部尚书，别鲁丁工部尚书"⑦。可见，《元史·百官志》对此次左、右三部的析分时间记载

---

① 事见《元史·马月合乃传》及马祖常所撰《故礼部尚书马公神道碑》。
② 《元史》卷5《世祖二》，第92页。
③ （元）王恽：《中堂事记》，载《王恽全集汇校》，第3430页。
④ 《元史》卷163《赵炳传》，第3836页。
⑤ 《元史》卷85《百官一》，第2143页。
⑥ 《元史》卷5《世祖二》，第98页。
⑦ 《元史》卷6《世祖三》，第106页。

仍不是非常确切，至少从本纪部分看，其真正落实析分的时间要到至元二年。

这次"六部体系"变化的原因，与前左、右三部工作经验有关。随着中统年间阿里不哥争夺皇位和李璮叛乱等内部矛盾的解决，忽必烈建立起的政权初步稳定下来，战时因素下降，日常行政和国家管理工作的因素则逐渐成为新政权关注的重点。在这种情况下，原先简单的中书省——左、右三部建置和分工显然不能满足国家管理的需求。后来任户部尚书的马亨，在中统四年就已经指出："六曹之职分理万机，今止设左右二部，事何由办？"① 可见，到了中统四年，左、右三部就已经无法满足朝廷处理日趋烦琐复杂的政务的需要，因此马亨才提出这一质疑。这个意见非常受到忽必烈重视，"疏闻，帝即召见，有旨：'卿比安在，胡不早言？'"②

然而，此次官改虽然调整析分了左、右三部，但仍未完全回归六部体系，而是采用了吏礼、户、兵刑、工"四部"模式，此时的刑部，包含在兵刑部中。尽管史无明载忽必烈首创这一官制的缘由，但从若干史料中仍可以推出其某些方面的成因。王恽的《乌台笔补》中有《论六部职掌繁简事状》一篇，约载于至元五年（1268）后王恽充任监察御史期间。其载：

> 伏见朝廷设立六部，其官吏品秩相同而职掌繁简有异。如礼、兵二部，礼以祭祀为大而有太常寺，兵以军旅为重而有枢密院。今者钱谷造作一切等事，尽归户、工，至甚繁剧，若曹务不有所分，则缓急难于办集。③

由《事状》可见，在一开始的设置中，元代六部中的礼、兵二

---

① 《元史》卷163《马亨传》，第3828页。
② 《元史》卷163《马亨传》，第3828页。
③ （元）王恽：《乌台笔补》，载《王恽全集汇校》，第3669—3670页。

部没有什么实际权力，其大多数职权为太常寺和枢密院所分，而户、工二部则因经营钱谷、营缮等事务而繁剧，与礼、兵二部形成鲜明对比。据此，忽必烈就把礼、兵二部与事务繁忙程度居中的吏、刑二部合为吏礼、兵刑部，以降低行政成本。

此"四部体系"大约实行了一年多，就于至元三年（1266）重新改回左、右三部建置。《元史·百官志》中刑、兵、工三部都记载了此次改革："（至元）三年，复为右三部。"①《元史·马亨传》载马亨"至元三年，进嘉议大夫、左三部尚书"②，《元史·李德辉传》载，李德辉于"（至元）五年，征为右三部尚书"③，《元典章》中"因奸谋杀本夫"和"男妇执谋翁奸"两案的案发时间在至元三年以后，处理案件的单位为右三部。以上记载可相互印证。

不过，随着国家事繁，官制由繁而简显然不适宜统治需要，故此次左、右三部建置维持的时间并不长。至元五年间，左、右三部曾有过一次短暂地改回"四部"体系。从《元史·百官志》看，至元五年的"四部"体系，仅在吏、户、兵三部条文中有记载。以兵部记载为例，"（至元）五年，复为兵刑部"④，礼、刑、工三部条文中则不见记载。除了《元史·百官志》外，《元典章》一则时间相对确定的案例"反狱劫囚"亦可证明至元五年间曾有过短暂的"四部"体系设置，其载：

> 至元五年五月二十六日，兵刑部据益都路申："捉到贼人单二，于高密县牢内劫取贼人武二在逃，将禁子打伤罪犯。"法司拟徒五年。部拟九十七下。省准，断讫。⑤

---

① 《元史》卷85《百官一》，第2143页。
② 《元史》卷163《马亨传》，第3828页。
③ 《元史》卷163《李德辉传》，第3816页。
④ 《元史》卷85《百官一》，第2141页。
⑤ 陈高华等点校：《元典章》卷42《刑部四·反狱劫囚》，中华书局、天津古籍出版社2011年标点本，第1440页。

根据记载，此则案例的申文时间发生在至元五年五月二十六日，发送单位是益都路，接收单位是兵刑部。据此来看，在至元五年中间，确曾短暂地设立过"四部"，只是因为时间过短，故可见的记载十分稀少。

至元五年五月以后，"四部"体系很快又改回左、右三部建置了。见于《宪台通纪》中，至元五年七月颁布的设立监察系统的《设立宪台格例》，其中有一款载"诸诉讼人等，先从本管官司陈告。如有冤抑，民户经左、右部①，军户经枢密院，钱谷经制国用使司"②。《设立宪台格例》为国家发布的御史台建立之条画，具有权威性。由此看来，到至元五年七月的时候，左、右三部建置就已经恢复了，离上述五月份仅差一个多月。此外，《元典章》中也有大量以右三部名义和少量以兵刑部名义处理的案例，如"随路岁贡儒吏""兄首弟安藏造伪科罪""无财可陪家属典雇""禁卖毒药乱行针医"等。据笔者统计，以右三部名义处理，时间在至元五年到至元七年间的案例有 21 则；以兵刑部名义处理，时间在至元五年到至元七年间的案例有 3 则。其具体月日记载相互交错，不能据以成证，但这样的记载与其他史料相印证，至少表明至元五年间确曾一度存在过兵刑部，而很快又恢复了右三部。

值得注意的是，至元元年到至元七年，特别是实行左、右三部建置的时间内，偶可见到关于六部官员的某些记载，如《元史》载至元五年正月，"复遣北京路总管于也孙脱、礼部郎中孟甲持诏往谕（高丽）"③；至元五年九月，"命兵部侍郎黑的、礼部侍郎殷弘赍国

---

① 需要注意的是，依上下文，此处的左、右部指的是左、右三部。自中统以来，实际上还有一个名为中书左右部的机构，一直为阿合马提领，主要是解决政府财政经费问题的部门。中书左右部后来发展为制国用使司，又进一步发展为尚书省，与左、右三部不同，特此说明。

② （元）赵承禧编撰，王晓欣点校：《宪台通纪（外三种）》，浙江古籍出版社 2002 年标点本，第 14 页。

③ 《元史》卷 6《世祖三》，第 117 页。

书复使日本"①等。这些记载并不能完全作为存在六部建置的证据。如中统时期一样，这些所谓的六部官员多是一种借职。胡祗遹在《重修羑里文王庙记》中的落款是"至元六年（1269）夏十有二日，太常博士、借注户部员外郎兼应奉翰林文字，武安胡祗遹记"②。这一落款为胡祗遹本人亲撰，清晰地表明了他认识到自己的"户部员外郎"实际上是一种借注官，并非实际任职，其实职应是"应奉翰林文字"，格式与前述张耕、赵炳等借职官的表述模式如出一辙。由此可见，在这段时间内出现的六部官，仍只是一种借注、借职的官称。

四 至元七年后的刑部名称变化情况

正式以吏、户、礼、兵、刑、工六部的完整形式呈现的六部体系，要到至元七年始现。至元七年正月，尚书省立，"始列六部"③。《元史·百官志》中的六部条文均记载了这次变化。以刑部的记载为例，"七年，始别置刑部"④。至此，元朝政府才第一次实行了严格意义上的六部体系。问题在于，尚书省成立，尚书六部建立之后，原先的中书省的左、右三部建置是否保留？相当多的证据表明，原先的中书省左、右三部建置仍然得到保留，只不过其权力随着中书省的式微而受到极大的压缩。

最直接的证据来自《元典章》的公文记载。其中，"强奸幼女处死"案载：

> 至元七年闰十一月内尚书省：右三部呈：顺德路归问到陈赛哥强奸田泽女田菊花罪犯，拟合处死。（据下文，疑有脱漏）移准中书省咨：九月初七日闻奏过，奉圣旨：依着您的言语行

---

① 《元史》卷6《世祖三》，第119页。
② （元）胡祗遹撰：《重修羑里文王庙记》，载《胡祗遹集》，第241页。
③ 《元史》卷85《百官一》，第2141页。
④ 《元史》卷85《百官一》，第2143页。

者。钦此。据京兆路白水县王解愁，至元七年三月二十九日，强奸郭晚驴定婚妻李道道年九岁。有郭晚驴要讫王解愁布四十疋。白水县官司准拦，断讫王解愁四十七下。取到本县官吏人等招伏，送户（疑为"刑部"讹）部拟呈。照得先奉省剳：陈赛哥强奸幼女田菊花，合行处死。有审断罪囚断事官斡脱儿赤等断讫一百七下，再行捉拿收禁。为此闻奏过，将陈赛哥疏放了当。据已断王解愁，即系一体，合行处死。若依斡脱儿赤已断体例，犹合贴断六十下。①

这则判例显示，至元七年建立尚书六部后，原先中书省的左、右三部仍不止一次地出现在案例中，且从行文格式看，尚书六部与左、右三部是同时存在的。该案称，右三部向中书省呈交陈赛哥强奸案的处理结果，中书省于至元七年九月初七日将这一处理结果上奏皇帝裁定，获得允准。尚书省于同年闰十一月将此处理结果交给其下属刑部，以处理王解愁强奸案。只有这样，其案件叙述方合逻辑，否则，其中书省下有六部，而尚书省下却有左、右三部，大违他载。

类似指明至元七年之后仍有中书右三部处理的相关案件，还可从《元典章》"捕杀人贼同强盗罪赏"条②、"鞍辔靴箭休用金"条③、"开元路打捕不禁弓箭"条④、"年限女婿不入军籍"条⑤、"假告事故俸例"条⑥等断例中见到。如"开元路打捕不禁弓箭"案中有"至元七年六月，尚书省准中书省咨：据右三部呈"的说法，表明到至元七年六月时，尚书省准中书省的咨文中仍有右三部向中

---

① 《元典章》卷45《刑部七·强奸幼女处死》，第1518页。
② 《元典章》卷51《刑部十三·捕杀人贼同强盗罪赏》，第1729页。
③ 《元典章》卷58《工部一·鞍辔靴箭休用金》，第1969页。
④ 《元典章》卷35《兵部二·开元路打捕不禁弓箭》，第1229页。
⑤ 《元典章》卷17《户部三·年限女婿不入军籍》，第599页。
⑥ 《元典章》卷15《户部一·假告事故俸例》，第542页。

书省递交的呈文；又如"假告事故俸例"案中有"至元九年正月，中书左三部承奉中书省劄付：据户部呈：奉尚书省劄付：钦奉圣旨节文"的说法，表明在至元九年（1272）正月时，中书省的左三部遵照奉行中书省所发出的劄付中有尚书省户部呈与尚书省的呈文，而尚书省又将之转咨中书省。

此外，据《元史·马亨传》载，"（至元）七年，立尚书省，仍以亨为尚书，领左部"，继续担任左三部尚书的马亨亦提出意见，反对尚书省进一步揽权，"亨上言：'尚书省专领金谷百工之事，其铨选宜归中书，以示无滥。'"[1] 可见尚书省建立时，中书的左、右三部的建置仍在。

不过，尚书省及下属尚书六部的体系也仅维持了近两年。至元八年（1271）十二月，忽必烈诏将尚书省并入中书省，次年正月实行。伴随此次机构合并，尚书六部亦归入中书下属，与左、右三部合并，并再次省并为吏礼、户、兵刑、工四部，史载"省六部为四，改称中书"[2]。《元典章》有大量至元九年到至元十三年间，处理单位为兵刑部的案例，可以为证。此外，据《元史·张昉传》载，其于至元十一年（1274）曾出任兵刑部尚书，《广东按察副使王纲墓神道碑铭》载墓主王纲曾于至元十一年出任兵刑部员外郎，《刘文简公祠堂记》亦载刘敏中曾于至元十一年"历兵刑部主事"，皆可为旁证。[3] 四部体系的再次重建，一直运作到至元十三年。

至元十三年，元军亡宋，南北统一，中书省下属四部再次改为六部，此后一直延续到元末，未再变更。这次官制变更的原因，或与平宋以后的录功、收纳南宋降臣等需求有关。尽管史无明载，但

---

[1] 事见《元史·马亨传》。
[2] 《元史》卷7《世祖四》，第139页。
[3] 事见《元史》卷170《张昉传》，第4000页；王构：《广东按察副使王纲墓神道碑铭》，清同治年间《畿辅通志》卷174；张起岩：《刘文简公祠堂记》，清乾隆二十一年《章丘县志》卷11。

通过一些蛛丝马迹可以看出,四部改回六部应是在宋元战争的最后阶段完成的。四部变回六部,能够增加官位以安排有功者。在元朝征伐南宋的过程中,大量官员活跃在宋元战场和善后事务中,其中如行户部、行工部等,是为战争而临时设置的部门,战事结束后就需要裁撤,原先负责的官员也需要得到妥善安置。尽管未见史料明确记载这些部门最后的处置方式,但到了至元十三年,临安投降,南方大规模的战争已基本停止,这些为战争需要而设立的部门自然也会渐次取消。另外,一些投降过来的南宋官员,也需按照其原先在南宋的级别给予相应待遇,如至元十二年(宋德祐元年,1275)宋朝权刑部尚书吕师夔投降后,就被改授兵部尚书,并令随军攻取江西。① 种种情况使得元朝无论在中央还是地方,都必须增设更多的职位以待有功者。

至元十四年(1277)前后,"朝廷录平宋功,迁至宰相执政者二十余人,因议更定官制"②,但实际上,录平宋功的人数显然要远超王磐所提到的人数。据《元朝名臣事略》载,仅阿里海涯的"省幕戎麾,与所受降",就有"登宰相者有二……平章十二……右丞四……左丞四……参政十三"③,遑论其他品级更低的有功者。此次更定官制,当不只与建立江南官制有关。王磐对"更定官制"所提出的建议是,"宜加散官,或赐以五等爵号"④,这显然是针对全国而言的,并非仅局限于江南官制。且就阿里海涯麾下应录功提拔的人群看,大量官员本身就来自中央,在彻底平定南宋后,其任职也多不在江南,有传者如李庭、何玮等,都在至元十四年前后回到了北方。王磐的建议亦未被采纳,朝廷授官仍以职事官相许,因此即使四部变六部,也远远无法满足一时的授官需求,故在至元十六年

---

① 《元史》卷8《世祖五》,第169页。
② 《元史》卷160《王磐传》,第3754页。《历代名臣奏议》卷162王磐奏议与此同。
③ 《元朝名臣事略》卷2《丞相楚国武定公》,第36—37页。
④ 《元朝名臣事略》卷12《内翰王文忠公》,第245页。

(1279）前后胡祗遹曾言："即今六部尚书八九员，侍郎、郎中、员外郎及一二宣慰使七八员，同知、副使各一人，正如人二身八首而一足，贻笑千载。"①

至元二十四年（1287），尚书省再置，"六部为尚书六部"②。二十七年（1290）尚书省废后，原尚书省参知政事麦术丁曾一度提议再立尚书省，"专领右三部"③，后因不忽木反对而作罢，六部重归中书。至大二年（1309），武宗再立尚书省，六部再次归属尚书省，皇庆元年（1312）罢，六部再次回归中书。

弄清包括刑部在内六部名称的变化情况，有助于更好地认识刑部变迁和解读史料，甚至可对元初若干年的政治制度进行一定程度的梳理。特别地，还可以为一些校订工作提供有益参考。如《元典章》"毛段上休织金"一则，沈刻本的时间作"中统二年三月十五日"④，《通制条格》显示则为"九月"，处理单位为右三部，依上述时间来看，当以《通制条格》的时间为是，因三月十五日尚未有左、右三部建置。⑤《元典章》有"误打死人""杀死娼女""军殴县令""品官相殴""犯奸放火"五则，均署为至元五年尚书刑部处理的案件，⑥ 但从前文的分析来看，至元五年是不可能存在尚书省下属的刑部机构，故而这几则记载必定有误，且很大可能是时间记载出错，因为至元五年的时候，还不可能有人预先知道几年后会出现刑部归尚书省管辖的情况。此外，又如《通制条格》卷19《捕亡》中有"追捕"一目，其中一则案例的处理时间和单位分别是至元二十三年

---

① 《胡祗遹集》卷23《民间疾苦状》，第429页。
② 《元史》卷14《世祖十一》，第298页。
③ 《元朝名臣事略》中则说麦术丁的建议是立尚书省专领户、刑、工三部，但同样遭到不忽木反对。
④ 《元典章》卷58《工部一·毛段上休织金》，第1955页。
⑤ 方龄贵校注：《通制条格校注》卷27《杂令·毛段织金》，中华书局2001年标点本，第650页。
⑥ 五案例分见《元典章》的《刑部四》第1441、1462页；《刑部六》第1505、1508页；《刑部七》第1532页。

(1286)、中书兵刑部①，根据前文，这样的记载也必定有误，至元二十三年时不可能存在兵刑部的建置。

第三节 刑部的机构编制情况

上一节对刑部机构名称的变化情况作了梳理，作为中书省下属的六个部门之一，刑部有其相对固定的办公地点、人员选拔、编制②、官吏俸禄、日常作息等制度，这些制度有的是与其他五部共通的，有的则是专属刑部的特殊制度。本节进一步对刑部这一系列制度进行探讨。

一 刑部的办公地点

刑部是中书省下属的六部之一，因此其办公地点，当与中书省一致。元代的中书省经历了若干次与尚书省的合并后，由原来于宫城北边的凤池坊，最终迁到原尚书省的办公地点，位于"宫城南之东辟"的五云坊。这一问题已由徐苹芳的《元大都中书省址考》③一文予以详细论定。具体而言，中书省（尚书省）的办公地点，不同年份存在如下变化，见表2-5。

---

① 详见《通制条格校注》卷19《捕亡·追捕》，第567页。方龄贵在校注中点为"兵、刑部"，似有道理。但是从元代诸多公文格式看，似乎罕见这种两部合并相称的情况，更多的时候，如果有两部约会处理的案件，则会在案件中注明某部约会某部的情况。同目的另一则案例，处理时间和单位分别为至元十年，兵刑部，而方龄贵亦将此时的"兵刑部"分开点为"兵、刑部"，似有不妥。类似情况还可以在校注本的若干地方看到。

② "人员选拔、编制"将单独在第三章详述。

③ 该文收录在徐苹芳所著《中国城市考古学论集》，上海古籍出版社2015年，第147—154页。

表 2-5　　　　　　　元朝中书省（尚书省）办公地点变迁

六部上级	时间	办公地点	文献出处
中书省	至元四年（1267）至元七年	凤池坊	《析津志》①
尚书省	至元七年至元八年	五云坊	《世祖本纪》②
中书省	至元七年至元二十七年	凤池坊	
尚书省	至元二十四年至元二十七年	五云坊	《析津志》③
中书省	至元二十七年至大德十一年（1307）	五云坊	《武宗本纪》④
中书省	大德十一年至顺二年（1331）	凤池坊	《道园学古录》⑤
中书省	至顺二年以后	五云坊	《析津志》⑥

　　从表 2-5、图 2-1 可以看到，元代的中书省（尚书省）不停地在凤池坊、五云坊两处省址来回搬迁。元人将宫城以北凤池坊之

----

① （元）熊梦祥《析津志》："至元四年二月己丑，始于燕京东北隅，辨方位，设邦建都，以为天下本。四月甲子筑内皇城。位置公定方隅，始于新都凤池坊北，立中书省，其地高爽，古木层荫，与公府相为樾荫，规模宏敞壮丽，奠安以新都之位置居都堂于紫微垣。"

② 《元史·世祖十一》："（桑哥）又言：'中（尚）书省旧在大内前，阿合马移置于北，请仍旧为宜。'从之。"下一条中书省在至元七年到二十七年间均在凤池坊北省处，主要是综合诸记载而得，此一阶段两次置尚书省，均为尚书省自己到五云坊独立开省，中书省则一直在北省不变。

③ 《析津志》："至元二十四年闰二月，立尚书省。以宣政院使桑柯为开府仪同三司尚书左丞相，叶李为尚书右丞相。时五云坊东为尚书省……至元二十七年，尚书省事入中书省，桑柯移中书省于今尚书省为中书省，乃有北省、南省之分。"

④ 《元史·武宗一》："（大德十一月十月）庚子，中书省奏：'初置中书省时，太保刘秉忠度其地宜，裕宗为中书令，尝至省署。其后桑哥迁立尚书省，不四载而罢。今复迁中书于旧省，乞涓吉徙中书令位，仍请皇太子一至中书。'制可。"

⑤ （元）虞集《道园学古录》卷 8《中书省检校官厅壁记》："中书省检校官者，至元二十八年，尚书省以户、工二部，营缮出纳之繁，奏设是官……其署在省之东偏……后中书省仍治城之北，舍因其旧，而检校官之署阙焉……至顺二年，中书省徙治宫城东南之省……旧署隘且弊……宰相命更作于旧署之南，为堂三楹，以居其官。"

⑥ 《析津志》："至顺二年七月十九日，中书省奏：'奉旨：翰林国史院里有的文书，依旧北省安置；翰林国史官人，就那里聚会。'繇是，北省既为翰林院，尚书省为中书都堂省，固矣。殆与太保刘秉忠所建都堂意自远矣。"

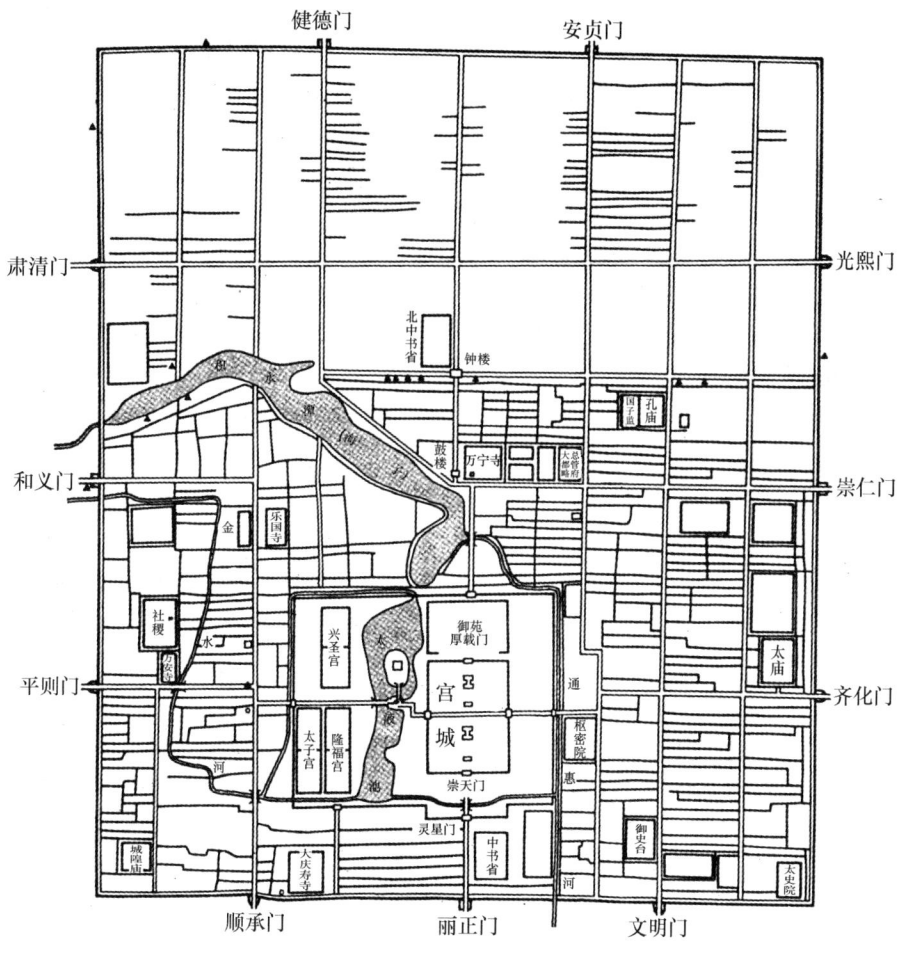

图 2-1 元大都城平面复原示意图

资料来源：徐苹芳：《元大都的勘查和发掘》，载《中国城市考古学论集》，第 109 页，附图二。

办公处称为北省，宫城之南的五云坊办公处则称为南省。那么，问题在于，作为中书省下属的六部是否与中书省同在一处办公？从目前的史料看，并没有指向六部不与中书省一起办公的材料，且有若干证据可以相互推导出六部与中书省一起办公的结论。《析津志》中有记载"中书省"的相关文献，其中有若干条是中书省在五云坊时的记载，摘录如下：

中书省，在大内前东五云坊内。外仪门，近丽正门东城下，有"都省"二字牌匾。

外仪门，六部在内，西会同馆。①

从这一记载看，中书省有外仪门（实际还有中仪门和内仪门），门上有"都省"二字，表明外仪门乃中书省第一道正门，而六部之办公场所，在外仪门内，据此可知包括刑部在内的六部办公与中书省在一起的事实（见图2-2）。

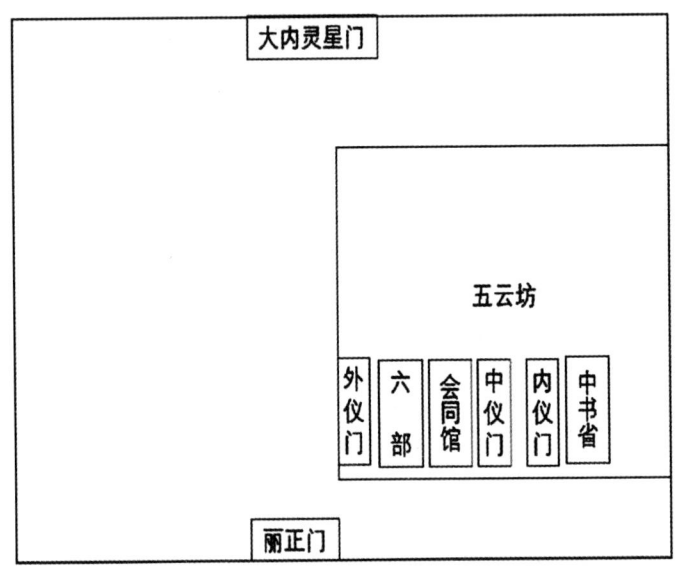

图2-2 六部与中书省之位置细节简图

图为作者依据上述《析津志》提供的方位记载手绘。

六部与中书省一起办公，还可以从前些年发现的《刑部第三题名之记碑》中得到进一步证明。这方《刑部第三题名之记碑》，于2004年出土于天安门城楼前的东观礼台后夹道地下1.5米深处。该

---

① （元）熊梦祥著，北京图书馆善本组辑：《析津志辑佚》，北京古籍出版社1983年标点本，第9、33页。

碑于至正二十三年（1363）闰月甲午，由危素撰记，潘遹书写并题额，因此立碑时间当在此后。此碑发现之地，据徐苹芳的考证，乃原来元代丽正门北侧，与今天的劳动人民文化宫相近，亦即元代五云坊之地。而据刘卫东的文章介绍，此碑重达数吨，当不至于从其他地方挪到此处，① 故结合前人研究及文献记载，基本可以断定此碑出土之处即其原址附近，从而可以侧面总结得出六部与中书省一起办公的结论。

如此，刑部的办公地点，可大致以中书省的办公地点作准。不过，关于中书省和六部，还有两个时间段办公地点的记载是模糊的。其一是中统年间到至元四年之前中书省的具体位置。从上文可见，中统元年时，中书省初立于开平，但随后即迁到原金中都。据《析津志》记载，"中统二年九月，以□都火宅为中书省"②。这个"□都火宅"，当是《元史》中记载的"忽突花宅"。据《元史·世祖纪》载，"（中统二年）九月庚申朔，诏以忽突花宅为中书省署，奉迁祖宗神主于圣安寺"③。张帆认为，这个"忽突花"应是失吉忽秃忽，④ 也就是前文提到的大蒙古国的初任大断事官。目前，"忽突花宅"只能知道其位于金中都内，具体在什么地方则不得而知，因此，这段时间的中书省和左、右三部的位置暂时未明。其二是武宗时期所立的尚书省的位置。武宗时期的尚书省，并没有和阿合马、桑哥时一样，设于五云坊的办公地点，因为自大德十一年中书省北迁到凤池坊后，五云坊的办公地点就成为翰林国史院的办公地点了。据《元史·武宗纪》载，"翰林国史院，先朝御容、实录皆在其中，乡置之南省"⑤。因为南省，也就是五云坊的办公地点被翰林国史院占据了，所以新成立的尚书省"仓卒不及营建"，尚书省臣建议"请

---

① 详见刘卫东《〈刑部题名第三记碑〉考》，《北京文博文丛》2014 年第 3 期。
② （元）熊梦祥著，北京图书馆善本组辑：《析津志辑佚》，第 8 页。
③ 《元史》卷 4《世祖一》，第 74 页。
④ 张帆：《元代宰相制度研究》，北京大学出版社 1997 年版，第 28 页。
⑤ 《元史》卷 23《武宗二》，第 516 页。

买大第徙之"①。这一建议得到武宗皇帝支持,但是最后尚书省的"大第"坐落何处,六部是否跟随迁徙则无从得知。

以上为六部部址的考证情况。就目前的情况看,六部跟随中书省(尚书省)的办公地点而移徙的观点是没有问题的,刑部自不待言。但是,也有个别研究者提出了不同意见。郭超在《元大都的规划与复原》中,对六部中的兵部、礼部的位置提出了自己的看法。②他认为:"元代中央政府兵部官署,规划在皇城西南内凹角以南位置,即在西皇城隆福宫以南、南皇城以西、大庆寿寺以北空间位置,即明北京太仆寺空间位置……元代中央政府礼部官署,规划在大城东南隅,位于明时坊,西为太史院。明代贡院,即元代礼部官署旧址。明代北京贡院,位于今北京建国门内东长安街以北的贡院东街和贡院西街之间,即在中国社会科学院院部东侧。"③

郭著的结论从何而来,就其著作来看,是无从得知的。检索史料,发现其所述与明清之际的孙承泽所撰的《春明梦余录》内容相似。据其书中《礼部三·贡院》载,"贡院在城东南隅,元礼部旧基也";《太仆寺》载,"太仆寺在皇城西,乃元兵部旧署"④。郭著的结论,或出于此,但问题在于,孙承泽距元代统治大都的时间已经过去两三百年,其所说是否正确尚待商榷。张帆在《元代宰相制度研究》中已经指出了这个问题,此次连同徐苹芳的考证以及《刑部第三题名之记碑》的出土,大概率坐实了孙承泽所言不真。且进一步从《秘书监志》的记载看,与孙承泽所说恰恰相反的是,礼、兵二部的位置当仍与中书省(尚书省)一起,因此二部不可能如郭著所说另在他处。兹列《秘书监志》《析津志》的相关记载如下:

---

① 《元史》卷23《武宗二》,第516页。
② 尽管其著作中没有直接提及刑部,但他无疑推翻了"六部与中书省同在一起办公"的观点,故本书在此作一辨析。
③ 郭超:《元大都的规划与复原》,中华书局2016年版,第195页。
④ (清)孙承泽:《春明梦余录》卷41《礼部三》,卷53《太仆寺》,清文渊阁四库全书本。

京师省府有二：一在凤池坊北，中书省治也。一在宫城南之东辟，尚书省治也。尚书省废，故秘书恒与兵礼二部易地而治，经典庋阁，听堂局曹宇与事称。①

至元二十四年六月十一日，尚书工部来呈，本监于旧礼部置监，明文关来，事准此。照得先承奉尚书省判送秘书监呈，有监官刘朝列、苏奉训尚书省里奉都堂钧旨：般移将旧礼部里去者。奉此，呈乞照详批，奉都堂钧旨：送工部依上施行。至大元年（1308）六月十六日，奉都堂钧旨：本监般移将旧礼部里去者。奉此。②

皇庆元年三月十七日，监丞贾奉训、秘书郎何奉训禀，奉都堂钧旨：仰本监依旧移于北省礼部置者。③

至治二年（1322）十月二十九日，准中书礼部关，当月二十八日，本部尚书阿不花正议传都堂钧旨：秘书监御览禁书，教移将南省兵部里权且收顿者。④

（中书省断事官厅）俾堂之西与中书参议府相为对之。连中为都堂。而断事官，沾翼事当诣，乃望视六部之列外垣者，校为亲密，都堂判送之。⑤

从《秘书监志》的记载看，秘书监从旧金朝中都搬到新的大都之后，一开始于至元二十四年被安置在"旧礼部"的官署。彼时桑哥执政，尚书省立，六部改归尚书省，史载"桑哥又言：'中书省（疑为尚书省）旧在大内前，阿合马移置于北，请仍旧为宜，从之'"⑥，可知桑哥将尚书省及六部南移，那么这里的"旧礼部"当

---

① （元）王士点编次：《秘书监志》，浙江古籍出版社1992年标点本，第53页。
② （元）王士点编次：《秘书监志》，浙江古籍出版社1992年标点本，第55页。
③ （元）王士点编次：《秘书监志》，浙江古籍出版社1992年标点本，第55页。
④ （元）王士点编次：《秘书监志》，浙江古籍出版社1992年标点本，第56页。
⑤ （元）熊梦祥著，北京图书馆善本组辑：《析津志辑佚》，第10页。
⑥ 《元史》卷14《世祖十一》，第301页。

为南移后空缺出来的北省礼部。下条皇庆元年提到"本监依旧移于北省礼部置者"可为证。此后，秘书监的御览禁书又存于"南省兵部"处，由此可知，无论"北省礼部"还是"南省兵部"，均表明礼部和兵部始终与中书省（尚书省）在一起。

《析津志》的记载则更为明晰。它指出，中书省断事官的办公地点在中书省内的东边，西边与参议府相对，正中为中书省都堂。而在其墙外，则有六部分列在彼。这段文字载于《析津志》所收录的《中书省断事官厅题名记》，该记作于至正十五年（1355），是知直到元末，六部仍与中书省在一起，并无分离的情况。故此本书认为，郭著上述的结论是错误的。元代六部，当如上文所述，与中书省（尚书省）在一起办公，不存在六部各自为政的情况。

刑部之内，又有不同的厅堂之设。目前，史料中直接可见的是刑部的主事厅，见于《析津志》中《刑部主事厅题名记》的记载。吏部亦有对应的《主事厅题名记》记载，由此可知六部之设置在一定范围内有相似之处。又见有《礼部合化堂题名记》，载礼部公堂取名合化并留题名记，礼部全体官员刻石留名之事，可知六部又各自有部内集体议事的公堂。公堂之外，又有负责某些具体事务的堂、房，如《中书省吏部考功堂记》中所载负责考课的考功堂，《兵部译史房题名记》所载专事翻译工作的译史房，《礼部主事厅才士堂记》等。[①] 由此可知，刑部之内，当亦有部内议事的公堂，可能还有某些负责具体事务和职能的堂，译史房当与兵部情况一致，有独立的办公场所。具体细节，则因史料暂缺而无法深入考证。

除了大都的办公场所，刑部在上都尚有分部，也有相应的办公地点。元朝皇帝每年要在大都与上都之间巡幸，称为"两都巡幸制"，除了个别年份因战乱而中断外，大多数时候，元朝皇帝如期在

---

① 详见欧阳玄的《刑部主事厅题名记》《中书省吏部考功堂记》，宋褧中的《吏部主事厅题名记》，马祖常的《礼部合化堂题名记》，胡行简的《兵部译史房题名记》，宋本的《礼部主事厅才士堂记》。

大都与上都之间巡幸。约有半年在上都,因此,中央各个机构也自然需要随员陪同到上都,以便随时接受圣意垂询。

《元故中顺大夫刑部员外郎崔君墓志铭》载泰定四年,刑部员外郎崔世荣就在扈从天子巡幸时,于上都去世。为他吊唁的官员里,还有部门同事:刑部侍郎铁木尔榻石、主事白元采。① 可见,包括刑部在内的六部官吏自然在随行之列。扈从至上都的刑部官吏,也应当有相应的办公场所。目前,虽没有材料直接说明上都刑部分部的办公场所,但从其他扈从官吏的办公情况可以作一合理推断。程端学的《上都国子监题名记》提到了上都分国子监的场所情况。其载:

> 余之来也,见学舍新美,而器物有未备者,言诸御史台、中书工部、留守司,得木及工,为墙以限内外,为门以谨出入,为栈阁以御湿,为座榻以即安。复言诸集贤院、中书省,中书刑部得官奴以充守者。②

这一记载提到上都分国子监置办其固定的教学场地,程端学作为其教授为之作题名记一事。类似的题名记还可以见到《上都分台题名记》《上都分省左司掾题名记》《国子监分学题名记》等,③ 由此可以推断,刑部在上都的分部也当有其相对固定的办公场所,只是囿于史料匮乏,无法再进一步深入考证。

此外,在元末至正年间,朝廷因天下大乱,地方各自为政而进一步在腹里地区设置中书分省。据史载,"(至正)十五年十月,济

---

① (元)宋褧撰:《元故中顺大夫刑部员外郎崔君墓志铭》,中华书局影印本《永乐大典》卷2744。

② (元)程端学撰:《上都国子监题名记》,载《积斋集》卷4,民国四明丛书本。

③ 详见许有壬的《上都分台题名记》,宋褧的《上都分省左司掾题名记》,危素的《国子监分学题名记》。

宁分省置兵、刑、工、户四部"①，可知元末刑部在山东济宁亦有分部，不过同样因史料缺乏，难知其详情。

二　刑部官吏的品秩

元朝诸官府衙门，并非一开始就确定了品秩制度。品秩包括职品与散官资品，职品为职事官品秩，散官资品是官员本身资历的品级代表。忽必烈中统年间，这一制度尚未见推行，官员有功，往往只是加大赏赐或授予"借职"，以示尊宠。王磐曾在《用人宜慎重职位疏》指出这种做法的弊端，认为"官爵所以示荣宠，职位所以委事权。臣下有功有劳，随其大小酬以官爵，有才有能，释其所堪处以职位，人君御下之术也"，并建议"有功者宜加迁散官，或赐五等爵号，如汉唐封侯之制可也，不宜任以职位"②。

至元元年八月，忽必烈诏立新条格："定官吏员数，分品从官职。"③ 此后，忽必烈"罢诸侯世守，立迁转法"④，正式在官制中推行品级制。此次品秩制度，据至元四年的《品官荫叙体例》看，基本与传统中原王朝一样，分为九等十八级，九品各有正从。⑤ 这一制度从金朝继承而来，据《元史·选举志》载，"凡文武散官：多采用金制，建官之初，散官例降职事二等"⑥，则可知至元二十年（1283）前，各衙门官员资品是在金朝文资散官的基础上降二等作准的。《新元史·忙兀的斤传》载至元十五年（1278）拜忙兀的斤为尚用监太监，阶中顺大夫。⑦ 忙兀的斤作为内侍官，并不使用内侍官

---

① 《元史》卷92《百官八》，第2328页。
② （元）王磐撰：《用人宜慎重职位疏》，载（明）黄淮、杨士奇等编《历代名臣奏议》卷162，第2125页。
③ 《元史》卷5《世祖二》，第98页。
④ 《元史》卷5《世祖二》，第101页。
⑤ 《元典章》卷8《吏部二·品官荫叙体例》，第252—253页。
⑥ 《元史》卷83《选举三》，第2063页。
⑦ （民国）柯劭忞撰：《新元史》卷192《忙兀的斤传》，上海古籍出版社2018年版，第3861页。

阶，而使用了文资官阶，故又可知，至元二十年前的资品当主要以金朝文资散官官阶称号作准。《循行选法体例》中指出至元十四年散官授受体例以文、武散官作为授官基础，可以为证。前述王恽所记的"司天台官张□"为中顺大夫，而不采用司天散官官阶，亦可为证。查《金史·百官志》的相关记载可知，刑部在金朝为正三品衙门，则依"散官例降职事二等"可推，至元元年到二十年间，刑部最高长官刑部尚书的散官官阶应为金朝正四品的"正议大夫、通议大夫、嘉议大夫"。到了至元二十年，"始升官职对品，九品无散官，谓之平头敕"①，则可知至元二十年时元朝政府对职品与资品做了一次调整，始将职品与资品相对应，可以说，在此之后，各衙门才有了后来《元史·百官志》和《元典章》中《内外文武职品》所列的衙门品秩。② 查其内容可见，刑部尚书为职事正三品，对应的散官官阶亦为正三品"正议大夫、通议大夫、嘉议大夫"，与前述金朝同散官号的官阶正好差二等，由此也证实了前述元初"散官例降职事二等"的说法。元代刑部官员的职品与前朝刑部的对比情况，见表2-6。

表2-6　　　　　　　元代刑部官员的职品与前朝刑部对比

刑部官	唐	宋	金	元	明
尚书	正三品	从二品	正三品	正三品	正二品
侍郎	正四品下	从三品	正四品	正四品	正三品
郎中	从五品上	从六品	从五品	从五品	正五品
员外郎	从六品上	正七品	从六品	从六品	从五品
主事	从九品上	无	从七品	从七品	正六品

资料来源：数据主要从各朝正史的《百官志》《职官志》中提取。唐代部分参考《唐六典》。元代部分参考《元典章》。宋代部分为元丰改制后的六部二十四司体系，参考《职官分纪》。明代部门则为废宰相和中书省后的六部品秩。

---

① 《元史》卷83《选举三》，第2063页。
② 李鸣飞《金元散官制度研究》（兰州大学出版社2014年版）中指出此调整"很可能是发生于至元五年实行'新铨法'之时"。诸记载——包括《南村辍耕录》和《事林广记》——之间的差异在其著作中亦有讨论，因与本书所述关系不大，故在此注明其观点，不作详细讨论。

从表中的情况看，金元俱承唐制，故刑部官职品上大体与《唐六典》所记载的相同，唯主事一职，唐时为从九品，入流官中最低一级，宋元丰改制后只在尚书省设有主事，六部无主事一职，金元则骤升为从七品。明以后，"洪武十三年（1380）罢丞相不设，析中书省之政归六部，以尚书任天下事，侍郎贰之"①，故六部地位均被擢高。尽管元代包括刑部在内的六部主要是正三品，但实际上它们并不总是处在正三品的位置，相反，在元朝若干时期，刑部品秩会出现各种不同的变化。

至元二十年拟定职品、资品的官资对应时，刑部为职事三品衙门。很快，至元二十一年（1284），卢世荣主政中书后不久，即"奏升六部为二品"②，至元二十二年（1285）正月，六部正式升为二品。不过，此次刑部作为二品衙门的时间并不太久，至元二十二年四月，"六部依旧为三品"③。至元末若干刑部尚书，如杜世昌为刑部尚书时，秩通议大夫等，可以为旁证。

到了成宗末及武宗初，诸衙门又再次出现职事升品。据《元史·武宗纪》载，"（至大元年，中书省臣言）：近者诸司递升，四品者三品，三品者二品，二品者一品，一司甚至二三十员，事不改旧而官日增。请依大德十年已定员数，冗滥者从各司自与减汰"④。成宗末年、武宗初年的衙门升品中，刑部应该也再次升为二品。查《百官志》可知，当时的玉宸乐院本为正四品，隶礼部下，大德十一年突然骤升为"秩从二品"，当即上述中书省臣所言的递升诸司之一。同年，玉宸乐院的乐工殴人，刑部试图缉捕其人，不料玉宸乐院长以两个部门品秩相等为由，拒绝刑部缉捕：

---

① （清）张廷玉等撰：《明史》卷72《职官一》，中华书局1974年标点本，第1729页。
② 《元史》卷205《奸臣传·卢世荣传》，第4567页。
③ 《元史》卷13《世祖十》，第276页。
④ 《元史》卷22《武宗一》，第504页。

（大德十一年十一月）乐工殴人，刑部捕之，玉宸乐院长谓玉宸与刑部秩皆三品，官皆荣禄大夫，留不遣。①

记载中有若干讹误。此时的玉宸乐院品秩当为从二品，故由此看，刑部品秩当与其一致，才会出现两个部门相互对峙的情况。但是，其载玉宸乐院长与刑部尚书散官均为荣禄大夫的可能性较小，至少目前为止并没有看到在元朝前中期的史料中看到这种实例。从这则记载可见，在大德十一年，刑部曾有一次短暂的机构升品，随后即于至大元年裁回三品。

此后一直到元末，刑部作为三品衙门地位不变。但是，职品与散官资品脱钩的情况却愈演愈烈。元统二年（1334）后所作的《中书省吏部考功堂记》，其落款有吏部尚书、资政大夫唆南班，资品为正二品；至正六年（1346）所作的《中书省工部题名记》，其落款有工部侍郎、嘉议大夫李思齐，资品为正三品；至正六年所作的《中书省照算题名记》，其落款有户部侍郎、正议大夫王恪，资品亦为正三品。② 由此可知，在元代中后期，六部官员的资品普遍都得到提升。刑部亦在此列。《慕公世德碑》指出在后至元时期，刑部尚书慕完"特进中奉大夫"③，资品荣升从二品，突破了三品职品的限制。不过，如果说此时慕完加品还需要"特进"的话，那么出土的《刑部第三题名之记碑》则进一步透露出，到了元末，这种超资的现象已经完全普遍化。在碑刻中，至正二十四年（1364）前后上任的刑部官员，其品秩均较前一时期有提升，如碑上所刻，尚书中可辨者，卜别为通奉大夫，从二品。桑哥识理为□奉大夫，查"内外文武职品"，第二个字为"奉"的散官，无论正奉大夫、通奉大夫、中奉大夫，均为从二品，且桑哥识理再任刑部尚书时，甚至都为荣

---

① 《元史》卷22《武宗一》，第490页。
② 文章内容详见（元）熊梦祥著，北京图书馆善本组辑《析津志辑佚》的第23、31、32页。
③ （元）虞集撰：《慕公世德碑》，载清乾隆十二年石印本《新乡县志》卷26。

禄大夫，从一品大官。① 完者帖木儿为资善大夫，正二品。沙剌藏普为资政大夫，正二品。刑部侍郎的资品亦水涨船高。此前，刑部侍郎的资品通常为正、从四品之间，至正年间则出现了三品官员，如仲安为嘉议大夫，正三品。只儿□忽为嘉议大夫，正三品。刘宴为通议大夫，正三品。月鲁帖木儿为正议大夫，正三品。刑部官吏资品的提升，可视为刑部在国家司法政务中地位逐步提升的一种标志。

总的来说，元代刑部的品秩虽通常为三品，但在某些时期亦晋升为二品。品秩的变化意味着刑部在不同时期受到的待遇和重视程度有所不同，这个问题，将在后章予以探讨。

此外，因元代诸职事官并不严格区分文武资，故刑部的品秩序列中不仅有文资官员，还有武资官员，历朝罕见。如《元史·方技传》有"布伯传"，载布伯为蒙古军队炮手出身，因征宋有功，至元十八年（1281）"佩三珠虎符，加镇国上将军、回回炮手都元帅"②。镇国上将军为元代武资散官正三品，故其于次年转文职时，为使职品相对应，"迁刑部尚书"③。或因文武资序列错位的情形难被接受，布伯的资品很快又回归文资序列。为了使其在文资序列中正常迁转，布伯从刑部尚书迁调浙东宣慰使时，就改授文资的通奉大夫。从军队调入刑部，布伯不是个案。据《元史·百官志》记载，元大都设有大都路兵马都指挥使司，"掌京城盗贼、奸伪、鞫捕之事"。其虽号"兵马都指挥使司"，但实际上并不归枢密院管辖，而隶属于大都路总管府，具体则由"刑部尚书一员提调司事"④。仁宗皇帝就"敕刑部尚书举林柏监大都兵马司防遏盗贼"⑤，《刑部题名第三之记碑》中的金伯颜也由北城兵马都指挥使迁为刑部侍郎。苏

---

① 桑哥识理以从一品荣禄大夫任刑部尚书，恐怕与元末政局混乱，官吏迁转事务迟滞有关，并非常态。
② 《元史》卷203《方技传·布伯传》，第4545页。
③ 《元史》卷203《方技传·布伯传》，第4545页。
④ 《元史》卷90《百官六》，第2301页。
⑤ 《元史》卷26《仁宗三》，第580页。

天爵在《禁治死损罪囚》提到要"选委刑部文资正官一员妨职子细披详（罪囚罪状）"①，也似乎暗示了刑部官员中有非文资（很可能为武资）序列的官员，这一点可与前述诸例形成互证。

刑部吏人的品秩情况相对简单。一般情况下，刑部吏人的品秩在正、从九品之间，但后来因籍记内可选用吏人数不够，故大德十一年，中书省规定："六部令史如正从九品不敷，从八品内亦听选取。"② 这表明在此之前，六部令史只能在正、从九品的候选人中选充吏人，大德十一年后则可进一步选充从八品候选人。以此类推，刑部吏的品秩大概在正、从九品间，此后则可能到从八品。

三　刑部官吏的俸禄

品秩除了作为官吏身份的尊显标识外，还有作为官吏领取俸禄的参考标准。大蒙古国时期，汗廷并无实行俸禄制度，直到忽必烈取得汗位之后始逐步推行。元朝的俸禄制度，承自金制，与唐宋之制有所不同。唐制最初只以散官为定俸禄的标准，高宗之后俸料钱等转以职品作准，禄米则仍以散官资品作准。安史之乱后唐制渐崩，逐渐出现以本职事官作"寄禄官"定俸禄，而以使职为其职事。宋制最初承唐末五代之制，元丰改制后恢复唐初职事官的功能，其作为寄禄官的职能则采用"以阶易官"，重新以散官资品定俸禄，此后虽有调整，大致不差。不过，宋代的俸禄组成成分较为复杂，除了依散官资品所定俸禄外，还有职钱、禄粟、傔人衣粮等其他附带补贴和收入。金制开始，则完全按照职事品定俸禄，且开始注意在某种程度上区分因职事大小而造成的俸禄多寡之差，元制承金，亦完全按照职事品级确定俸禄。

元朝的俸禄之制，从中统元年忽必烈即位之初即开始实行。据

---

① （元）苏天爵：《禁治死损罪囚》，载陈高华、孟繁清点校《滋溪文稿》卷27《章疏》，中华书局1997年标点本，第458页。

② 《元史》卷83《选举三》，第2071页。

史载,"禄秩之制,凡朝廷职官,中统元年定之;六部官,二年定之;随路州县官,是年十月定之"①,可知六部官吏的俸禄于中统二年定之,前述"借职""借注"六部官的情况,抑或是为发放俸禄而权拟。此后,内外官吏的俸禄逐渐制定清晰,但到了至元二十年,由于通货膨胀,物价飞涨,原有的俸禄已经显得有些不足。据《秘书监志》载:

> 至元二十年九月初七日,准中书户部关,承奉中书省劄付,至元二十年六月初七日,安童怯薛第一日,上都寝殿里有时分,奏过事内一件:勾当里行的人每,俸钱一番定夺,比在前减了来。如今诸物贵了的上头,俸钱不勾有。御史台官、部官俺根底与将文字来,俺众人商量得,除大官人每外,已下并首领官,必阇赤等,俱勾当里行的人每根底斟酌与呵,怎生?……商量来奏呵,奉圣旨:与者。都省议得,随朝衙门官员见请俸秩品同者,其各支俸例不一。……照勘各衙门官员,元定见支各各俸例,仍斟酌所掌事务繁简,另行定拟呈省。②

《秘书监志》的这则记载涉及与元朝俸禄制度息息相关的几个问题。其一,它指出了物价上涨所造成的俸钱贬值的情况,这一情况在至元二十年就已出现并经由中书省讨论,最后在至元二十二年以圣旨的形式形成新的俸禄规定:

> 至元二十二年二月,钦奉诏条内一款:设官颁俸,本以为民。近年诸物增价,俸禄不能养廉,以致侵渔百姓,公私俱不便益。自今内外官吏俸给,以十分为率,添支五分。仰中书省

---

① 《元史》卷96《食货四》,第2449页。
② (元)王士点编次:《秘书监志》,浙江古籍出版社1992年标点本,第36页。

依上施行。①

根据忽必烈的旨意,"二十二年,重定百官俸,始于各品分上中下三例,视职事为差,事大者依上例,事小者依中例"②。也就是说,真正完成整个俸禄制度的制定并延续的,要到至元二十二年以后。③ 比对至元二十年定拟的"内外文武职品"和《元史·食货志》所记载的至元二十二年俸禄表可见,这一俸禄制度的划分,参考了前述至元二十年所定的品秩制度,其同一品级上中下各等之差则以职事多寡为依据,与同职品不同散官之间无直接联系。下文节录《元史·食货志》中所载至元二十二年百官俸禄例:

> 从一品:六锭、五锭;正二品:四锭二十五两、四锭一十五两;从二品:四锭、三锭三十五两、三锭二十五两;正三品:三锭二十五两、三锭一十五两、三锭;从三品:三锭、二锭三

---

① 《元典章》卷15《户部一·官吏添支俸给》,第545页。
② 《元史》卷96《食货四》,第2449—2450页。
③ 必须指出的是,此处《元史》的记载恐怕有误。据《元史》原文,"二十二年,重定百官俸,始于各品分上中下三例,视职事为差,事大者依上例,事小者依中例。二十三年,又命内外官吏俸以十分为率,添支五分"。也就是说,根据原文,是二十二年定俸禄在先,二十三年调整俸禄在后。《元典章》中上述诏书虽曰至元二十二年,但原目录却为"至元二十三年",疑与《元史》的"二十三年"同出一源。事实上,据下文所开列的"至元二十二年百官俸禄例",我们可以知道,其所载的至元二十二年例乃是"添支五分"后的结果。以行省记载为例,行省丞相、平章政事俱为从一品,《元史·食货志》中载其俸禄分别为"二百贯"和"一百六十六贯六钱六分六厘",这一数字是武宗至大二年下诏百官俸禄减去"加五"并改发至元钞后的结果(详见张国旺《元代军官俸禄制度考论——〈元典章·户部·禄廪〉研究之一》,《中国经济史研究》2016年第3期)。我们可以简单计算一下,在"二百贯"的基础上"添支五分",则为"三百贯"(六锭),在"一百六十六贯六钱六分六厘"的基础上"添支五分",则为"二百五十贯"(五锭),恰与"至元二十二年百官俸禄例"中"从一品"的俸额同,是以知至元二十二年的"重定百官俸",实是"添支五分"后的结果,可见《元史》《元典章》中对"添支五分"的时间记载有误,其应为至元二十二年"重定百官俸"之前。

十五两、二锭二十五两；正四品：二锭二十五两、二锭一十五两、二锭；从四品：二锭、一锭四十五两、一锭四十两；正五品：一锭四十两、一锭三十两；从五品：一锭三十两、一锭二十两；正六品：一锭二十两、一锭一十五两；从六品：一锭一十五两、一锭一十两；正七品：一锭一十两、一锭五两；从七品：一锭五两、一锭；正八品：一锭、四十五两；从八品：四十五两、四十两；正九品：四十两、三十五两；从九品：三十五两。①

依此，结合《百官志》，刑部官员于至元二十二年时的基本俸禄当为表2-7中的某一档。

表2-7　　　　　　　　刑部官吏品级与俸禄对照

刑部官吏	职品品级	俸禄（单位：中统钞）
刑部尚书	正三品	三锭二十五两、三锭一十五两、三锭
刑部侍郎	正四品	二锭二十五两、二锭一十五两、二锭
刑部郎中	从五品	一锭三十两、一锭二十两
刑部员外郎	从六品	一锭一十五两、一锭一十两
刑部主事	从七品	一锭五两、一锭
司狱	正八品	一锭、四十五两
狱丞	正九品	四十两、三十五两
各色刑部吏人	从八品	四十五两、四十两
	正九品	四十两、三十五两
	从九品	三十五两

资料来源：此处讨论的刑部官员俸禄，以《百官志》记载的刑部条作准，其个别时期为正二品衙门的情况姑略。另，刑部下属还有各类令史及其他吏属，他们的情况比较复杂，有从八品、正从九品，品秩不一，甚至存在职官吏员，姑不一一展开。

尽管至元二十二年提升了50%的俸额，但没过多久，随着货币进一步贬值，百官的俸禄再一次相对缩水。首当其冲的是吏人，特

---

① 《元史》卷96《食货四》，第2451—2452页。

别是收入微薄的地方吏人，于是在大德三年（1299），成宗首先"诏益小吏俸米"①。《元典章·户部卷》记载了此次增加小吏禄米的事，从其文可以看到，此次"益小吏禄米"主要是地方上各级官府衙门的吏员，并不包含中央部门，刑部吏自然不在其中。到了大德七年（1303），"官吏俸薄"的情况进一步恶化，于是成宗皇帝决定向全体无职田官吏增给俸米，具体的方法是：

> 无职田官吏俸米，除甘肃行省与和林宣慰司官吏一体拟支口粮外，其余内外官吏俸一十两以下人员，依大德三年添支小吏俸米例，每一两给米一斗，十两以上至二十五两，每员支米一石。余上之数，每俸一两，与米一升，扣算给付。若官无见在，验支俸去处时直给价。虽贵，每石不遇二十贯。上都、大同、隆兴、甘肃等处不系产米去处，每石合支中统钞二十五两。价贱者，从实开坐各各分例。②

前两档，结合《元典章·户部卷》中"禄廪"的记载不难理解，俸在十两以下，一两赠一斗米，如"月俸中统钞七两"，则"米七斗"；俸在十两到二十五两间的，则赠米一石，如"行省俸禄表"中，宣使、左右司典吏、检校所书吏俸禄在十两到二十五两之间，故"米一石"。此两档乃依大德三年例，纯属赠予，并不需要扣除官员的俸额冲抵。

关键在"余上之数，每俸一两，与米一升，扣算给付"这一档，应如何理解？结合《元典章·户部卷》中"禄廪"部分的《行省俸钱表》和《秘书监志》的记载，我们基本可以确定，二十五两以上的俸米发放法乃先依第二档例赠俸米一石，然后才开始以"每俸一两，与米一升，扣算给付"。这样，既保证了上下官吏对于赠米福利

---

① 《元史》卷96《食货四》，第2450页。
② 《元典章》卷15《户部一·官吏添支俸给（又）》，第546页。

的一体均沾，也符合当时官员俸禄的实际购买力。兹举例如下。

《秘书监志》的"禄秩"部分列举了秘书监上下官吏依据大德七年法所定拟的薪俸，如秘书监，每员禄米二石；令史，每员各支禄米一石五升。大德七年时秘书监为从三品机构，秘书监俸禄当为"三锭、二锭三十五两、二锭二十五两"中的一档，折合两数为"一百五十两、一百三十五两和一百二十五两"。假定禄米发放不先依上述第二档赠米一石的话，那么按"每俸一两，与米一升"的标准，秘书监想要获得二石禄米，需要支付二百两俸禄，很显然，这已经超出了秘书监的月俸，所以，合理的情况应该是，二十五两以上的官吏，先依第二档赠禄米一石，然后剩下的部分按"每俸一两，与米一升"的标准"扣算给付"。如此，秘书监按第三档支付的禄米为一石，即一百升，折合俸钞一百两，令史按第三档支付的禄米为五升，折合俸钞五两。以此来看《行省俸钱表》，其"令史、译史、通事、知印"四职俸钞"三十五两"，禄米是"一石八斗"。其中的"八斗"，疑为"八升"之误，如按八升算，则"令史、译史、通事、知印"四职的原钞俸为四十三两，在从八品的俸钱范围内，符合行省吏员的品级。如是"八斗"，则行省吏员的原俸钱高达一百一十五两，显然有误。

依上所推，因刑部官吏至少为从九品，故大德七年刑部官吏的俸禄，则至少在原俸基础上，大小官吏均添与禄米一石，是为第二档标准所赠，随后"扣算给付"的第三档禄米标准如何则无法细知，但大致与其他机构的官吏之间不会相差过多。

数年后，武宗至大二年，俸禄再一次重新做调整。据《元典章》载：

> 至大二年（1309）十二月二十八日，玉德殿西耳房内有时分，昔宝赤大都丞相等奏：天下诸衙门官吏俸钞不敷的上头，交俺"商量了添与者"么道，行了诏书来。俺众人商量来：随朝衙门官吏并军官每，如今见请的俸钱内减了加五，改换与至

元钞，住支俸米。①

从这段记载可以看到，至大二年年底之后，朝廷衙门的俸禄重新发放，具体做法是将忽必烈至元二十二年时的50%涨幅减掉，俸钞数额的绝对值回落到涨幅前，但将所发的中统钞改为至元钞。因一两至元钞是同数目中统钞的价值的五倍，故此次俸禄调整，实际上也涨了工资。不过，原先大德七年确定的发放禄米的制度也同时废除，不再发放禄米。依此，则刑部官吏的俸禄在至大二年调整后当为表2-8中各档中的一档。

表2-8　　　　　至大二年刑部官吏俸禄数　　　　（单位：至元钞）

刑部尚书	二锭一十六两六钱六分六厘、二锭一十两、二锭
刑部侍郎	一锭三十三两三钱三分三厘、一锭二十六两六钱六分六厘、一锭一十六两六钱六分六厘
刑部郎中	一锭三两三钱三分三厘、四十六两六钱六分六厘
刑部员外郎	四十三两三钱三分三厘、四十两
刑部主事	三十六两六钱六分六厘、三十三两三钱三分三厘
司狱	三十三两三钱三分三厘、三十两
狱丞	二十六两六钱六分六厘、二十三两三钱三分三厘
各色刑部吏人	三十两、二十六两六钱六分六厘
	二十六两六钱六分六厘、二十三两三钱三分三厘
	二十三两三钱三分三厘

资料来源：本表根据至元二十二年刑部官吏俸禄（见表2-7）与前文武宗至大二年"俸钱内减了加五"的规定计算出来。

延祐七年（1320），官吏俸禄再次进行调整。据《元史·食货志》记载，这次俸禄调整的方法是"随朝官吏俸以十分为率，给米

---

① 《元典章》卷15《户部一·官吏添支俸给（又）》，第547—548页。

三分"①。《元史·英宗纪》载"计京官俸钞,给米三分"②,是同一件事。问题在于,此次调整俸禄的具体操作方法是怎样的?其折俸支米前的俸钞以什么时候的俸禄基数作准?前揭张国旺的文章利用侍卫亲军内任军官俸额,求证了《元史·食货志》中所载的"内外官俸数"为延祐七年折俸支米后的京官俸禄数,且其支米时的米价似以大德七年"无米,则验其时值给价,虽贵每石不过二十两"的原则作准。③ 中统钞二十两即为至元钞四两,是知延祐七年时折俸支米的米价以每石四两至元钞作为折俸支米的价格。以此复求证于刑部尚书,据"内外官俸数",六部尚书的俸禄为"七十八贯,米八石"可知,延祐七年折俸支米前,刑部尚书的俸禄应为一百一十贯(两),即二锭一十两,恰与至大二年俸禄调整后的俸钞数一致,由是可知,至大二年到延祐七年间,俸禄标准并没有太大变化,延祐七年的折俸支米是以至大二年的俸禄基数作准,在此基础上削减俸钞三成,以每石四两的价格换取对应米数。④ 延祐七年后的刑部官员俸禄数可据"内外官俸数"得出表2-9。

逐一将上述刑部官员的俸禄,依前数文献记载的规定还原成至大二年俸禄后可以发现,刑部尚书、郎中、员外郎和主事与前表2-8是可以对应的,分别为"二锭一十两""四十六两六钱六分六厘""四十两""三十六两六钱六分六厘"。问题在于刑部侍郎,以"五十三贯三钱三分三厘,米五石"进行还原的结果是"一锭二十三两三钱三分三厘",与前表的"一锭三十三两三钱三分三厘、一锭二十六两六钱六分六厘、一锭一十六两六钱六分六厘"虽然接近,但并不完全对应,疑其"五十三贯三钱三分三厘,米五石"实为"六十

---

① 《元史》卷96《食货四》,第2450页。

② 《元史》卷27《英宗一》,第607页。

③ "内外官俸数"部分,根据沈仁国的《元代俸禄制度》(南京大学历史系元史研究室编印:《元史及北方民族史研究集刊》第12—13合辑,1988年印刷)的观点,当为天历二年之后的俸禄额。

④ 尽管仁宗一度废除这一改革,但很快又在皇庆二年将之恢复。

三贯三钱三分三厘，米五石"，如此则可以与"一锭三十三两三钱三分三厘"对应。

表2–9　　　　　　延祐七年刑部官吏俸禄数　　　　（单位：至元钞）

刑部尚书	七十八贯，米八石
刑部侍郎	五十三贯三钱三分三厘，米五石
刑部郎中	三十四贯六钱六分六厘，米三石
刑部员外郎	二十八贯，米三石
刑部主事	二十六贯六钱六分六厘，米二石五斗
司狱	无记载
狱丞	一十一贯，米一石
司籍提领	一十二贯六钱六分六厘，米一石
同提领	一十一贯三钱三分三厘，米五斗

资料来源：《元史·食货四》中的"内外官俸数"部分，因其中不载吏人俸数，故不列。

"司狱""狱丞""司籍提领"和"同提领"的情况比较复杂。① 据《百官志》载，"司狱"为正八品职，"狱丞"为正九品职，若依此，则狱丞于至大二年俸改时应有九品俸"二十六两六千六分六厘"或"二十三两三钱三分三厘"中的一档。而事实上"内外百官俸"所载"狱丞"仅有俸"一十一贯，米一石"，折回至大二年俸时仅有"一十五贯"，连从九品的俸禄也不及。其下"司籍提领""同提领"的情况亦然，折回至大二年俸时仅有"一十六贯六钱六分六厘""一十三贯三钱三分三厘"，完全达不到从九品的俸禄。

笔者倾向于认为，司狱司官的俸禄记载可能有误。查《元史·百官志》中刑部司狱司的记载，"司狱司，司狱一员，正八品；狱丞一员，正九品。狱典一人。初以右三部照磨兼刑部系狱之任，大德

---

① 更为复杂的情况是，"内外官俸数"似乎把司狱司和司籍所的人员算在官员序列里。但是，令人惊奇的是，在《刑部第三题名之记碑》中，他们却刻在"本部吏人题名记"的碑阴中。下章将具体描述。

七年始置专官"①,可知此官大德七年(1303)时始置,此前为右三部照磨兼任。依此,再反观其俸禄,则其所载可能是大德七年前的情况,因其时以右三部照磨兼任,并无司狱一职,所以司狱俸禄无载。而其时狱丞俸十一贯,在十两到二十五两之间,故依前述大德七年前例,赠禄米一石。大德七年后,司狱司正式成立,属有品吏员序列,当按俸领取正八品、正九品中的一档俸禄。

"司籍提领"和"同提领"的情况则有所不同,从其俸禄"一十六贯六钱六分六厘""一十三贯三钱三分三厘"的情况看,当是至大二年"减了加五"后的结果,所以其俸数虽在十两到二十五两之间,但彼时已经不采用大德年间赠米一石的制度,故其禄米(一石/五斗)俱是折俸支米的结果,而非赠米的结果。但是依其俸额和禄米折算后对应品秩,却见其远低于从九品的俸额与禄米,则很可能彼时司籍所仍为无品吏属,尚未转为有品秩序列,故有是额。《元典章》中,《内外文武职品》和《拾存备照品官杂职》中均不载司籍所官,《元史·百官志》亦不载其品级,似乎均暗示了这一点。若将司籍所提领与同提领视为品官,那么参照其他部门的提领职位的品级,则刑部司籍所提领、同提领的俸禄,似以"二十二贯六钱六分六厘,米一石"和"二十一贯三钱三分三厘,米五斗"更为合理,折算回去可与从八品、正九品俸相对应。

以上是对元代刑部官吏俸禄的考订。综上各项情况,刑部官吏在各个不同时期相对可以确定的俸禄部分可以作表 2 - 10 如下。

表 2 - 10　　　　　　　　元代刑部官吏俸禄数总结

刑部官吏	品级	至元二十二年后俸数	至大二年后俸数	延祐七年后俸数
刑部尚书	正三品	三锭一十五两	二锭一十两	七十八贯,米八石
刑部侍郎	正四品	二锭二十五两	一锭三十三两三钱三分三厘	六十三贯三钱三分三厘,米五石

---

① 《元史》卷85《百官一》,第2143页。

续表

刑部官吏	品级	至元二十二年后俸数	至大二年后俸数	延祐七年后俸数
刑部郎中	从五品	一锭二十两	四十六两六钱六分六厘	三十四贯六钱六分六厘，米三石
刑部员外郎	从六品	一锭一十两	四十两	二十八贯，米三石
刑部主事	从七品	一锭五两	三十六两六钱六分六厘	二十六贯六钱六分六厘，米二石五斗
司狱	正八品			
狱丞	正九品	（大德七年后）一十一贯，米一石		
司籍提领				一十二贯六钱六分六厘，米一石
同提领				一十一贯三钱三分三厘，米五斗

说明：本表系前述诸表之总结对比。其中，至元二十二年的俸钞单位为中统钞，至大二年、延祐七年的俸钞单位为至元钞。另，本节作成不久，即见《中国史研究》2018 年第 4 期刊出于月的《元代俸禄制度新考》一文，部分内容的重合进一步印证了本节的计算方法无误。

四　刑部官吏的其他日常问题

作为一个常设机构，刑部官吏每天要到机构里办公，则必须遵守相应的日常作息和基本办事章程。与历代王朝一样，官吏上班有相对固定的时间。由于元代不设常朝，因此百官上班并不需要先到朝中见过皇帝再回署办公，而是直接到各署办公。包括刑部官吏在内的各级官吏一般城钟初鸣时就得到单位就署公事，《元史·赵孟頫传》记载了这一上班时间。城钟初鸣时间，据《元典章》中"禁夜"条记载，当为五更三点，"五更三点，钟声动，听人行"[1]，约为今天时间的凌晨 4 点 12 分。但是，在元代，大多数时候这一上班时间并不被官吏们严格遵守，以至于权臣桑哥当政时，"钟初鸣时即坐省中，六曹官后至者，则笞之"[2]。

---

[1] 《元典章》卷 57《刑部十九·禁夜》，第 1903 页。
[2] 《元史》卷 172《赵孟頫传》，第 4019 页。

此外，元朝六部官还享有官方提供的免费午餐。为官员提供午餐的做法，起自唐代。据《文献通考·王礼二》记载，"廊下食起唐贞观，其后常参官每日朝退赐食，谓之廊餐。唐末浸废，但于入阁起居日赐食"①。元朝之外的其他朝代，往往只为部分高级官员提供午餐。这些官员是能够参加常朝的高级官员，一般在五品以上，退朝之后则于廊下赐食，故称廊餐。元朝无常朝，不存在廊餐一说，但据《元史》记载，元朝六部员外郎及以上的官员均有免费午餐待遇，其覆盖范围比其他朝代的广泛得多。这一制度为世祖时任中书右丞相的和礼霍孙所定，目的是防止官员们"抱饥而还，稽误公事"②。但这一政策加剧了元朝政府的财政负担，一度暂停，到了武宗时期，又在尚书省臣三宝奴等人的倡议下重新恢复，但伙食资金来源不再由朝廷单一拨款，而是以两百锭赐钞作为本金，"规运取其息钱以为食"③。应该说，这种通过经营取得利息，并以利息作为伙食费的标准能极大减轻政府的财政负担，使政策实施更加持久有保证，比直接赐钱赐食的做法更为合理。吏人是否同样享有则不得而知，但从顺帝至正六年起，为了提高六部吏人的行政水平，元朝政府要求六部吏人须于"午后讲习经史"④。

此外，刑部官吏还享有元朝政府所规定的一系列法定假日。以月为单位的假日，据《放假日头条例》规定，至元十五年（1278）以前，元朝政府规定每月的法定假日是初十日、二十日和三十日三个旬假。至元十五年之后，元朝政府不再采用旬假，而改为以周放假，放假日为初一日、初八日、十五日和二十三日，基本上是七天一放假，与现代周假颇吻合。由旬假改为七天假，元朝政府的理由是"这日数里，有性命底也不着宰杀有，人根底也不打断有"⑤，这

---

① 《文献通考》卷30《王礼二》，第3276页。
② 《元史》卷23《武宗二》，第528页。
③ 《元史》卷23《武宗二》，第528页。
④ 《元史》卷41《顺帝四》，第875页。
⑤ 《元典章》卷11《吏部五·放假日头条例》，第386页。

一制度或与西方基督教的"七日创世"说有关。除了这一基本假日外，每月中世祖皇帝的本命日"乙亥日"也是法定假日。① 以年为单位的假日，以上述《放假日头条例》规定，自中统五年起，有天寿、冬至二节，每节放假两天；元正、寒食，每节放假三天；立春、重午、立秋、重九，每节放假一天。旬日假执行到至元十五年，后即以周假和本命日假替换。

与此同时，元朝还规定了官吏亲人奔丧、迁葬、丁忧的假期。奔丧的法定假日，据"奔丧迁葬假限"规定，为祖父母、父母奔丧假期为三十日，迁葬则为二十日，路途时间另算，以马程"日行七十里"计算，根据距离远近给予适当的时间。② 丁忧之制，元初并不实行，大德八年则规定除应役军人和当值怯薛外，其余官吏的丁忧时间是三年，实际上只有二十七个月。至大四年（1311）在此基础上作进一步细化，即非汉人的蒙古、色目人以及管军的军官可以不拘此例。

小　　结

本章主要对元代刑部的建置情况进行梳理。

第一节梳理了元初中书省的情况，意在探讨两个方面的问题。其一，元初的中书省只有一个，不存在上都有一个中书省，燕京路有另外一个中书省的情况，确保了对六部设置的探讨只能有一种可能，不存在两种可能的前提。其二，元初的中书省是一个在金代尚书省和六部基础上进行简化的杂糅型中书省，此后则逐渐在司职中演化为左、右司和左、右三部，即六部的前身机构。

第二节在第一节的基础上进一步探讨元代刑部在不同时期的称

---

① 详见张帆《元朝皇帝的"本命日"》，《元史论丛》第12辑。
② 《元典章》卷11《吏部五·奔丧迁葬假限》，第388页。

谓：中统二年（1261）六月四日到至元元年（1264）为右三部，至元三年前改兵刑部，三年到五年间复右三部，至元五年一度改兵刑部，为时甚短，很快便恢复右三部之称。至元七年尚书省立，下设六部，刑部始见，但此时中书省下设的左、右三部很可能仍得保存。至元九年尚书省废，六部回归中书，复为兵刑部，至元十三年复改六部，此后则一直称刑部不变。这一机构名称的梳理既有助于我们更好地认识刑部这个机构，也有助于我们更好地解读各种史料，如中统年间出现的六部官员的记载，就应该意识到他们并非实际的六部官员，而是"借注"官。甚至，这一梳理还能对史料中某些记载进行驳正。

　　第三节主要探讨刑部的机构编制情况。其一，探究刑部的办公地点。一般而言，刑部随着中书省和尚书省的权力变化，在凤池坊和五云坊两地不断迁徙，是以有所谓的北省和南省之称，但其中也有不明确的时期，如武宗设立尚书省的几年间，刑部的办公地点就无法确证。探究刑部办公地点的同时，本节还驳斥了郭超著作中六部办公地点的错误结论，同时略加介绍刑部在上都的分部情况。其二，探究刑部官吏的品秩问题，特别是若干特殊时期，如至元二十二年（1285），大德七年以及元末至正年间刑部机构的升品问题。其三，在这一基础上探讨刑部官吏的俸禄问题，一方面与其他官吏的俸禄相印证，另一方面也尝试对其中若干记载进行辨析，如刑部侍郎的俸禄记载问题，司狱司、司籍所官吏的俸禄记载问题等。最后，本节还介绍了刑部官吏的日常作息、餐食待遇、节假日待遇等问题。

第 三 章

元代刑部官吏考

上一章主要分析介绍了刑部机构的建置及一些基本编制情况，如品秩、俸禄、待遇等。本章续此进一步分析介绍刑部官吏的选拔任用及人员编制构成情况。机构虽是一个常设的、相对固定的静态存在，但机构的具体展示却常常以人的方式呈现，它的动态的、因人而异的部分，最终由其中具体负责的人而得到体现。

第一节 刑部官吏的基本编制

一 刑部官员的编制情况

元初，由于制度草创，机构的人员编制并不固定，常因时而设，变动较大，正如胡祗遹在中统初上疏张文谦所说："大抵建官设职，随时措之宜。"[①] 中统二年右三部成立后，据《元史·百官志》载，有"尚书二员，侍郎二员，郎中五员，员外郎五员"[②]。通过王恽的《中堂事记》可以看到，中统二年初立左、右三部时，左三部尚书分别是刘肃和赛典赤·赡思丁，右三部尚书分别是宋子贞和石抹刚纥

[①] （元）胡祗遹撰：《上张左丞书》，载《胡祗遹集》，第267页。
[②] 《元史》卷85《百官一》，第2143页。

答。两位右三部尚书之任时间不同，宋子贞在中统二年六月四日即就任，石抹刚纥答则拖到七月十三日，大概与忽必烈未能确定人选有关。右三部侍郎二员，分别为焦仲益和李子敬。尚书和侍郎的员额，与《元史·百官志》相符。不过，《元史·百官志》中所载郎中和员外郎的员额是否属实就不得而知了，因目前史料可见的右三部郎中仅冯渭一人，[1] 其中诸人均不见记载，难知全况。

至元元年（1264）到二年间，左、右三部析分为"四部"后，兵刑自为一部，其人员编制为"尚书四员，侍郎仍二员，郎中四员，员外郎置五员"[2]。不过，这里的记载与"兵部"条中的记载略有差异。按"兵部"条下的记载，此时的兵刑部应有"尚书四员，侍郎三员，郎中如旧，员外郎五员"[3]，其中侍郎多了一员，郎中少了一员，总员额不变。这两条记载之间孰是孰非已经无法确证，但可以肯定的是，此次"四部体系"改革使六部官员数量猛增一倍以上。如与同时期工部的员额"尚书四员，侍郎三员，郎中四员，员外郎五员"[4] 相加，那么析分后的兵刑、工二部总共有尚书八员，侍郎六到七员，郎中八到九员，员外郎十员，总计约三十四员，比右三部时期大大增加。这种机构臃肿、官职重叠的情况势必会影响行政效率，因此此次四部体系实行了一年左右，就重新改回左、右三部体系。

至元三年的左、右三部建置设官如何，史无明载，仅至元五年的短暂的"四部体系"留下记载。据《元史·百官志》中"兵部"条的记载，至元五年的"四部体系"中，兵刑部设"尚书二员，省侍郎二员，郎中如故，员外郎一员"[5]，比至元元年的"四部体系"

---

[1] 事见姚燧《中书右三部郎中冯公神道碑》，查洪德点校《姚燧集·牧庵集》卷20，人民文学出版社2011年标点本。

[2] 《元史》卷85《百官一》，第2143页。

[3] 《元史》卷85《百官一》，第2141页。

[4] 《元史》卷85《百官一》，第2144页。

[5] 《元史》卷85《百官一》，第2141页。

无疑精简不少。但这一"四部体系"没有实行多久,便重新恢复左、右三部体系。直到至元七年,第一次完整的"六部体系"始得建立。在这次"六部体系"下,各部从尚书到员外郎之间的员额都根据其部门的具体情况作了调整。不过,此次六部体系同样没有维持多久。随着尚书省并入中书省,六部也随之并入中书,并与中书省下旧有的左、右三部一起重新改造成"四部体系"。一直到至元十三年,随着元朝灭亡南宋,南北统一,元朝政府才又恢复六部建置,并终元一代,不再变更。囿于史料,这一阶段六部的具体员额已无法全部得知,但从一些史料的记载中可见,此一阶段的六部官员中同样充斥着冗员。至元二十三年,忽必烈最终规定,"六部尚书、侍郎、郎中、员外郎定以二员为额"[1],此后元朝的六部官员,才有了相对固定的员额。据《元史·百官志》所载,这一时期六部员额数据列如下表3-1。

表3-1 至元七年前六部官员额变化

部门	中统二年的左右三部				至元元年的四部				至元五年的短暂四部				至元七年的六部			
	尚	侍	郎	员	尚	侍	郎	员	尚	侍	郎	员	尚	侍	郎	员
吏部					3	2	4	3	2	1	1	1	1	1	2	2
礼部	2	2	4	6	3	2	4	4					3	1	2	4
户部					3	4	4	3	1	1	1	2	2	2	2	2
兵部					4	3	5	5	2	2	5	1	1	2	1	1
刑部	2	2	5	5	4	2	4	5					1	1	1	2
工部					4	3	4	5					2	2	3	5

说明:本表据《元史·百官志》中"六部"词条所记载六部官员数提取而得。

由上表3-1可见,此一时期六部官员员额不断随着机构的合并析分而变化。中统二年的左右三部建置下,左、右部官员总额均为十四员,不过左三部在郎中和员外郎方面的员额配置与右三部略有

---

[1] 《元史》卷14《世祖十一》,第291页。

差异，当与彼时六部建置尚不成熟，处于探索阶段有关。至元元年析分四部时，各部官员数量均呈猛涨态势，但彼此记载间存在抵牾。此时期吏礼、兵刑本当为一部，但《元史·百官志》的记载，却出现吏、礼和兵、刑分别对此一时期官员员额数的记载差异。经过至元三年左右三部合并后，到了至元五年，四部重新恢复后，在目前可见的记载中，各部官员的数量已大大减少，至元七年也只在至元五年的基础上略有增减。

至元七年到至元二十三年间六部的变化情况在《元史·百官志》中未见详细记载，仅"吏部""户部"条下记载了其中的若干变化。至元八年年底九年年初时，六部再次归并为四部，此时吏礼部下仅有尚书、侍郎、郎中各一员，员外郎二员，与至元七年的吏部员额相比虽相差无几，但由于吏礼部在吏部基础上合并了礼部，故相较于至元七年，其部门员额在四部中的比例仍相对缩减。至元十三年，南北统一，六部官员额随之水涨船高。以可见记载的吏部和户部为例，吏部尚书在至元十三年时"增置七员，侍郎三员，郎中二员，员外郎四员"①，户部则"尚书增置一员，侍郎、郎中、员外郎如故"②。此后十年，各部常以事务繁剧程度来调整官员数，如到至元十九年，吏部则"尚书裁为二员，侍郎一员，郎中一员，员外郎二员"③，而户部反而"郎中、员外郎俱增至四员"④。刑部虽不见具载，但亦可从吏、户两部的情况推测，其因具体时事需要进行员额调整的情况。

从史料可见，元朝包括刑部在内的六部员额调整，受彼时具体政策和用人需求等因素影响。首先，六部官员额配置受"达达、回回、畏吾儿人、蛮子每，一处相参委付"⑤的用人策略影响。这一

---

① 《元史》卷85《百官一》，第2126页。
② 《元史》卷85《百官一》，第2127页。
③ 《元史》卷85《百官一》，第2126页。
④ 《元史》卷85《百官一》，第2127页。
⑤ 《元典章》卷8《吏部二·色目汉儿相参勾当》，第246页。

用人策略确保元朝治下各族属人群彼此相互制衡，皆得所用。众所周知，蒙哥去世后，忽必烈的争汗之路很大程度上要归功于汉人的拥护和汉地资源的资助，因此在中统建元以后的一段时间内，汉人受到忽必烈的特别重用。但是，即使在宠用有加的中统二年，忽必烈仍不会把国家行政事务完全交予汉人，这不仅反映在其中书省的人员构成中，也反映在左、右三部尚书的任人问题上。初任左三部尚书的刘肃、赛典赤·赡思丁，与右三部尚书宋子贞、石抹刚纥答显然来自不同民族，这为后来六部尚书多员制奠定了基础。这种"相参委付"策略不仅体现在尚书层面，六部各级官员的员额配置无不受此影响。如《至正条格》的"狱官·提调刑狱"的相关记载便指出，刑部狱的提调事务"是大勾当有，教一个色目官人，一个汉儿官人提调"[1]。

其次，六部官员额配置还受部门分工影响。如前述，尽管唐宋三省六部制下整齐划一的部门职能划分在辽金元时期被打破，但六部内部僚属之间仍或多或少存在分工，这一点，张帆在《金元六部及相关问题》一文中已有所揭示。具体而言，尽管在元初的记载中无法直接找到与右三部相关的分工证据，但从初任左三部尚书刘肃的相关记载中可以间接看出，元朝六部从一开始就存在着自觉或不自觉的分工。

中统二年六月四日，刘肃初任左三部尚书。但此时刘肃已七十四岁高龄，精力有限，因此到了中统三年，刘肃在工作上显得力不从心，故而《元史》有"命户部尚书刘肃专职钞法，平章政事赛典赤兼领之"[2]的说法。这则记载看似混乱，实则透露出许多信息。按此时中统三年，刘肃的官职不应为户部尚书，而应为左三部尚书，《元史》却将之误载为户部尚书，一种可能的情况是，作为左三部尚

---

[1] ［韩］李玠奭等校注：《〈至正条格〉校注本·条格》卷34《狱官·提调刑狱》，Humanist 出版集团2007年标点本，第148页。

[2] 《元史》卷5《世祖二》，第83页。

书，刘肃分管了其中户部的工作，因此该史料的撰者才误以为刘肃为户部尚书。户部向来事繁，史料多有记载，因此此时已七十五岁高龄的刘肃可能无法全面应付户部相关事务，故仅使其专职钞法，而由平章政事赛典赤兼领左三部中其他与户部相关的事物。钞法虽繁重，但刘肃毕竟有相关经验，在中统元年处理"银钞之价顿亏"[①]的事件时，刘肃就向中书省提出三种整顿方案，中书省择一采纳，成功扭转货币贬值的局面。据此看来，这则记载实际上暗示了早在左、右三部时期，两部内部就已经进行简单的职能划分了。早期左、右三部的内部职能划分也为随后至元元年"吏礼、户、兵刑、工"四部建置提供了一定的实践依据。

  分工意味着存在总负责的官员。以尚书为例，刑部尚书额设三员，虽皆号尚书，但品秩或有上下，职责也不尽相同。其中有一员总负责刑部事务，是为头尚书。此前，刑部的史料记载中并不直接反映这三员刑部尚书之间的内部关系，而从其他机构的记载中又可常看到"某某为头某官"的记载，如《兴师征南诏》中提到的"伯颜为头中书省"[②]，实际上就是指伯颜担任中书右丞相，为中书省首脑的情况。其他各部门如《元典章》中"罚赎每下至元钞二钱"提到的"宝哥为头也可札鲁忽赤"，同卷"和尚种田犯罪"提到的"答失蛮为头宣政院"，"招赃番异加等"提到的"囊家歹为头行台官人每"[③]等，都表明"为头"指的就是部门首脑。但是，史料中能看到的有"为头"的部门，俱是二品以上的高阶衙门，行台、宣政院、大宗正府等后来甚至都升为从一品。《刑部第三题名之记碑》不仅直接反映了刑部尚书之间的关系，也进一步确证了"为头"的情况并不仅在二品高阶衙门中存在，三品衙门甚至品级更低的衙门也会存在"为头"的情况。在碑中，刑部尚书下备注有"升为头"

---

  ① （元）苏天爵辑撰：《元朝名臣事略》卷10《尚书刘文献公》，中华书局1996年标点本，第198页。
  ② 《元典章》卷1《诏令一·兴师征南诏》，第9页。
  ③ 事见《元典章》相关案例，第1335、1346、1551页。

的有完者帖木儿和沙剌藏普，他们在"刑部尚书"部分刻有两个名字，第二次刻录时有"升为头"的备注，表明其两次就任刑部尚书时身份还不一样，后一次就任刑部尚书时，是以刑部总负责人的身份，亦即"升为头"署理刑部事务的，这就证明了三员刑部尚书中，有一员是"为头"总管一切的。依理可推，其余五部中也必定有为头的部门尚书。

分工一事，尚有余论。刑部内部诸堂、厅之设，应与内部职能分工有关。而刑部尚书三员，其一为头总其事，余者各有分工。魏初的一份奏章中提到"户部盐粮科令史燕珍"[①]似乎也暗示了六部之中存在更为具体明确的分工。尽管史无明载，但正如张帆所指出，"作为国家主要行政机构的六部，内部没有分工或分工过于简单都是不可能的"[②]，因此元朝的六部内部当有分工，只是因目前记载失详，难以弄清。可以肯定的是，唐宋制中的六部二十四司体系在金元时已经彻底废除，成宗时王结（后来任刑部尚书）曾一度提议"请参酌唐人遗制，立二十四司以为六部统属"[③]，表明元朝并不存在二十四司，且就元末留存的题名记看，这一体系也并没有受到认可而建立。

元人富大用在宋人祝穆的《古今事文类聚》一书上又新增了新集、外集，内容皆为官制，材料截至元前期。提到其所谓的元朝六部的分工情况，其中，刑部载："掌律令格式、审定刑名、奴隶配隶、关津讥察、城门启闭之事，置令史分掌名头，以尚书为长。"[④]张帆通过翔实的论证认为富大用关于六部分工的记载可能与金史系出同源，未必为元代六部分工情况。富大用为南人，不谙熟金元典

---

① （元）魏初撰：《奏议（九月十日）》，载《青崖集》卷4，清文渊阁四库全书本。
② 张帆：《金元六部及相关问题》，《国学研究》第6卷，第145—146页。
③ （元）王结撰：《上中书宰相八事书》，载《文忠集》卷4，清文渊阁四库全书本。
④ （元）富大用编：《新编古今事文类聚·新集》卷11—16，元刊本。

故也属正常,其所载多为金制,如关津讥察、城门启闭等事,在元代已经不属于刑部职能范围,相反,元代刑部特有的职能却未被提到。这就说明,富大用可能只是通过道听途说了解金元六部的情况,所载并非实际元代六部的职能情况。

除了制衡和分工的需要外,特殊时期的特殊需求也可能成为影响六部官员额配置的因素。至元元年七月,忽必烈与阿里不哥长达五年的汗位之争结束,阿里不哥投降,大量追随阿里不哥的宗王和大臣也随之投降。尽管忽必烈有诏诛其谋臣不鲁花等人,但他不可能尽诛阿里不哥的全部旧臣,更多的情况是,忽必烈必须想方设法安置与阿里不哥一起投降的公卿将相。仅仅一个月后,忽必烈就诏立新条格,其中有"定官吏员数,分品从官职,给俸禄"等规定。这一条格是为接下来的至元元年年底和二年年初的官制改革做铺垫,而"定官吏员数"的结果之一,即上文所呈现的四部官员员额比中统左、右三部时期剧增一倍以上,很难说这一数量级增长与安置来自漠北的降臣因素无关。无独有偶,至元十三年灭亡南宋时,为安置南宋投降高官,六部官员额再一次有剧增的态势。王积翁、赵孟頫等人正是在投降后进入了元朝六部任职。

至元十三年六部官员额剧增的另一个重要因素,是承制伐宋的伯颜军中安置了随军的中书省和六部官员,这使得在整个伐宋战役中,六部官不仅有一部分在中央的中书省任职,维持正常的国家行政运作,还有一部分则活跃在军前,协助大军从事各种善后治理工作。《元史》对这些活跃在军前的六部官的记载比比皆是,可以为证。如至元十二年正月,"遣兵部尚书廉希贤、工部侍郎严忠范、秘书监丞柴紫芝奉国书使于宋"[①];七月,"兵部尚书吕师夔行都元帅府,取江西"[②];至元十三年二月,"以户部尚书麦归、秘书监焦友

---

① 《元史》卷8《世祖五》,第160页。
② 《元史》卷8《世祖五》,第169页。

直为宣慰使,吏部侍郎杨居宽同知宣慰司事,并兼知临安府事"[1];等等。

当然,除了忽必烈的政策考量外,权臣也会利用其影响力将自己的私心掺杂其中。胡祗遹在《民间疾苦状》中就指出:"前省官私心,本欲贵其子孙,恐有人言,故每职多设冗员,如六部、宣慰司之类也。或以贿赂,或以请托,不论人材,不遵铨调。昨日一布衣,今日受三品命服。日月不深,资品卑下而遽升二品宰相者。股肱之寄,往往皆带相衔,遂使侥幸之徒视名器如拾芥,卑小官而耻为。曰:某人尚得某官,我何为而居下列?曰:某人尚拜某爵,我何为而受斯命?轻易名器,以至于此。"[2] 因为权臣的私心和利益,使得授官拜爵成为倖门开启之途,六部官员额加冗,恐怕与胡祗遹所指证的情况分不开。

至元十三年后,随着统治日趋稳定,六部官员额配置逐渐形成定制。即使如此,元朝六部官员的员额也远远多于前朝。以刑部为例,唐、宋、金三朝作参照,其官员员额如表3-2。

表3-2　　　　　　　　唐宋金三朝刑部官员员额对比

朝代	尚书员额	侍郎员额	郎中员额	员外郎员额
唐	1	1	5	5
宋	1	2	5	5
金	1	1	1	2

资料来源:取自《唐六典》《宋史》《金史》。必须说明的是,唐宋制下,侍郎以下的郎中、员外郎分有执掌不同的二十四司,本表仅作总数统计,不予分类。另,宋制以元丰官改后作准,官改前官制紊乱,官、职、差遣分离,无法量化统计。

唐、宋时期的郎中和员外郎员额各多达五员,与其二十四司的分类体制有关。其中,刑部郎中、员外郎各二员,其余都官、比部、司门郎中、员外郎各一员。金元以后因其职能调整,员额有所减少。

---

[1] 《元史》卷9《世祖六》,第179页。
[2] (元)胡祗遹撰:《民间疾苦状》,载《胡祗遹集》,第431页。

而与表3-2对比可见,即使在至元二十三年,元朝刑部官员数量压缩到最少员额时,仍有尚书、侍郎、郎中、员外郎各二员,尚书、侍郎员额明显多于前朝。正因此,胡祗遹在其状文中便批评:"天无二日,民无二王,尊无二上,人无二首。故设官分职,省部以降,崇卑虽不同,为长之官,止合一员。佐贰僚属,视事之繁简,则或倍蓰焉。长官一员,则裁决归一而不纷竞;僚佐倍之,则常务烦多足以代劳。即今六部尚书八九员,侍郎、郎中、员外郎及一二宣慰使七八员,同知、副使各一人,正如人二身八首而一足,贻笑千载。举此一二,他可类推。"①

忽必烈显然也意识到了胡祗遹所指出的问题。自至元十五年起,忽必烈就开始裁撤地方各处冗员,至元十八年"敕中书省减执政及诸司冗员"②,十九年(1282)两次"减省部官冗员","沙汰省部官"③。到了至元二十二年,中书省奏"六部官冗甚,可止以六十八员为额,余悉汰去"④。忽必烈"诏择其廉洁有干局者存之"⑤,最终于二十三年形成了"定尚书、侍郎、郎中、员外郎以二员为额"⑥的定制。不过,这一所谓定制,实际难以得到遵守。仅仅过了一年,工部就以事繁为由,增尚书二员,吏部则在二十八年一次性增加尚书三员,刑部则在大德四年增置尚书一员,冗官问题没有得到根本解决。一直到大德末年,六部官员员额才再一次稳定下来,形成《元史·百官志》中所载的"尚书三员,正三品;侍郎二员,正四品;郎中二员,从五品;员外郎二员,从六品"⑦。

元末兵兴,刑部官员时常需要配合军队进行剿捕行动,因此出

---

① (元)胡祗遹撰:《民间疾苦状》,载《胡祗遹集》,第429页。
② 《元史》卷11《世祖八》,第233页。
③ 《元史》卷12《世祖九》,第240、242页。
④ 《元史》卷13《世祖十》,第276页。
⑤ 《元史》卷13《世祖十》,第276页。
⑥ 《元史》卷85《百官一》,第2141页。
⑦ 另:户部员外郎三员,是唯一的例外。

现人手不足的情况。基于此，至正十二年（1352），"刑部添设尚书、侍郎、郎中、员外郎各一员"[①]，至正十五年再于济宁分省添设刑部分部。刑部在元末的这次人员编制改革乃属特殊时期的非常手段，实际效果恐怕也有限，仅仅过了十余年，元朝在中原地区的统治就宣告结束。

二 刑部吏员的编制情况

官员之下，又设有各类名目的吏员，用以分别处理部门具体事务。《元史·百官志》所载的六部吏人数，应是大德末年六部官员员额稳定后的吏员数，其间的变化情况如何，史无明载。

表3-3是《元史·百官志》中记载各部所属的吏员数，可以看出，因部门事务繁忙程度不同，各部所属的吏员员额也不尽相同。与前章提到的"四部体系"成因一样，在元朝，因户、工两部事务繁忙，故其下所属吏员也最多，甚至多于吏礼、兵刑人数之和。

表3-3　　　　　　　　元代六部吏员员额数

六部	主事	令史	回回令史	蒙古必阇赤	怯里马赤	知印	奏差	蒙古书写	铨写	典吏	其他	总计
吏部	3	25	2	3	1	2	6	2	5	19		68
礼部	2	19	2	2	1	2	12			3	左三部照磨1、典吏8	52
户部	8	61	6	7	1	2	32	1		22	司计4	144
兵部	2	14	1	2	1	2	8			3		33
刑部	3	30	2	4	1	2	10	书写3		7	司狱1，狱丞1，狱典1；司籍提领1，同提领1	67
工部	5	42	4	6	1	1	30	1		7	司程4；右三部照磨1、典吏7；左右部架阁库管勾2、典吏12	123

[①] 《元史》卷45《顺帝五》，第894页。

其中，有两个部门值得关注一下。这两个部门一开始设置于刑部（右三部），随后因机构改革脱离刑部。其一，左、右三部建置撤销后，照磨官却仍按左、右三部的建置设置，分别隶属于礼部和工部。这一建置一直保持到元末，许衡之孙许从宣在后至元四年（1338）时还担任过右三部照磨一职。① 其二，中统左、右三部时期，架阁库曾分左、右部各置。改六部之后，据《元典章·吏部卷》记载显示，架阁库应当分置六部，每部架阁库管勾兼承发司事，称"管勾承发架阁库"。至元二十三年，六部"管勾承发架阁库"裁撤，省并为左右部架阁库，置于工部下，各部不再单独置库。

刑部吏员员额在六部内居中，其主事、令史、回回令史诸职位设置与其他六部相同，书写则不区分蒙古书写或其他。另外，刑部之下设有司狱司和司籍所两个相关机构作为其附属机构。司籍所，设有提领、同提领一员。司籍所为至元二十年时由大都等路断没提领所改隶而来，可知其原先应属于大都路管辖之下，至元二十年后始隶刑部。

司狱司管理刑部狱，有司狱、狱丞、狱典各一人，另有狱医一人，调视病囚。大德七年前，司狱司由右三部照磨兼管，大德七年后始置专官管理。前章提及俸禄时曾指出，司狱一职之所以没有记载俸禄，乃因其初由右三部照磨兼任，故不载。那么，右三部照磨所兼任的只是司狱一职还是司狱、狱丞、狱典三职？这需要从刑部狱置于何时说起。从周密的《癸辛杂识》和柳贯的《待制集》的记载可以看到，早在阿合马当政时期，刑部就已经设狱。据《癸辛杂识》载，阿合马曾将政见不同的周维卿送入刑部狱中，《待制集》也载阿合马当权时曾将官员宋敬之送入刑部狱中。② 此时的刑部狱，当为右三部照磨所兼管，但右三部照磨的本职是掌管兵、刑、工三

---

① 事见许从宣所撰《大元故承务郎新济州脱脱禾孙副使许公墓志铭》，《全元文》第58册，凤凰出版社2004年版，第600页。

② 事见周密的《癸辛杂识·续集卷下·解厄咒》和柳贯的《待制集》卷10《元赠中议大夫同签枢密院事骑都尉追封南阳郡伯宋公墓碑铭》。

部钱谷记账之事，位卑权重，不可能每天专门打理刑部狱事。因此，刑部狱丞和狱典之职当于此时已设，尔后于大德七年又分设专官司狱，职正八品，正好与右三部照磨品秩相同。故此可以认为，始初右三部照磨所兼只有司狱一职，狱丞、狱典之设则于刑部狱设立之初即有，《元史·成宗纪》中载大德七年"设刑部狱吏一员，以掌囚徒"[①]，指的就是司狱之设，与此相印证。

《刑部第三题名之记碑》的出土证实了上述刑部吏员记载的可靠性。但是，在证实的同时，此碑亦带来许多令人意想不到的信息。

首先，如前章所述，从《元史》的"内外百官俸"记载看，司狱司与司籍所似乎属于官员序列，但《刑部第三题名之记碑》却将其题名放在"本部吏人题名记"中。《刑部第三题名之记碑》是元末至正二十二年（1362）到至正二十七年（1367）间刑部官吏的题名记，为彼时刑部官吏所刻，其内容应极具可靠性。其《刑部第三题名之记碑》中将上述二司置于吏人部分，可见在元代，司狱司和司籍所是被视为吏职看待的。但是，司狱司和司籍所的吏人属于有品秩的吏人，明人修《元史》或受惑于此，才误将之置于官员序列中。

其次，《刑部第三题名之记碑》一方面印证了刑部下属吏人中有首领官[②]、令史、回回令史、书写、奏差等《元史》有载的吏员；另一方面提供了不少完全不见于《元史》记载，甚至在元人相关作品中都极为罕见的吏人职位。

其一为提控令史。提控令史一职，或者说这一称法，在元代极

---

① 《元史》卷21《成宗四》，第455页。

② 此处把首领官说成是刑部吏人，并非与前章将之归入官类的说法有冲突，而是碑中所刻乃在碑阴吏人的题名记中。事实上，首领官是一个比较有争议的职位，它介于官吏之间。如陈高华、史卫民在《中国政治制度通史·元》中所述，将首领官置于官吏之间的第三类官，似更为妥当。从品秩上讲，六部首领官，如刑部主事，在元代从七品，可以算是官的序列，沈家本的《历代刑法考》将之置于刑官中，可能受到明代以后主事为六品官思维的影响。另外从其职务看，首领官统辖吏员，称"幕官""幕职"，所以又与吏职息息相关。

为罕见,目前仅在少量文献中可以见到。王恽在《中堂事记》中记载过这一职位,如前章所示,中统元年初立燕京行中书省时,其吏属中就有提控令史四人,区别于左房省掾和右房省掾。另外,《秋涧集》卷四有《赋襄邑蒸豚》,题首提到此诗乃为刘璹而作,此人在作者王恽任都事时,曾在左、右三部任提控令史。王恽的记载表明,提控令史一职,自元初便已设置,且不但中书省里有提控令史,一开始设置的左、右三部建置中也有提控令史。《至顺镇江志》记载其当地名人时,亦提到在大司农司和通政院任职的提控令史,① 是知此职自元初至元末,在元代诸部门中当为普遍存在,《元史》只字未提,亦实令人疑惑。尽管《元史·百官志》中没有介绍提控令史之职,但顾名思义,从提控令史的职名看,当为诸令史的头目,总管诸令史事务。现存可见《刑部第三题名之记碑》中刻有提控令史(见图 3-1)七人,七人之中除赵克己和侯士岩,其余五人均从刑部的普通令史里转任而来,可知二者之间具有"提控"与"被提控"的关系。

其二为誊写(见图 3-2)。誊写单独设职,就目前掌握的材料情况看,仅此一处,许凡的《元代吏制研究》中亦未列出这一职位。② 据《元史·选举志》记载,"儒有岁贡之名,吏有补用之法。曰掾史、令史;曰书写、铨写;曰书吏、典吏,所设之名,未易枚举"③,其中并无誊写一职。而从包括《元史·百官志》《刑部第三题名之记碑》等的大量材料看,元代各部门下设有书写一职,专门记录部门里各类需要转化成文字的材料。誊写区别于书写,表明其工作性质尚有不同。从职位名称的字面意思看,誊写似负责的是将某些已成档案重新誊录。重新誊录的目的有很多,或出于备案保存的需要,或出于张榜告示,或出于将副本抄送其他部门等。铨写一

---

① (元)俞希鲁编纂:《至顺镇江志》卷17,江苏古籍出版社1999年标点本,第703页。

② 参见许凡《元代吏制研究》,劳动人事出版社1987年版。

③ 《元史》卷81《选举一》,第2016页。

图 3-1 《刑部第三题名之记碑》碑阴"提控令史"
与"令史"（局部）

职，元人记载独见，执掌亦不明，依《元史·选举志》的"铨法下"记载，似乎六部都有设此职，但从上述《元史·百官志》看，又只有"吏部"条有记载，疑此铨写与誊写或为一职，只是不同部门称法有异。

图 3-2 《刑部第三题名之记碑》碑阴"回回令史"
"首领官""誊写""书□"（局部）

总之，元代刑部下设吏员名目繁多，远不止《元史·百官志》

中所记员属，记载又十分紊乱，因此，正如许凡指出，将所有吏职加以详细介绍的意义不大。事实上，就是试图将之完全弄清也已不太可能，因此关于刑部吏员，本书主要指出如上若干问题，其余各色吏目，不再作一一探究。

第二节　刑部官吏的信息数据分析

本书尽可能地将元代及后世史料中可见的刑部官吏已知信息分门别类，制成附录中的表一至表四（以下简称附表一、附表二、附表三、附表四）。

附表一大致以时间先后顺序排列所有曾在刑部（右三部、兵刑部）任职的官吏，共辑得各类刑部（右三部、兵刑部）官吏154名，其中并未完全包括《刑部第三题名之记碑》上所刻录的官吏，实际见载人数还要大于此数，如黄溍的《婺州路通济桥记》便有提到一位"前刑部尚书张公"[1]，遍索诸史不见他载，不知其人为谁，故不计入统计之中。其中，曾任刑部（右三部、兵刑部）尚书者共辑得58名，曾任刑部（右三部、兵刑部）侍郎者共辑得28名，曾任刑部（右三部、兵刑部）郎中者共辑得26名，曾任刑部（右三部、兵刑部）员外郎者共辑得15名，其余另有主事、令史及执掌不明者若干。以刑部尚书作为赠官的例子目前可见有二，一为南雄路总管杨益的父亲，赠"嘉议大夫、刑部尚书、上轻车都尉、弘农郡侯"；一为金代大臣杨天德，入元后赠"中奉大夫、刑部尚书、宏农郡侯，谥壮敏"[2]。此二例赠官均未计入附表一。

---

[1]　（元）黄溍撰：《婺州路通济桥记》，载王颋点校《黄溍全集》，天津古籍出版社2008年标点本，第298页。

[2]　事见虞集《洛阳杨氏族谱序》，《雍虞先生道园类稿》卷19，《元人文集珍本丛刊》影印本；赵晋《元集贤学士国子祭酒高陵杨公神道碑》，《全元文》第58册，凤凰出版社2004年版，第189页。

另外，值得提及的是至元中期任兵部尚书的张雄飞。从《元史·张雄飞传》的记载看，张雄飞在至元七年前因抵制设立尚书省而出为同知京兆总管府事，至元七年后到至元十四年前曾任兵部尚书，后因忤阿合马，出为"澧州安抚使"。尽管传记称其为兵部尚书，但从其在兵部尚书期间所任之事看，我们有理由认为，张雄飞实际任职的是兵刑部尚书而非兵部尚书。据传记载，张雄飞在任兵部尚书期间，阿合马多次要求他配合罗织政敌罪名，甚至处政敌以死刑。如阿合马"与亦麻都丁有隙"，希望罗织其罪，又有秦长卿、刘仲泽"忤阿合马"，欲下狱杀之等事，阿合马都要求张雄飞配合，甚至许以"诚能杀此三人，当以参政相处"的高官厚禄。[①] 如果张雄飞仅仅是兵部尚书，那么他在刑狱方面不当有这么大的权限，阿合马亦无须倚仗其手。据此可知，此时的张雄飞很可能是兵刑部尚书而非兵部尚书，因此在司法上有一定的决定权。据前章，至元九年到至元十三年间，元朝中央六部实行四部体系，兵刑部存在的时间亦与此吻合，故张雄飞的兵部尚书有误载之嫌，其实际职务可能是兵刑部尚书。不过，出于谨慎，张雄飞亦未计入本书附表中。

附表一还辑录了记载刑部官吏的文献出处，绝大多数官吏的文献出处为《元史》中的人物列传，文人文集中收录的人物墓志铭、神道碑、人物行状等，部分文献出处为各地方志，少数官吏的文献来源于诗文或附属于其他人物的相关作品。总的来说，通过文献出处可以看出元代刑部官吏的相关信息失载较为严重，即使如刑部尚书、侍郎等朝廷高官，可见者也不过数十，其中有相当一部分人仅仅在史料中一笔带过，其人物生平信息完全失载。还有相当一部分刑部官吏信息出现在明清以后的方志中，且独载无他，这也反映出元代刑部官吏的相关信息在明代就已经出现严重失载情况。

一些官吏的信息，特别是蒙古、色目官吏的信息，甚至无法简单以单一文献判断其生平。众所周知，元代蒙古、色目人的汉字姓

[①] 事见《元史》卷163《张雄飞传》，第3819—3823页。

名往往为其本民族语言的直接音译，因此多人重名、一人多译的现象非常严重。这一特殊现象给我们了解、研究其人物生平造成不少困扰。如附表一中所载铁木儿达识，其在《元故中顺大夫刑部员外郎崔君墓志铭》中所名为"铁木尔榻石"。判断二者为同一人的主要依据是其在泰定年间任刑部侍郎这一职位。又如元朝末年的米只儿海牙，《元史》里仅载其任监察御史一职，之所以能与《刑部第三题名之记碑》中的刑部侍郎米只儿海牙联系起来，主要依据碑中所载"由监察御史迁"这一信息。其余信息支离破碎者，如"王仪""曲出""完者帖木儿""月鲁帖木儿""那颜不花"等，更是难以证明诸处记载者为何人。

附表二主要辑录刑部主事以上官吏的学历、籍贯、卒年和家世情况，共辑得有载者86名。选取学历、籍贯和家世作为考察对象，是因为一名官员的仕进之路，与自身素质、交际群体等要素息息相关，卒年的选取主要用以大致框定具体官员的所处时代。

从刑部官吏的学历信息看，记载的86名中有32名没有相关信息。没有记载的原因有很多，或因由前朝入元而无载，如冯渭、赵炳、王积翁等；或因史料本身完全没有记载，如王恽之孙王笴等。实际上，刑部官吏总体上是受过相当教育的，但也不排除有的刑部官吏没有受过系统的文化教育，如布伯出身军旅，擅造炮，属于技术将领，后"转业"进入刑部担任尚书；王纲，起家刀笔吏，因长期从事行政工作而得到提拔。[①] 值得注意的是，延祐开科取士前，大多数刑部官吏接受文化教育的地点并不在学校，他们或由家中长辈教授，或从当时名士游学，如任刑部员外郎的田衍，即由其母李氏教育，高克恭则"早习父训"[②]；而任刑部尚书的姚天福则"从儒者

---

① 见《元史·布伯传》和清同治年《畿辅通志》卷174《广东按察副使王纲墓神道碑铭》。

② （元）邓文原撰：《故大中大夫刑部尚书高公行状》，载《巴西集》，清文渊阁四库全书本。

学《春秋》"①，马绍则"从上党张播学"②，曹伯启"从东平李谦游，笃于问学"③ 等。有条件的刑部官吏还能从当时的名臣游学，如不忽木④、徐毅"受业于魏国许文正公"⑤，王约"从中丞魏初游"⑥，王结"从太史董朴受经"⑦ 等。延祐开科取士后，由科举取得进士出身入仕的刑部官吏，占此后刑部官吏总数的很大一部分，如余阙、吕思诚、赵琏、成遵、盖苗等，这从附表二的后半部分刑部官吏的学历情况可以清楚看到。与科举相伴随的，是受正规学校教育出身的刑部官吏比例也有所增加，如赵师鲁、苏天爵、吕思诚等，都是从太学生、国子学生或伴读生中脱颖而出。这一情况表明，从受教育的层面看，元代刑部官吏的总体文化素质在不断提高。

从籍贯信息看，86名刑部官吏中仅赵琏一人无籍贯信息，其余85人中，绝大多数是汉人或受到较深汉化的他族人。但这一数据并不意味着元代的刑部主要由汉人所掌握。我们前文分析元代刑部的人员编制时曾经提到其行政多首脑制，即有尚书2—4员，且就早年右三部较为详细的分工情况看，这几员尚书的组成当为蒙古、色目、汉人掺杂使用。附表二籍贯之所以反映出元代刑部官吏主要由汉人构成的情况，主要是因为其取材往往来自汉人记载的史料，特别是大量文人文集中记载的墓志铭、神道碑、行状等。为死者撰写墓志铭、神道碑文、生平行状等主要是汉人的习惯，蒙古、色目人等热

---

① （元）虞集撰：《姚忠肃公神道碑》，载《山右石刻丛编》卷34，清光绪二十七年刻本。
② 《元史》卷173《马绍传》，第4052页。
③ 《元史》卷176《曹伯启传》，第4099页。
④ 《元朝名臣事略》卷4《平章鲁国文贞公》："太傅、魏国许文正公辞中书左揆，拜集贤大学士、国子祭酒，敕胄子与尝游（王）恂门者，皆从之学。"
⑤ （元）黄溍撰：《御史中丞赠资政大夫中书右丞上护军追封平阳郡公谥文靖徐公神道碑铭》，载《黄溍全集》，第689页。
⑥ 《元史》卷178《王约传》，第4137页。
⑦ （元）苏天爵撰：《元故资政大夫中书左丞知经筵事王公行状》，载《滋溪文稿》卷23《行状》，第383页。

衷于此者相对较少，因此现在存留下来，有较为详细材料的，往往是汉人或深受汉文化影响的他族人。事实上，如果我们再反观《元史》，会发现《元史》中有大量被一笔带过的刑部官吏，从他们的姓名看，自是蒙古或色目人无疑，如伯术、塔察而、乌剌沙、撒都丁、乌马儿、举林柏、马儿、答里马失里、不答失里、阿鲁等。如果再将这些明显的非汉人纳入其中，刑部官吏的籍贯和氏族分布就不能再理解为以汉人居多。这一点，或许附表四中的《刑部第三题名之记碑》反映得更为客观，下文详述。

但是，附表二的籍贯信息仍是有意义的，它反映出同为汉人，刑部官吏绝大多数是来自北方的汉人，来自原南宋地区的南人寥寥无几。据表中所见，除了以降臣身份短暂入主刑部的王积翁，为福建福宁人外，明显来自南方的仅有李廷，为粤之漳南镇人；井渊，兴和咸宁人；刘宗说，成都华阳人；张庸、温州人；程徐，四明人；其他刑部官吏，俱为原金朝统治区域内的北方汉人，由此也进一步证实了元朝统治者在蒙古、色目、汉人、南人四种人中的取舍态度。

从家世信息看，86名刑部官吏中有29人没有信息，或无记录，或家世不显而无所可记。剩余57名刑部官吏，俱有一定家世背景，从七八品小官的子嗣，到功臣名宦后裔，可见家世背景对刑部官吏也有重大影响。单就家世来看，元初有家世出身的刑部官吏往往为前金官僚后裔，或前四汗时期较早与蒙古帝国合作的汉人后裔，如赵秉温父赵璠，从木华黎有战功，官至昭毅大将军、河北河南道提刑按察使；赵炳父弘，国初为征行兵马都元帅，积阶奉国上将军；严忠范则为东平严氏，世侯严实子。[①] 另外，中统元年忽必烈的搭建的中书省汉人班子，也有不少人成为后来的刑部官吏，如冯渭、杨仁风、马绍等。此后，有家世背景的刑部官吏，蒙古、色目人往往出身背景较为显赫，如刑部尚书珊竹拔不忽，祖乌也而，累官金紫

[①] 事见苏天爵撰《滋溪文稿》卷22《故昭文馆大学士中奉大夫知太史院侍仪事赵文昭公行状》，《元史·赵炳传》，《柳贯集》卷9《严忠范谥节愍》。

光禄大夫、北京兵马都元帅，父撒里，累官昭勇大将军、河间路总管兼诸军奥鲁、管内劝农事；刑部尚书不忽木，祖父海蓝伯而上，世为康里部大人，父燕真，为世祖侍卫；刑部侍郎铁木儿达识，父和宁忠献王亦纳脱脱，伯父顺宁忠烈王阿沙不花，均为元代名臣。① 汉人官吏的家世则主要由中下层官吏组成，但也不排除有名宦后裔，如贾居贞之子贾钧，王恽之孙王笴，苏天爵与其父苏志道，陈思谦的祖父陈天祐、叔祖父陈天祥等。② 值得注意的是，汉人群体中家世一般，或无家世者，往往具有一定教育背景，元前中期或以儒贡，中后期则往往通过科举考试入仕而到刑部任职。这一情况意味着，即使家世背景是影响刑部官吏的重要因素，但仍存在一定晋升渠道，使有才之士得以进入政府任职，岁贡儒吏与科举取士是这种受过一定教育的普通汉人的主要晋升渠道。元末明初权衡在《庚申外史》中谈到，"元朝之法，取士用人惟论根脚，其余图大政为相者，皆根脚人也"③，虽有一定道理，但似未尽然，且随着时代发展，这一趋势也在减弱。

附表三主要辑录刑部主事以上官吏的历官与迁转信息，共辑得有载者 91 名。从这些信息中可见，以刑部官吏为代表的元代官员迁转速度非常之快，经常时隔一年半载就迁调一官，有时甚至出现

---

① 事见金鉽纂 1927 年《江苏通志稿》卷 19 "金石部分"《有元故中奉大夫江东宣慰使珊竹公神道碑铭》（天津社会科学院图书馆藏 1927 年抄本），《赵孟頫集》卷 7《故昭文馆大学士荣禄大夫平章军国重事行御史中丞领侍仪司事赠纯诚佐理功臣太傅开府仪同三司上柱国追封鲁国公谥文贞康里公碑》，黄溍撰《金华黄先生文集》卷 8《敕赐丞相冀宁文忠王祠堂记》。

② 事见《元史·贾居贞传》；王笴撰《大元故翰林学士中奉大夫知制诰同修国史赠学士承旨资善大夫追封太原郡公谥文定王公神道碑铭》（载《王恽全集汇校》附录，第 4441—4448 页）；许有壬《至正集》卷 47《敕赐故中宪大夫岭北等处行中书省左右司郎中赠集贤直学士亚中大夫轻车都尉追封真定郡侯苏公神道碑铭》（《元人文集珍本丛刊》影印本）；张养浩著，李鸣、马振奎校点《张养浩集》卷 18《资德大夫中书右丞商议枢密院事陈公神道碑铭》（吉林文史出版社 2008 年版）。

③ （明）权衡著，任崇岳笺证：《庚申外史笺证》卷上，中州古籍出版社 1991 年标点本，第 154 页。

"俄改某官""寻改某官"的情况，有的官员甚至在赴任道上就被调往新职，因此，尽管附表中呈现了大量在刑部有过任职经历的刑部官吏，但实际上真正在刑部署事，熟悉刑部事务的官员可能寥寥无几。陈高华、史卫民编著的《中国政治制度通史·元》中就指出六部官员经常调任的事实，[1] 而从刑部官吏的迁转履历看，其调转范围远不止六部，甚至在中央与地方，行政、监察、军队等系统中多次迁转，严重影响了元代的行政效率。《中国政治制度通史·元》还指出刑部官员从监察机构中调用的事实，但这一事实无法说明刑部与监察系统之间存在用人关系上的连续性和必然性，因为当我们将视野进一步放宽到其他部门官员时会发现，其他部门官员往往也具备从监察系统抽调的资历。另外，刑部与监察系统之间在选官用人上并不必然存在连续性，即并非要求刑部官吏存在"监察——刑部监察"或其中一段迁转履历，作为他们升迁的必经途径。有时，他们中还隔着其他许多迁官履历，如马绍，其于至元十三年"佥河北河南道提刑按察司事"后，先"同知和州路总管府事"，后才于至元十九年任刑部尚书，尔后又于二十年后迁调参议中书省事、兵部尚书；杜世昌，于至元十九年任河南道提刑按察司副使后，先任枢密院都事，后任右司都事，然后才进入刑部为郎中并一路升迁到刑部尚书。[2]

  这一迁转局面，是元代特殊的用人制度决定的。元朝政府用人，常以吏职作为起家资历，由儒岁贡或科举入仕之人，也难免要经历充当胥吏的环节。而元代的中书省、御史台、枢密院等系统之间各自为政，用人权彼此独立，常常为争夺能人而各自向皇帝奏请用人，如杜世昌，于至元十九年内连迁三处，从监察系统调到枢密院，再

---

[1] 陈高华、史卫民编著：《中国政治制度通史·元》，社会科学文献出版社 2011 年版，第 66 页。
[2] 事见《元史·马绍传》，危素撰：《危太朴文续集》卷 6《故通议大夫刑部尚书赠赞治功臣资善大夫中书左丞上护军追封长安郡公谥忠肃杜公行状》，《元人文集珍本丛刊》影印本。

调往中书省，就是三家争夺用人的结果。有时候三家争夺用人态势剧烈，甚至还会出现反复任命、改任的情况，如至大三年（1310）前后担任刑部尚书的徐毅，于至大三年到至大四年（1311）仁宗即位短短一年多的时间，就反复在三家中换职，前后历任"河北河南道廉访使——刑部尚书——御史台侍御史——佥枢密院事——江南行台侍御史——燕南河北道廉访使——参议中书省事"①。这一行为最终造成的结果，即附表三所反映的，元代刑部官吏迁转速度快，周期短，经常在多个部门之间相互换任的局面。

另外，附表三还显示出另外一个现象，刑部官吏一方面在升官时迁转速度快，周期短，经常在多个部门之间相互换任；另一方面，在未升入官位时，又长期逡巡于诸吏职之间。胡祗遹曾批评升迁太速的情况，提到"今日得七品，明日望六品、五品；今日除五品，便望升三品、二品"，导致"官至三品者连裾接踵，七品、八品者十余年不得代"，最后造成"在官者升迁太速，不十年而至三品、二品，牧民急缺，无人可注"的局面。他由此认为，这种选拔无序的方式造成了极大的用人弊病，"庸庸碌碌、汩泥扬波者反得升迁，廉慎公干，不交权贵者沉滞降落"②。

若从附表三中抽取部分履历较为完善，可以进行量化统计的刑部官吏，对比其任职官吏时间的长短及迁转次数，可制成表3-4。

表3-4　　　　　　　部分刑部官员吏职时间及迁转表

姓名	吏年数/迁次	官年数/迁次	姓名	吏年数/迁次	官年数/迁次
袁裕	12/3	13/7	马绍	14/2	27/12
杜世昌	16/5	23/12	姚天福	≈16/4	27/18

---

① 事见危素撰《危太朴文续集》卷6《故通议大夫刑部尚书赠赞治功臣资善大夫中书左丞上护军追封长安郡公谥忠肃杜公行状》，黄溍撰《黄溍全集》卷10《御史中丞赠资政大夫中书右丞上护军追封平阳郡公谥文靖徐公神道碑铭》。

② （元）胡祗遹撰：《论迁转太速》，载《胡祗遹集》，第402页。

续表

姓名	吏年数/迁次	官年数/迁次	姓名	吏年数/迁次	官年数/迁次
不忽木	≈4/1	22/11	立智理威	≈8/1	28/10
尚文	≈22/4	45/18	高克恭	11/8	22/13
王约	11/3	45/14	卜天璋	≈23/5	29/8
马煦	≈15/2	38/14	曹伯启	≈24/5	28/17
纳麟	9/2	50/23	仇濬	15/6	12/14
成遵	8/3	19/17	陈思谦	2/2	25/20
归旸	0/0	39/22	李士瞻	3/4	≈17/15
察罕帖木儿	0/0	10/9	答礼麻识理	10/3	12/20

说明：元朝的官吏之间有时候很难完全区分开，如前章提及，吏员出职后，可能有了品秩，但还没由吏职转官职，因此本表中所谓的官吏之分，主要以其职务作为区分，以七品为界，七品以上职计入官年数中，以下计入吏年数中。

从上述情况看，刑部官吏的选拔并没有拘泥于成宪，迁转速度较快，具体表现为以下几点。其一，顺帝以前的元朝前中期，刑部官吏的任职明显表现出任吏年限长，迁转次数少，多数官员需任吏职长达十几二十年，而其任官年限虽长，但迁转频率极高，平均两年左右即迁官一次，任官呈现极大的不稳定性。其二，蒙古、色目官员任吏职时间要远远少于汉人，基本在十年及以下，任官时间往往长达四五十年，反映出其初任职年龄小，入官时间早的特点，如不忽木、立智理威、纳麟等。其三，顺帝以后，这一现象有所改变。顺帝朝可见的刑部官吏，无论蒙古、色目或汉人，其任吏职时间都大大缩短，甚至出现不经吏职直接入官的现象。值得注意的是，这一现象恐怕与科举取士密不可分，上述顺帝朝六位官吏中的四位——成遵、归旸、李士瞻、察罕帖木儿，均为进士出身。其四，结合附表二可以发现，家世背景实际上对这些官吏的任职期限产生了一定的影响。如同为蒙古、色目人，怯薛出身者，如宿卫出身的不忽木、纳麟，必阇赤出身的立智理威就比出身一般的高克恭任吏职时间更短，而任官时间更长。汉人之中，取得进士出身的普通人得以与家世较显赫的人获得较同等待遇，如成遵、归旸、李士瞻俱无背景人员，因取得进士身份得以与有家世的陈思谦获得较同等待遇，进而任吏职时间大大缩短。

附表四是对《刑部第三题名之记碑》中所刻录的刑部官吏的整理，是附表一至附表三内容的重要补充。如前述，《刑部第三题名之记碑》为我们研究刑部提供了不少有益信息，包括但不限于前述刑部尚书分工问题、他处无载的新吏职问题等。本节第二点中指出，刑部官吏并不像附表中所展示的，以汉人官吏为主，这一点，《刑部第三题名之记碑》所反映的情况应当更为客观。《刑部第三题名之记碑》中所展示的各级刑部官吏，应是至正二十二年后到至正二十七年前后，元朝中央撤离大都前的刑部官吏，这从碑首题名刻于至正二十二年，碑中有官员至正二十七年赴任的情况得到证明。从这一时期的刑部官吏构成看，刑部尚书除去重复之任者共有37员，其中较大概率属于蒙古、色目人①的有25员，与剩余的尚书之比约为2∶1。刑部侍郎除去重复之任者亦有37员，其中较大概率属于蒙古、色目人的有24员，同样约为2∶1。郎中21员，较大概率属于蒙古、色目人的有9员；员外郎33员，较大概率属于蒙古、色目人的有17员，占比在1∶1左右。碑阴所刻吏人部分则正好相反，因其刻录无章且磨损较多的缘故，吏人部分无法作精确统计。粗就可见的吏员姓名看，则无疑以汉人为主。由是可见，在刑部的官吏构成中，级别越高，汉人所占比例越小，蒙古、色目官员所占比例越高。这个结论与现有对元朝官吏民族构成的认知较相契合，也部分调整了上述附表二因取材原因而造成的数据偏差。

不过，强调民族构成实际上在元末的意义已经不大，正如前注所说，从碑本身看，到了元朝末年，蒙古、色目、汉人之间的同化

---

① 元末，诸蒙古、色目、汉人之间实际上已经同化不少，特别是不少汉人同时取了蒙古、色目名，而不少蒙古、色目人也同时取了汉姓和字。碑中尚书崔字罗帖木儿、张章嘉讷等很可能都属于这种情况。因此，此处所指较大概率属于蒙古、色目人是指碑中呈现出的那些不带姓氏，却拥有蒙古、色目名字的人。下文所指亦同。

色彩已经非常浓厚，这不仅表现在不少汉人同时取有蒙古、色目名，蒙古、色目人同时取有汉姓和字（碑中提到的尚书崔字罗帖木儿、张章嘉讷等很可能都属于这种情况），还表现在部分蒙古、色目人对其汉译名字选字的讲究。我们可以看到在此碑中，不少源自同一蒙古、色目音的汉译名都采取了与此前史料所见不同的汉字，显得更为文雅有内涵，如桑哥识理（另有丧哥、桑葛、失里、失理等多种译法）、护都铁穆尔（另有忽都帖木儿等译法）、普达明理、纳嘉识理等。对译字的讲究表明这些蒙古、色目人其实已经具备了相当的汉文化并开始注意自己在汉人社会中的形象。甚至我们还可以进一步注意到，对名字用字的关注，与儒家文化特别是理学之间存在若干文化关系。

第三节　刑部官吏的选调与迁转

元朝因长期不设科举，开科之后又无律学科目，因此刑部官吏的选拔并不通过这一专业测试，而是与普通官员的迁转一般无二。尽管终元一朝累有官员提出要增设律学，以加强法律官员的专业性，但始终没有正式推行。在元朝统治者看来，长期的吏职经验比专业知识的学习和测试更为重要，更能反映出一个官员的业务素质能力，因此任吏职又几乎是每个元代官员所必须经历的阶段。本节拟对刑部官吏的选调与升迁问题展开详细梳理。

一　刑部官员的选调与迁转

刑部官员，主要为正三品的刑部尚书，正四品的刑部侍郎，从五品的刑部郎中，从六品的刑部员外郎。从七品的刑部主事为首领官，一并附此讨论。

根据《元史·选举志》的"迁官之法"，正三品的刑部尚书，按照"三品以上非有司所与夺,由中书取进止"① 的规定,则当一位官员熬到正三品,成为六部尚书的人选时,他就不再遵循常规的考课和迁转规则,而由中书省宰执集议拟定,上报皇帝批准。有时候,皇帝还会亲自选任六部尚书,如《姚忠肃公神道碑》就提到至元二十二年忽必烈亲选六部尚书,将亲信姚天福擢为刑部尚书的事情。② 不过,帝选非常例,有时候皇帝甚至连六部尚书是谁都不知道。成宗就曾对六部尚书说,"汝等事多稽误,朕昔未知其人为谁。今既阅视,且知姓名,其洗心涤虑,各钦乃职。复蹈前失,罪不汝贷"③。而从附表三看,刑部尚书来源广泛,可由同级其他部门调任,也可从监察系统、枢密院等处调任,甚至从中书省的宰执群体、左右司中调任,如《元史·选举志》指出,"凡选用不拘常格:省参议、都司郎中、员外高第者,拜参预政事、六曹尚书、侍郎"④。

刑部尚书的选调虽不拘常格,但用人仍会遵守一定的原则。中书省选任刑部尚书时,并非随意选择任一三品官员充任,而是结合此人的生平履历、性格、人际关系等诸多要素,综合考量之后选拔的。如至元二年,中书平章政事宋子贞奏:"刑部所掌,事干人命,尚书严忠范年少,宜选老于刑名者为之。"⑤ 在他看来,刑部尚书对案件,特别是命案有极大的决定权,因此选调刑部尚书的一大标准是不能选过于年轻气盛之人,而应以年长,精通刑名者为之。

这一标准应该说在接下来的刑部尚书选调中得到了落实。根据附表二和附表三,对履历较为完善的刑部尚书的总迁转次数、刑部尚书为第几任次,任职年与去世年等进行统计见表3-5。

---

① 《元史》卷83《选举三》,第2064页。
② 《姚忠肃公神道碑》:"(至元)廿二年,上选六部尚书,问巴儿思(即姚天福)所在,诏拜尚书。"
③ 《元史》卷20《成宗三》,第426页。
④ 《元史》卷83《选举三》,第2064页。
⑤ 《元史》卷6《世祖三》,第109页。

表3-5　　　　　　　　　　刑部尚书任次、任数、任职年

刑部尚书	任次/总任数	任职年/去世年	刑部尚书	任次/总任数	任职年/去世年
李德辉	8/14	1268/1280	张昉	7/7	1274/1274
珊竹拔不忽	8/9	>[290]1281/1308	刘好礼	6/9	1282/1288
马绍	6、9/14	1282、1286/1300	崔彧	3、5/11	1282、1283/1298
杜世昌	15、17/17	1289、1298/1299	姚天福	12/22	1285/1302
不忽木	7/12	1286/1300	立智理威	4/11	1290/1310
尚文	12/22	1294/1327	徐毅	15、17/23	1307、1310/1314
高克恭	21/22	>1304/1310	王伯胜	6/13	1307/1326
马煦	16/17	1310/1316	谢让	18/19	1310/1317
韩若愚	16/23	1324/1330	纳麟	13/25	1333/1359
崔敬	20/27	1354/1358	刘宗说	20/22	1331/1336
答里麻	13/19	1331/>1348	盖苗	15/25	1344/1347
陈思谦	14/22	1345/1353	归旸	19、20/21	1352、1355/1367
答礼麻识理	16/23	1359/>1367			

说明：本表所称"总任数"，是指从史料可见，某名官员一生所任过的官职的总数，而本表所称"任次"，是指该名官员担任刑部尚书一职时在其所任官职总数中所排为第几。另，本表及后表中使用的">"或"<"，系指在某年之后或之前，但又离本年份时间不远的意思。如">1304"，即指时间未能完全确定，但根据史料，大致在1304年之后不久。

从表3-5可以清晰直观地看出，大多数官员任刑部尚书时，其任职时间往往在总任职的中后半段，即其仕宦生涯的中晚期。即便有刑部尚书的任职时间在其总任职的前半段，也多因其后迁转过速导致，这一点可以另从其任刑部尚书的年份与去世年份相对照中证明：几乎所有刑部尚书的任职年份在其一生中的最后二十年内。这充分表明了自宋子贞建议之后，元朝刑部尚书的选用一直坚持其年长与精通刑名的标准。

另一处记载中也提到了选任刑部尚书的相关标准。据《元史·阿鲁图传》，"一日与僚佐议除刑部尚书，宰执有所举，或难之曰：'此人柔软，非刑部所可用。'阿鲁图曰：'庙堂即今选侩子耶？若选侩子须选强壮人。尚书欲其详谳刑牍耳，若不枉人，不坏法，即

是好刑官,何必求强壮人耶。'左右无以答。"① 在阿鲁图等人看来,刑部尚书的选用标准须是"不枉人、不坏法",做好公正、权衡之责。这就构成了另外对刑部尚书的选任要求,即要求其持法平允,道德良好,不偏不倚。不过,在权臣秉政时期,这一标准未必会得到遵守,即如《元典章》中所记,阿合马擅权时,"专用酷吏为刑部官"②,是为其例。

对军事才能的考量,是刑部尚书乃至其他刑部官员选拔的特殊标准。从大量的史料中可以发现,元代刑部尚书、侍郎等有时候会从事一些军事或类军事活动,如带兵剿匪、捕盗、抚边、负责城市治安警务等,这些军事或类军事活动实际上要求相关刑部官员有一定的军事才能,才能胜任这些军国大事,如前文提到的布伯、金伯颜等。到了元后期,大量刑部官员更是参与到军事活动中,如至正十二年,"刑部尚书阿鲁收捕山东贼"③,同年,"刑部尚书阿鲁讨海宁贼"④;至正十五年,"命刑部尚书董铨等与江西行省平章政事火你赤专任征讨之务"⑤;至正二十七年皇太子爱猷识理达腊命张庸为刑部尚书,领房山团结兵⑥等。刑部尚书亲自领兵赴前线打仗,也充分展示了其所具备的军事才能。

刑部侍郎、郎中和员外郎,则按照"正七以上属中书"⑦的规定,其任人由中书省(具体来说,应该是中书省左司)根据官员的迁转资历选任,具体政务则由左司知除房负责。刑部主事秩从七品,按照"从七以下属吏部"⑧的规定,由吏部选任,但是,从主事擢拔,即从七升正七,则按"到(吏)部解由即行照勘,合得七品者

---

① 《元史》卷139《阿鲁图传》,第3362页。
② 《元典章》卷40《刑部二·禁断王侍郎绳索》,第1352页。
③ 《元史》卷42《顺帝五》,第894页。
④ 《元史》卷42《顺帝五》,第898页。
⑤ 《元史》卷44《顺帝七》,第923页。
⑥ 《元史》卷196《忠义四》,第4435页。
⑦ 《元史》卷83《选举三》,第2064页。
⑧ 《元史》卷83《选举三》,第2064页。

呈省，从七以下本部注拟"①，由中书省选任。按"自六品至九品为敕授，则中书牒署之。自一品至五品为宣授，则以制命之"② 看，则刑部尚书、侍郎、郎中的任命状当由皇帝以制书形式任命，以示尊敬；员外郎、主事则由中书省直接任命。

从制度上讲，刑部侍郎以下的官员，还要求遵循一定的选举考课制度，依品级迁调。据《元史·选举志》的"考课"部分载，至元六年定拟的随朝官员考课条格规定，"一考升一等，两考通升二等止。六部侍郎正四品，依旧例通理八十月，升三品"，"六部郎中、员外郎、主事，三十月考满升一等，两考通升二等"③。这一制度推而广之，在至元十四年的《循行选法体例》中继续得到贯彻，《元史》《元典章》都分别记载了其内容，但彼此之间略有缺漏，参互相补，制成表3－6。

表3－6　　　　　　　　元朝官员选举考课制度

考法	升等	考法	升等
从九三考	从八	正九两考	从八
从八两考	正八	从八三考	从七
正八两考④	从七	从七三考⑤	正七
正七两考	从六	从六三考	从五
正六两考	从五	从五三考	正五
正五两考＋上州尹一任/正五三考⑥	四品	正从四通理八十个月	三品

至元二十八年（1291），元朝政府再次强调了这一考课方案，

---

① 《元史》卷83《选举三》，第2065页。
② 《元史》卷83《选举三》，第2064页。
③ 《元史》卷84《选举四》，第2093页。
④ 《元史》卷84《选举四·考课》作"正八品历三任，升从七"，疑有误。
⑤ 《元史》卷84《选举四·考课》注明"呈省"。
⑥ 《元史》卷84《选举四·考课》解释其原因为"缘四品阙少"。

"定随朝以三十月为满,在外以三周岁为满"①。依据这一选举制度,则刑部主事须于正从八品员中选历,从八品官员历三考,即九十个月可以升任,正八品则历两考,即六十个月可以升任。主事升迁,需由中书省定夺。以此类推,员外郎则由正七品历两考升任,郎中由从六品历三考,或正六品历两考升任。刑部侍郎为正四品,由正五品历两考,外加一任上州州尹,或历三考而升任。侍郎通理八十个月,取得升三品资格,但是否能赴任,所赴何任则由中书省宰执别行集议定夺。

此一迁转考课之制,号称"秋毫不可越"②,但实际上则经常不被遵守。正如附表三所展现的刑部官吏,往往考限未满即赴他任,甚至在御史台、枢密院、中书省等多部门中多次迁转,节节高升。可以简单计算一下,按照正常的考数升迁,以随朝衙门三十个月为一考的标准计算,一名从七品的官员要升任三品,需要大约五百个月,③ 即大约四十二年的时间才能达到,但事实上大多数刑部官吏的升迁轨迹,都存在吏职时间冗长,官职迁转飞速的现象,根本不按"秋毫不可越"的规定执行。

因此,制度本身也就存在"豁口",打破常规迁转制度的做法被允许,甚至冠上《元史·选举志》提到的"权衡"制度。所谓"权衡"制度,即"然前任少,则后任足之,或前任多,则后任累之。一考者及二十七月,两考者及五十七月,三考者及八十一月以上,遇升则借升,而补以后任"④。换句话说,当一考满二十七月,两考满五十七月,三考满八十一月,虽然还未到三十个月、六十个月、九十个月的标准,但如果遇到升迁,则允许官员先行升迁,并将剩余未足月份于后任中补足。刑部官员的选拔有时也会采用这种"权

---

① 《元史》卷83《选举三》,第2065页。
② 《元史》卷83《选举三》,第2064页。
③ 从七升正七90个月,正七升六60个月,从六升从五90个月,从五升正五90个月,正五升四品以三考90个月计算,四品升三品通理80个月,共计500个月。
④ 《元史》卷83《选举三》,第2064页。

衡"制度，先提拔业务能力精干但品级不足的官员出任，再通过后任补足其资历。"权衡"制度的存在，显然给诸多官员不遵循三年一考制度提供了借口，如《通制条格》中载谢让从户部尚书调任刑部尚书时的官品，为少中大夫，实际只有从三品，方龄贵在校注中指出其品职不一致，当属这种"权衡"的情况。

二 刑部吏员的选调与迁转

刑部吏员的选调与迁转则又遵循另外一套制度，不同吏员因其职责不同，地位高低有别，其来历、去向并不完全一样。许凡的《元代吏制研究》、李鸣飞的《金元散官制度研究》均已对吏员的总体选调与迁转作了总结，本节于此进一步具体探讨其中刑部吏员的选调与迁转情况。

按《元史》《元典章》的相关记载，元朝六部的令史，从"诸路岁贡人吏补充，内外职官材堪省掾及院、台、部令史者，亦许擢用"[①]。换句话说，与地方基层吏员不同，六部因其衙门品级高，其吏人身份地位也高。部令史不但由每年各地岁贡人吏中取用，还可以从职官队伍中擢用。不过，不同时期，六部令史的勾补规则也不尽相同。至元二十二年后，诸路岁贡人吏不再直接由六部勾选为部令史，而是先由地方按察司（廉访司）试补，六部若有员缺，再从按察司（廉访司）处勾补：

> 呈试吏员，先有定立贡法，各道按察司上路总管府凡三年一贡，儒、吏各一人，下路二年贡一人，以次籍记，遇各部令史有阙补用。若随路司吏及岁贡儒人，先补按察书吏，然后贡之于部，按察书吏依先例选取考试，唯以经史吏业不失章指者为中选。随路贡举元额，自至元二十三年为始，各道按察司每岁于书吏内，以次贡二名，儒人一名必谙吏事，吏人一名必知

---

① 《元史》卷83《选举三》，第2072页。

经史者，遇各部令史有阙，以次勾补。①

大德二年（1298），勾补对象进一步由廉访司拓宽到地方宣慰司：

> 贡部人吏，拟宣慰司、廉访司每道岁贡二人儒吏兼通者，自大德三年为始，依例岁贡，应合转补各部寺监令史，依《至元新格》发遣，到部之日，公座试验收补。②

大德九年（1305），选取范围又进一步增加府州教授，允许各府州学校教授通过考试替补六部令史：

> 凡选府州教授，年四十已下，愿试吏员程式，许补各部令史。除南人已试者，别无定夺到部，未试之人，依例考试。③

职官充任六部令史，则到大德十年才规定：

> 户、刑、礼部合选令史有阙，于籍记令史上十名内、并职官到选正从九品文资流官内试选。④

《元典章》中进一步指出了这一规定的细节，"正从九品得替，有解由、无过、文资流官内选取……杂职不预"⑤，明确了户、刑、礼三部令史所选取的九品文资流官，须无有过错者，且杂职官不得作为选取对象。除此之外，一些任职时间长的典吏，也可能通过折

---

① 《元史》卷83《选举三》，第2072页。
② 《元史》卷83《选举三》，第2072—2073页。
③ 《元史》卷83《选举三》，第2073页。
④ 《元史》卷83《选举三》，第2075—2076页。
⑤ 《元典章》卷12《吏部六·选取职官令史》，第448页。

算年月替补为各部令史。按规定,"(部令史)有阙,于六部铨写、典吏一考之上选充,三折二省典吏月日,通折六十月转补各部令史"①。即如果部令史缺员,除了上述贡补途径外,还能在部内铨写和典吏一考以上者中选充,其任职年月则按照三折二的办法,即任三天典吏时间换算为任两天令史时间,重新计算任职年月。

六部吏员的勾补中,户、礼、刑三部吏员有特殊的选人要求。大德七年,元朝政府规定:

> 刑部人吏,于籍记令史内公选,不许别行差补,考满离役,依例选取,余者依次发补。礼部省判,许于籍记部令史内选取儒吏一名,续准一名,于籍记部令史内从上选补。户部令史,于籍记部令史内从上以通晓书算、练达钱谷者发遣,从本部试验收补。②

三部吏人的选用,都有自己特殊的方式。具体于刑部,刑部吏人的选用,需要遵循"公选"的原则,即不允许像其他部门一样自行勾补令史,而只能从载入籍册的候补名单中公推。大德九年,这一"公选"原则进一步适用于从正从九品文资流官中擢用吏员的情况。甚至,元朝政府还规定,"六部令史如正从九品不敷,从八品内亦听选取"③。

与其他五部一样,刑部吏员考满之后,可以依例出职,即取得品秩并具有任官的资格。不过,不同时间,吏员出职所授予的品级并不相同。

至元六年前,考满需一百二十个月,相当于十年,方许出职,时间过于冗长。至元六年后则重新调整了吏员出职的时间,规定

---

① 《元史》卷83《选举三》,第2083—2084 页。
② 《元史》卷83《选举三》,第2075 页。
③ 《元史》卷83《选举三》,第2071 页。

"中统四年正月已前，收补部令史、译史、通事，拟九十月为考满，照依已除部令史例，注从七品，回降正八一任，还入从七。中统四年正月已后，充部令史、译史、通事人员，亦拟九十月为考满，依旧例正八品职事，仍免回降"①，即如是中统四年以前为部令史、译史、通事者，则以九十个月为考满，注从七品，但必须再历正八品职位一任，才能回从七品职位任职。中统四年以后入职者，则九十个月考满直接出职为正八品。

至元九年后，吏员出职时间进一步缩短，吏礼部重新调整了部令史、译史和通事的出职时间，以两考，即六十个月为准，"注从七品"，若不满两考出职者，一考以上，"验月日定夺"，一考之下，二十月以上者授正九品，十五个月以上者从九品，十个月以下者则仍无法出职，需进一步充任提控案牍，通事、译史则充任巡检。但是，两考出职的速度似显过快，元朝政府随后又将出职改回三考，最终定下"部令史、译史、通事三考从七。一考之上，验月日定夺。一考之下，二十月以上者正九，十五月以上从九，十五月以下令史提控案牍，通事、译史巡检"②的规定。

部令史还可能被更高级的衙门选去充当高品衙门令史。至元十一年，元朝政府规定："有出身人员，遇省掾有阙，拟合于正从七品文资职官并台、院、六部令史内，从上名转补。翰林两院拟同六部令史有阙，于随路儒学教授通吏事人内选补。枢密院、御史台令史、省掾有阙，从上转补，考满依例除授，又于正从八品文资官及六部令史内转补。省断事官令史与六部令史一体三考出身，于部令史内发补。"③十四年，通政院成立，"与台院令史一体出身，于各部令史内选补"④，十五年又允许翰林院、翰林国史院"令史同台令史一

---

① 《元史》卷84《选举四》，第2099—2100页。
② 《元史》卷84《选举四》，第2100页。
③ 《元史》卷83《选举三》，第2073页。
④ 《元史》卷83《选举三》，第2073页。

体出身，于各部令史内选取"①。由于贡补吏人水平参差不齐，"若不教养铨试，必致人材失真"②，因此至元十九年元朝政府统一了吏人逐级替补的顺次："中书省掾于枢密院、御史台令史内取，台、院令史于六部令史内取，六部令史以诸路岁贡人吏补充，内外职官材堪省掾及院、台、部令史者，亦许擢用。"③ 不过，从附表三的蛛丝马迹看，这一逐级替补的规定并没有得到严格执行。

部令史、通事、译史外，还有六部奏差。按照规定，"奏差三考从八品。一考之上，验月日定夺。一考之下，二十月以上巡检，十五月之上酒税醋使，十五月之下酒税醋都监"④。铨写、典吏一般无法直接出职，而是在各部门的吏目内迁调，替补为令史或其他吏职，然后才能进一步出职。就《元史·选举志》中的记载来看，六部铨写、典吏的去处往往如表 3-7 所列。

表 3-7　　　　　　　　　　六部铨写、典吏迁转

部铨写、典吏转补去处	依据
参议府、左右司、客省使令史、书写	参议府、左右司、客省使令史、书写，四十五月转补，如补不尽，于提控案牍内任用，于各部铨写及典吏内收补
中书省书写、典吏	会总房、承发司、照磨所、架阁库典吏，各部铨写，六十月转补，已上，都吏内任用/省部见役典吏实历俸月，名排籍记，遇都省书写、典吏有阙，从上挨次发补
各监令史	各部典吏并左右部照磨所、架阁库典吏，于都省参议府、左右司、客省使令史、书写内以次转补，如补不尽，六十月转补各监令史，已上，吏目内任用/六部铨写、典吏并左右部照磨所、架阁库典吏，一考之上，遇省书写、典吏月日补不尽者，六十月转补寺监令史/少府监令史，拟于六部并诸衙门考满典吏内补用

---

① 《元史》卷 83《选举三》，第 2073 页。
② 《元史》卷 83《选举三》，第 2072 页。
③ 《元史》卷 83《选举三》，第 2071—2072 页。
④ 《元史》卷 83《选举三》，第 2070 页。

续表

部铨写、典吏转补去处	依据
六部自用	省、院、台、部书写、铨写、典吏人等出身，与各道宣慰司、按察司、随路总管府岁贡吏员一体转补；六部铨写、典吏一考之上选充，三折二令史、书写月日，通折四十五月转补各部令史
宣慰司奏差及各库（万亿库、宝钞库等）攒典	部典吏一考之上，转省典吏，补不尽者，三考补本衙门奏差，两考之上发寺监宣慰司奏差外，据六部系名帖书合与都省写发人相参转补各部典吏，补不尽者，发各库攒典

资料来源：该表由《元史》的《选举三》和《选举四》相关内容整理而成。

最后，刑部司狱司中还有狱典一职。按大德九年规定，"狱典历一考之上，转各部典吏"[①]。也就是说，刑部狱的狱典历一考三十个月，可转为典吏。以上诸吏职的出职及迁考规则表明，同为一部吏员，其不同职位地位之间仍有高下。吏人之中，以令史、通事、译史地位最高，考满即可出职，奏差次之，出职品级稍微降低。典吏、书写、铨写又次，须先转为其他可出职吏职，然后再行出职。地位最低为狱典，须先转为典吏，然后才能寻求出职之路。

第四节 《刑部第三题名之记碑》的基本情况与价值

以上三节对元代刑部官吏的编制、基本信息及选调、迁转问题进行探讨，其中大量使用了《刑部第三题名之记碑》这一现存石刻文献。本节拟对此碑的基本情况及其重要价值作进一步介绍。

前文中提及的《刑部第三题名之记碑》，于2004年出土于天安门城楼前的东观礼台后夹道地下1.5米深处，后来存放在北京石刻艺术博物馆，即原五塔寺景点中，在今天的国家图书馆和动物园附

[①] 《元史》卷83《选举三》，第2085页。

近。据介绍，此碑出土时，碑身与座分离，自然仆地，左下角已断裂为数块。后经修缮，基本恢复首身一体，较为完整的原貌。碑形状方首抹角，有梯形素面方座，汉白玉质地，元代风格非常明显。此碑通高225厘米，宽82厘米，厚21厘米，碑首浅平雕二龙戏珠，圭形额际。边框缠枝花，双面刻字。① 碑首圭形额内以篆书刻题目"刑部题名第三之记"，其下有题记约500字，题记下为官员题名，分尚书、侍郎、郎中、员外郎，刻工较为精美，且有浅线分栏作界。碑阴为刑部吏人题名记，可辨认者有提控令史、令史、知印、奏差、誊写、首领官、回回令史、书写、典吏等职，并有司狱司、司籍所这两个刑部附属机构的吏员题名。碑阴题名始初尚章法有序，而后自右而左、自上而下渐显杂乱无章。

碑首题记，由危素撰写，詹事院经历潘遹书丹并题额，落款时间在元至正二十三年闰（五）月甲午。该题记除碑上刻写外，不见于其他任何记载，包括元末熊梦祥所编《析津志》及后来北京地区的其他方志，也不见于危素本人的文集收录，具有十分重要的史料价值，可补前述收录之不足。危素在题记中称"至正十有五年，余承乏工部，尝记刑部题名"，是指前文所提到的收于《析津志》中的《中书省刑部题名续记》。《续记》原碑已佚，立于至正十五年，到了二十三年题名刻满，于是"更砻新石"，重新刻写了这块《刑部第三题名之记碑》。

题记之下，是至正二十三年之后在刑部任职官员——尚书、侍郎、郎中、员外郎的相关信息。就目前碑文中仍能辨识的题名看，尚书部分刻有41个名字，侍郎部分刻有35个名字，郎中部分刻有21个名字，员外郎部分刻有34个名字。碑阴部分刻写凌乱，可辨识者有提控令史7人，令史58人，知印8人，奏差11人，书吏13人，誊写2人，首领官2人，回回令史3人，司狱司狱丞2人，司籍所4人，同提领1人，书写25人，典吏2人。部分官吏姓名重复出现不

---

① 详见刘卫东《〈刑部题名第三记碑〉考》，《北京文博文丛》2014年第3期。

止一次，显示其在此石碑存续期间有再任或升迁的情况。值得一提的是，碑阴并非自始完全杂乱无章，而是自右而左、自上而下渐显杂乱无章。杂乱无章处刻名不题其职，字体大小深浅不一，还存在一名多刻的情况，由此我们猜测，最后这部分杂乱无章的刻名（如图3-3、图3-4、图3-5），当在元朝中央政府撤出大都前后所刻。其上人名多与前面刊刻工整部分的吏人姓名重合，可能是因主要中央官员已经追随顺帝北逃，留下了大量不能随行的吏人，故他们开始在碑阴剩余空白处匆匆刻下自己的名字，形成我们今日看到的《刑部题名第三之记碑》碑阴左下角杂乱无章的刊刻名字。刘卫东的文章认为该碑至迟到至正二十七年，彼时距离元顺帝撤离大都已经

图3-3 《刑部第三题名之记碑》碑阴刊刻杂乱无章处
（拓片，局部）

122　元代刑部研究

图3-4　《刑部第三题名之记碑》碑阴刊刻杂乱无章处（局部）

图3-5　《刑部第三题名之记碑》碑阴刊刻杂乱无章处（局部）

不足一年，当没有再立新碑的可能。其说为是，且从上述题刻的角度看，此《刑部第三题名之记碑》尚未刻录完时，元朝政府已经濒临撤离大都，由此也就不可能存在第四碑了。具体相关信息见附表四。

此碑的发掘，在北京地区考古学上具有相当重要的意义。此碑是目前出土元代官员题名碑中最高级别的。徐苹芳曾在其文章中指出元代后期的中书省的省址，应该在五云坊内，亦即今天的劳动人民文化宫。此碑的出土，印证了徐苹芳的考证，前文在此基础上进一步确证了六部部址。此碑出土后，经修缮和简单拓片后，被收进北京石刻艺术博物馆里。由于题材限制，学界对其关注少之又少。除刘卫东撰有《〈刑部题名第三记碑〉考》外，几乎无人问津。实际上，此碑的出土，对于整个元代中央机构的研究具有非常重要的价值。至正十二年兵兴之后，元朝就陷入了起义战争和军阀割据的战乱状态中，正如危素在碑文题记中所称"民畔而兵兴，海内鼎沸"，指的就是这一混乱的局面。在这种状态下，大量史料无法得到妥善保存，因此在元末，史料中残缺、毁损的现象较为严重。特别地，现存的许多史料都是经过明人加工整理之后所得，其内容是否属实、是否全面，都是存疑的。在这种情况下，原始石刻的出土就显得尤为重要，即便它作为一种孤证存在。

《刑部第三题名之记碑》所载，乃元代中央司法部门——刑部的事迹和官吏姓名。此碑建立，乃因在此之前刑部的两方题名记碑均已刻满姓名，故重立第三题名记碑，以刊刻继任刑部官吏的姓名。此前，刑部已经先后刊刻过两方题名记，分别为揭傒斯所撰《中书省刑部题名记》，危素所撰《续题名记》，均为元代方志《析津志》所收录。而从《析津志》及其他元人文集所收的大量元代机构"题名记"碑文来看，为机构立题名记在元代是一个时尚行为。

题名记文体，是一种广泛流行于宋元时代的碑刻记录文体。据一些学者的研究,① 题名记文体最早可以追溯到东汉时期,欧阳修《集古录》中就收录不少汉代题名碑,如《后汉杨震碑阴题名》《后汉孔宙碑阴题名》等。题名与题名记之间在内容上存在联系,应该说题名记是在题名的基础上发展而来。另外一种对题名记文体产生影响的是唐代以来的厅壁记,如刘宽夫的《汴州纠曹厅壁记》、朱熹的《漳州教授厅壁记》等。相当部分厅壁记的内容与题名记是一样的,以刻录相关人员姓名为主要内容。这部分厅壁记与题名记间最显著的不同之处在于,厅壁记主要题刻于官署墙壁上,而题名记则既可以题刻于墙壁上,也可以独立刻于石头。元代的题名记,是在继承唐宋基础上发展而来。在内容题刻方面,元代题名记与唐宋时期的题名记之间存在继承关系,其核心内容仍是以题刻相关人员姓名为主。

据宋景德三年(1006)马亮的《题名记序》称,刻写题名记是为了"庶几乎千载之下,知皇宋之有人焉"②,即利用石质材料本身的耐保存特点,为一事、一物或一机构的相关人员提供留名千载的机会。这应该是古往今来所有题名记的共同创作目的。据元至正十年(1350)的《翊正司题名记》称:"国家承平百年,文物大备,诸官署皆刻碑题名,以为故实。"③ 也就是说,国家承平日久,为了便于后世之于这段历史"文献足征",故刻碑题名,作为后世考证故实的依据。另外,至正十五年的《兵部续题名记》又指出刻立题名记碑的另一层意义:"向非有所纪载,则孰从而考之哉?又安敢望其

---

① 如王晓骊《宋代题名与题名记考论》,《北京社会科学》2016年第2期;梅华《宋代题名记的传承与发展》,《西北大学学报》(哲学社会科学版)2013年第6期,等等。目前来看,总论的文章并不多,多集中在宋代,以某具体题名记文作为研究对象的成果较多,元代题名记的相关研究成果较为少见。

② (宋)马亮撰:《题名记序》,载《景定建康志》卷13《建康表九》,清文渊阁四库全书本。

③ (元)危素撰:《翊正司题名记》,载《危太朴文集》卷4,《元人文集珍本丛刊》影印嘉业堂丛书本。

修子孙后世通家之好哉？"① 也就是说，题名记碑的存在，还有利于曾为同事的官吏们的子孙后代相互确认彼此，以通世家之好。题名记的教化作用，在王晓骊的《宋代题名与题名记考论》一文中已经指出，元代欧阳玄所撰《刑部主事厅题名记》也认为"否臧劝惩之道存于斯"②，是对题名记教化目的的肯定。

与此同时，元代题名记也在唐宋题名记基础上有进一步发展的趋势。

其一，较之前代，官方机构题名记在元代题名记的文种类型中异军突起。宋代是题名记文体发展较为发达的时代，据学者统计，两宋现存题名记有288篇之多，其中北宋82篇，南宋206篇。③ 两宋题名记大致可归纳为三类：游记类题名记，如黄庭坚的《石门寺题名记》、陈渊的《甘露寺题名记》、冯允之的《象耳山题名记》等；登科进士题名记，如郭份的《道州进士题名记》、朱熹的《建昌军进士题名记》等；官方机构题名记。到了元代，尽管前两种题名记仍得到一定程度的继承，如黄溍的《南山题名记》《诸暨州乡贡进士题名记》等，但一个与宋相异的显著特征是，官方机构题名记的数量异军突起，成为受到元代各级官府机构青睐的一种有规律的时尚文体，正如黄溍所称："官署之有题名尚矣。"④ 在元代，微至地方县衙六曹（如《当涂户曹掾续题名记》），尊至中央部门（如《中书省刑部题名记》《中书省右司题名记》等），无不流行刻石记名。有的部门甚至不满足于以一个整体撰写题名记，而又进一步进行部门细分，如刑部之下，又有《刑部主事厅题名记》；吏部之下，又有《吏部主事厅题名记》等；有的部门不仅一次刻写题名记，还在若干年内多次刻写题名记，如兵部现存有《中书省兵部题名记》碑文，刑部则有《中书省刑部题名记》《续记》《刑部第三题名之记

---

① （元）危素撰：《兵部续题名记》，载《危太朴文集》卷5。
② （元）熊梦祥著，北京图书馆善本组辑：《析津志辑佚》，第29—30页。
③ 王晓骊：《宋代题名与题名记考论》，《北京社会科学》2016年第2期。
④ （元）黄溍撰：《中书省右司题名记》，载王颋点校《黄溍全集》，第289页。

126 元代刑部研究

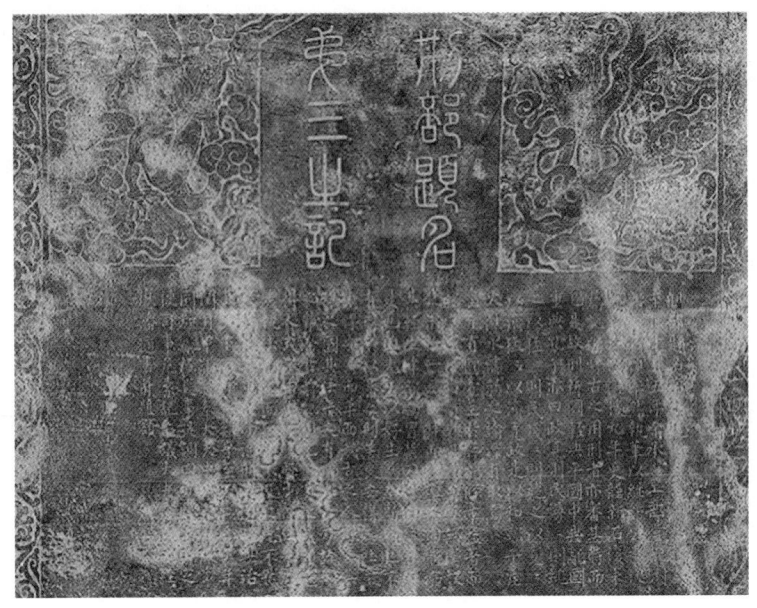

图 3-6 《刑部第三题名之记碑》碑首题记（拓片，局部）

图 3-7 《刑部第三题名之记碑》碑首题记（局部）

图3-8 《刑部第三题名之记碑》在博物馆中的
摆放位置（正面，全景）

碑》碑文，于此足见在诸多题名记类型的文本中，官方机构题名记受到元人高度重视。

其二，在元代，唐宋时期的厅壁记、题名记区分度进一步缩小，混同使用这两种记述文体的情况更为普遍，这从《中书省医厅壁题名记》等题名记的题目就可以看出。文体差别缩小的同时，题名记的行文格式也渐趋规范。一般来说，元代题名记由三部分内容构成：题目、题记和题名组成。其中，题目形式简单，往往以"某某题名记"的形式呈现。题记附于题目之下，篇幅多在三百到五百字间，

图 3-9　《刑部第三题名之记碑》在博物馆中的摆放位置（侧面，局部）

本书中所用《刑部第三题名之记碑》的所有图片，除拓片外，俱为作者于馆中亲自拍摄所得。因现存《刑部第三题名之记碑》的放置限制，其碑阴几乎倚墙，仅留一臂多宽的缝隙，因此拍摄难度较大，仅能拍到局部。

主要记载刻写该题名记的经过、目的，或称颂题名对象的起源本末和功德，如黄溍在《中书右司题名记》中便称赞"右司所掌，付受兵、刑之政，最号雄紧，而百工之事，尤为丛剧"，而其撰写此记的目的在"览之者，问其人，可以知其政……以寓夫规警之意而风厉焉"[1]；危素在《续记》中则直接指出刻写第二块刑部题名记的原因："后十三年书名已满，复谋砻石。"[2] 题记一般需要延请知名文人或高级官员撰写，如前述黄溍、危素，既是彼时高官，同时也是

---

[1] （元）黄溍撰：《中书省右司题名记》，载王颋点校《黄溍全集》，第 289—290 页。

[2] （元）熊梦祥著，北京图书馆善本组辑：《析津志辑佚》，第 29 页。

元代著名的文人。即使如《当涂户曹掾续题名记》，也是延请当时知名文人戴表元撰写，由此可见元人对立石题名一事的重视。题记下才是题名记的主体内容——题名者的姓名，有时候还会附有其官职、字等具体信息。

前揭刘卫东的文章曾经对碑记内容作过标点，但存在一些问题。本书在此重新将碑刻之文点校一遍，并附录于下，以供参考。

> 至正十有五年，余承乏工部，尝记刑部题名。顾率然执笔，以继钜公之后。方窃以为惧，后九年，更砻新石，复来属记。呜呼！古之用刑者，亦审其时而已。是故刑新国轻典，平国中典，乱国重典。孔子亦曰："政宽则民慢，慢则纠之以猛，猛则民残，残则施之以宽。宽以济猛，猛以济宽，政是以和。"郑子产"火烈水懦弱之论"①，深有取焉。
>
> 皇元有国，壹主于仁恕。条章益著，而恪守宪度者，实难其人。四方无虞，教化未洽。一旦民畔而兵兴，海内鼎沸，其轻生肆欲、触冒禁网者纷纷然皆是也。虽先王以好生为本，斯时也不有刑罚以齐之，则善良安得而吐气，犷悍安得而革面哉？古之人有言，"无赦之国其法平"，良有以也。兹乃论刑之难，余于前记固已备述之矣。司寇得人，式敬由狱②，以择贤才而任之，庶几执法平允而无过不及之患。不然，徒知用其重典而淫刑以逞，以此治其天下，不亦愈难乎？至正二十三年闰月甲午，通奉大夫、中书参知政事、同知经筵事、提调四方献言详定使司事危素记，奉议大夫、詹事院经历潘通书并题额。③

---

① 语出《左传·昭公二十年》："火烈，民望而畏之，故鲜死焉；水懦弱，民狎而玩之，则多死焉。"

② 语出《周官·立政》，"式敬尔由狱，以长我王国"，谓谨慎用刑、不致枉滥，可以巩固国本之意。

③ 原文并见《刑部第三题名之记碑》碑首。

小　　结

本章主要梳理了元代刑部官吏的相关情况。

第一节主要梳理了元代刑部官吏的编制情况，分析了不同时期刑部官吏员额的调整及其原因。其中特别关注元朝六部多首脑制下的分工问题，指出"升为头"的情况不但存在于二品以上的高品衙门中，六部尚书同样存在"升为头"的分工事实。吏员编制的探讨中则特别利用了《刑部第三题名之记碑》，其中所载的"提控令史"和"誊写"为其他史料所罕见，本节一并进行了探讨。

第二节是对附表一到附表四的综合分析。本书在搜集刑部官吏信息时，将之分门别类整理为五大附表，附表一为刑部官吏的基本信息和文献出处，附表二为刑部官吏学历、籍贯、族属一览表，附表三为刑部官吏迁转表，附表四则是对《刑部第三题名之记碑》中的官吏信息的整理。可以说，四张附表基本涵盖了目前可见所有刑部官吏的信息。而通过对诸表的分析，可以对刑部官吏的构成有更深的认识。我们发现，族属问题在元代刑部中并非最突出的问题，亦即蒙古、色目虽对于汉人、南人而言确有优势，但非显然，且这种差距在逐渐缩小，更为突出的是家庭背景、学历等对刑部官员仕途升迁的影响。对附表三等数据进行再深入分析还可以看到，刑部官员普遍存在吏职任职时间长，任官迁转频率高的特点。而且在刑部充任中高级官员者，其任职往往在其仕途的中后期，符合宋子贞提出的"老于刑名者"的选拔标准。

第三节探讨刑部官吏的选调与迁转问题。通过梳理史料确认刑部官吏的升迁标准和要求，因刑部尚书为三品大员，不拘常选，因此其任命常由中书省宰执商议决定。即使如此，确定刑部尚书人选仍有其标准，"老于刑名"和"持法平允"是其不二法则。因元代刑部的职能构成中，还包含治安管理监督以及必要时带兵剿匪等，因此对军事才能的考量也构成元代刑部尚书的选拔标准。从军队将领中选拔刑部官员成为元代刑部用人的一大特色。

第四节是对《刑部第三题名之记碑》的介绍。因该碑的主体内容为刑部官吏题名，因此放在第三章，与其他刑部官吏问题一并探讨。本节附有相关碑文图片，且对此前碑首题记进行重新点校，更正部分错误。

第 四 章

静态视角下的元代刑部职能

机构存在的意义，在于其被赋予的特定职能。刑部的存在，本身就是为了履行某些政府的职能。元代刑部的职能范围与唐宋以来的有所重合，但是，特殊的统治政策以及具体的部门职能优化又使得元代刑部的职能发生了一些变化。这种变化既是其内在机制运转与调和的产物，也是元代特殊的统治政策，特殊的部门分工所导致的。这一调整和变化，甚至还对后来明代刑部的设置产生了影响。

第一节 元代刑部的基本职能及其调整（一）

依《元史·百官志》的记载，元代刑部的总体职能是"掌天下刑名法律之政令。凡大辟之按覆，系囚之详谳，孥收产没之籍，捕获功赏之式，冤讼疑罪之辨，狱具之制度，律令之拟议，悉以任之"[1]。这一职能与前代刑部的职能有若干相近之处，但也有所变化。前代刑部职能列如下表4-1。

---

[1] 《元史》卷85《百官一》，第2142—2143页。

表 4-1　　　　　　　　　　唐、金两朝刑部职能

时代	总负责	职位	基本职能
唐	刑部尚书 刑部侍郎	刑部尚书	掌天下刑法及徒隶句覆、关禁之政令。……尚书、侍郎总其职务而奉行其制命
		刑部侍郎	
		刑部郎中	举其典宪而辨其轻重
		刑部员外郎	
		都官郎中	掌配没隶，簿录俘囚，以给衣粮、药疗，以理诉竞、雪免
		都官员外郎	
		比部郎中	掌句诸司百寮俸料、公廨、赃赎、调敛、徒役课程、逋悬数物
		比部员外郎	
		司门郎中	掌天下诸门及关出入往来之籍赋，而审其政
		司门员外郎	
金	刑部尚书 刑部侍郎 刑部郎中	刑部员外郎	一员掌律令格式、审定刑名、关津讥察、敕诏勘鞫、追征给没等事
		刑部员外郎	一员掌监户、官户、配隶、诉良贱、城门启闭、官吏改正、功赏捕亡等事

说明：此表从《唐六典》和《金史·百官志》中总结得出。

对比上述唐、金的刑部职能可以看到，元代刑部的部分职能是三代共同具有的，如一定的立法权，查抄没官财物和奴隶的管理权，死刑案件的复核权，冤案的拨乱反正等。但较之于前朝，元代刑部也出现职能上的重新调配，如唐、金共有的司门之职，元代刑部则不再具备，而金代刑部开始出现的"功赏捕亡"职能，元代则不但有所继承，甚至还得到进一步的发展。单从前述简介还不能全面地看出元代刑部职能调整后的情况，结合更多的史料考察元代刑部会发现，即使共同拥有的权力，元代刑部也与前朝刑部有所不同，这不但是元代特殊的政治现实造成的，某种程度上，也是唐代以来六部体系不断调整和完善的结果。

对元代刑部职能的考察，可从唐、金、元三代刑部共有的职能部分进行分析。

一 立法权

立法权是刑部最重要的职能之一，唐、金、元三代刑部都拥有程度不等的立法权。不过，所谓刑部的立法权，并非指其独立承担全部立法事务。刑部因其在政权体系中具备专业技能，拥有长期司法经验的优势而具有了一定的立法权，但其立法权，是服从、服务于更高级的皇权、相权的立法权，具体主要表现为皇帝、宰相在立法时对刑部草拟意见的参考和采纳。因此，尽管刑部本身并无立法上的最终决定权，但又往往在立法过程中扮演着极为重要的角色，起着重要的咨询、建议的作用。元代刑部同样拥有这种立法权，其参与立法的具体方式，既与其他朝代的刑部有共性，又有其特殊之处。

其一，与其他朝代的立法情况不同的是，终元一代并未产生一部如《唐律》《宋刑统》《大明律》般的成文律典，而是采用"一事一法"的判例法[①]来处理具体案件。这种特殊的"法官造法"局面，使得元代刑部的"部拟"权既是司法审判的一部分，也是在完成断例层面的"立法"，最终产生具有司法效力的判决例。在具体司法中，"部拟"权虽非终审裁决，其完成审理和判决工作后，还要进一步上报中书省，取得中书省的终审认定乃至皇帝的肯定，而后判决始能成例。但是，在绝大多数情况下，皇帝、中书省一般会尊重刑部的"部拟"，即使在元初，中书省会在刑部判决的基础上，对绝大多数判例进行加减，但总体而言只是量刑上的变化，较少干涉案件审理和认定，故而在"法官造法"的判决例"立法"中，刑部同样

---

① 值得注意的是，元代采用"一事一法"的判例法，并不代表它完全没有成文法。事实上，元代的法律体系是以判例法为主，以成文法为辅。当在一个具体的司法领域，积攒了足够多的判例和经验后，元朝政府就会根据其某些共通的性质制定成文法，如在强窃盗犯罪问题上，就形成了大德五年（1301）的《强窃盗贼通例》的成文法。但与传统律令法典不同的是，元朝的成文法并非其立法终点，在接下来的司法实践中又会因新的情况而产生新的判例，并进一步促使其成文法的修改，如大德五年的《强窃盗贼通例》之后，元代又经过一系列的司法实践，形成延祐年间新的《盗贼通例》，调整了其中大德五年某些具体刑罚和规定。

起了非常重要的作用。以《元典章》中"刑部卷"的相关断例为例,据笔者统计,"刑部卷"收录中书省和刑部参与终审决断的个案判决例①总计281则,其中,中书省完全"准部拟"的判决例有242则,占总数的86.1%。在刑部意见基础上略作微调,"余准部拟"的判决例有30则,占总数的10.7%。完全驳斥刑部意见,或在刑部意见基础上作重大调整的判决例仅9则,占总数的3.2%。

其二,除了裁决个案外,地方政府在管理过程中遇到普遍司法指导原则问题时,通常也会向中书省"作疑咨禀",或因事无通例而向中书省请示。此时,中书省会将地方的问题判送刑部,由刑部定拟处理意见,最终形成可通行示范的"通例"。

"通例"包括单行法规。以《强窃盗贼通例》为例,在大德五年(1301)版的《强窃盗贼通例》中,关于窃贼的规定是:"诸窃盗:始谋未行者四十七,已行而不得财五十七,十贯以下六十七,至二十贯七十七,每二十贯加一等,一百贯徒一年,每一百贯加一等,罪止徒三年。盗库藏钱物者,比常盗加一等。赃满至五百贯已上者,流。"②这一规定将所有窃盗行为视为一个整体,并不区分特殊情况。这种无差别的盗窃行为认定显然有失笼统,于是在大宗正府也可札鲁忽赤的干预下,官方开始在一般意义的窃盗中区分出偷牲口的特殊情形,即当所偷为骆驼、马匹、牛羊乃至驴、骡、猪、羊等牲口时,应当另立处罚刑。至大四年(1311),也可札鲁忽赤便据此重新拟定了偷牲口相关的罪刑,对牲口类盗窃行为重新作认定,形成《拯治盗贼新例》。但是,这种不分首从的"一体断"的做法,"恐差池的一般有",于是也可札鲁忽赤又向中书省呈递文书,要求完善这一立法漏洞。据此,刑部提出建议,可以以一般窃盗罪为参考,"比例科以首从之罪"。这一建议受到皇帝认可,随后被采纳进

---

① 此处所指个案判决例,是指明确解决具体司法案件的判决例,而不是解决一般的、抽象的、治国理政中所需的普遍司法指导原则的判决例。

② 《元典章》卷49《刑部十一·强窃盗贼通例》,第1625页。

延祐二年（1315）的《处断盗贼断例》，并最终为延祐六年（1319）新的《盗贼通例》所沿用。①

有时候，"通例"并非单行法规，而是某一时一地，或某一具体案例，根据需要上升为通行全国的通用判例。这时候，中书省会将其送达刑部，征求刑部的意见。一旦为刑部认可并被中书省所接受，这种通例便在全国范围内具有法律效力，因此，这种认可实际上也是刑部立法权的构成之一。以《元典章》的"老疾赎罪钞数"为例，在元贞元年（1295）之前，元朝各地关于年老或笃疾之人的赎罪钱数并无统一规定，各地依当地惯例具体科收。最先提出统一赎罪钞数意见的是陕西汉中道廉访司，该司向其直属上级报告提出了这一要求，御史台根据廉访司意见呈文中书省，中书省则将之转递刑部，要求具体议拟。刑部对此提出了一个统一标准，得到中书省批准，成为通行全国的案例。此案例直到元末仍得遵行，《至正条格》中仍采纳这一规定。②

又如大德七年，针对贪腐事弊，江浙行省官员胡平仲上陈解决徇私舞弊之策。中书省判送刑部，刑部议得："今之官吏贪邪奸梭者，自知有过，必加谄媚，监临问事官司以为慕己，更或窥伺所好，私第营求，必得举明。其律身廉洁者，心既无慊，耻于趋迎，及称简傲，百端寻事，证辱被害，诚如所言。以此参详：问事官员因公挟私，致有枉人入罪者，验轻重断罪降叙相应。"中书省最后准其所拟，"咨请遍行合属"③。

其三，制定以判决例为基础的"通例"，某种程度上看只是一种被动的立法行为，一般由地方部门根据其司法需求而主动提出拓宽判例适用范围，进而使个案成为通例。除此之外，刑部也有可能主动立法，制定禁令，设范立制。

设范立制主要包括两类。第一类，根据中央派遣巡回各地的奉

---

① 事见《元典章·刑部十一》的"盗贼各分首从"例。
② 事见《元典章·刑部一》的"老疾赎罪钞数"例和《至正条格·条格·狱官》的"老幼笃废残疾"例。
③ 《元典章》卷48《刑部十·罗织清廉官吏》，第1617—1618页。

使宣抚反馈的意见，或其他部门初拟的草案作为制定依据，如"诸犯二罪俱发以重者论"条，就是针对《赃罪十二章》中未明载的情况——"一罪先发，已经断罢，余罪后发，系在被断月日之前"①——所进行的补充。又如"豪霸红粉壁迤北屯种"一则，则是依据江西奉使宣抚巡按后反馈的建议制定的禁令。江西奉使宣抚称，"有一等骤富豪霸之家，内有曾充官吏者，亦有曾充军役杂职者，亦有泼皮凶顽者"，勾结官府，欺男霸女，妄兴横事。在依法对这些豪霸进行惩处的同时，奉使宣抚同时建议要下禁令，"严禁各处行省已下大小官吏，非亲戚不得与所部豪霸等户往来交通，受其馈献一切之物"。对此，刑部"合准奉使宣抚所拟，严加禁约"，并规定了违犯之人所应承担的罪责。②

其他部门初拟草案的情形，如御史台在至元二十九年（1292）七月制定的"出首取受定例"，即由御史台初拟意见，然后交由刑部再议拟，最后由中书省批准。试举其中一则为例："本台呈：'官吏首讫取受，止合免断，不合复令勾当，及依例叙用'。刑部议得：'官吏出首取受之赃，既以准首免罪，难议降黜，依例标附过名。若职官再犯，量事轻重科断黜降。吏人再首，无问所收赃物多寡，勒停'。前件议得：依准部拟施行。"③

第二类，是刑部在日常实践中，根据圣旨或其他实际情况主动制定的禁令规范。如关于"重刑结案"事，刑部就设立按察司等圣旨后附加条画，形成"重刑结案"的完整规定："以此参详：今后重刑，各路追勘一切完备，牒呈廉访司仔细参详始末文案，尽情疏驳。如无不尽不实者，再三复审无冤，开写备细审状回牒本路，抄连元牒，依式结案。"④

---

① 《元典章》卷46《刑部八·赃罪十二章》，第1567页。《至正条格·条格·狱官》有"二罪俱发"条的相关记载，与《元典章》内容同，措辞略有差异。
② 事见《元典章·刑部十九》的"豪霸红粉壁迤北屯种"例。
③ 《元典章》卷48《刑部十·出首取受定例》，第1608页。
④ 《元典章》卷40《刑部二·重刑结案》，第1378页。

根据其他实际情况主动制定的禁令规范，往往由个案出发，对个案中遇到的法律问题进行总结，抽象出具有普遍指导意义的禁令规范。如至大四年，陕西行台河西陇北道廉访司称其所管地方的站户因灾情而鬻卖亲属。刑部在处理其案的同时，又再次严申"所有权豪势要人家典买站户儿女为驱，即系违法……拟合改正，给亲完聚，免征元价"①，使陕西地方站户个案的处理结果成为全国范围内通行的禁令。

最后，在前述立法活动的基础上，元朝官方往往还会进一步汇集整理累朝格例，形成并颁行诸部法典式法律汇编。在这些法律汇编的刊定中，刑部官员也起了非常关键的作用。以记载较详的《大元通制》的刊定情况为例，直接参加编定《大元通制》的刑部官员就有时任刑部尚书的谢让，"中书省纂集典章，以让精律学，使为校正官"②；刑部尚书王约，"尝奉诏与中书省官及他旧臣，条定国初以来律令，名曰《大元通制》，颁行天下"③；还有刚刚调离刑部侍郎，"俄拜侍御史，同刊定《大元通制》"④ 的曹伯启等。《大元通制》成书刊布后，到了顺帝即位之初，又有刑部官员苏天爵上《乞续编〈通制〉》⑤，要求进一步完善法律汇编，最终形成元朝第二部法律汇编《至正条格》。

不唯如此，元朝中央的立法活动，有时也会在刑部，而非在中书省展开。如《元史·赵孟頫传》就提到了"诏集百官于刑部议法"⑥

---

① 《元典章》卷57《刑部十九·站户消乏转卖亲属》，第1883页。
② 《元史》卷176《谢让传》，第4111页。
③ 《元史》卷178《王约传》，第4142页。
④ （元）曹鉴撰：《大元故资善大夫陕西行御史台中丞赠体忠守宪功臣资政大夫河南江北等处行中书左丞上护军追封鲁郡公谥文贞曹公神道碑铭》，载曹伯启《曹文贞诗集》后录，清文渊阁四库全书本。
⑤ （元）苏天爵撰：《乞续编〈通制〉》，载《滋溪文稿》卷26《章疏》，第434—435页。
⑥ 《元史》卷172《赵孟頫传》，第4018页。赵孟頫的行状《大元故翰林学士承旨荣禄大夫知制诰兼修国史赵公行状》（杨载撰，附于《赵孟頫集》，第517页。）记载与此同。

的情况。以此观之，在整个元朝的立法活动中，刑部都发挥了极其重要的作用。

二 司法权

司法权是构成刑部职能的又一大关键部分。刑部是具体直接的司法部门，其司法参与度与前代刑部相比，均属空前。这不仅表现在前文所述的元代特殊的"立法即司法"的现象中，也表现在如下两个方面。

其一，元代无前朝大理寺之设，因此死刑、重大疑难案件之审判、复核权均在刑部，就这一角度看，元代的刑部几乎履行了前朝大理寺和刑部的双重职能，权力自然大涨。据《唐六典》载，唐代的大理寺，"掌邦国折狱详刑之事"，"凡诸司百官所送犯徒刑已上，九品已上犯除、免、官当，庶人犯流、死已上者，详而质之，以上刑部，仍于中书门下详覆"[1]。另据《金史·百官志》载，金代的大理寺，所掌亦"审断天下奏案、详谳疑狱"[2]，实际上履行与唐代大理寺一样的职能，即对天下重案特别是死刑案件的终审。唐、金时期的刑部主要履行司法行政职能，在司法领域中不过复核大理寺案件并上报上级而已，并不直接干预司法审判。这一做法在元代因无大理寺之设而改变，元代的刑部则同时承揽了复核权及大理寺的司法审判权，并直接将结果上报中书省，不再分权。这一变化已得到很多学者的关注，清末沈家本在其《历代刑法考》中即已指出这一现状："自大理裁而刑部置狱，司法、行政遂混合为一，不可复分。"[3]

不过，元代并非自始至终不曾设置大理寺。元朝仅在很短的时间内设置过大理寺，几乎可以说旋置旋废。在忽必烈取得汗位伊始，

---

[1] 《唐六典》卷18《大理寺鸿胪寺》，第502页。
[2] 《金史》卷56《百官二》，第1278页。
[3] （清）沈家本：《历代刑官考》，载《历代刑法考》，商务印书馆2011年版标点本，第525页。

一度曾使用大理寺作为新朝官号。据《中堂事记》载，在中统二年（1261）左、右三部设立后，中书省曾一度任命郑汝翼为大理寺丞，其任命制词曰："某官法律深明，台寺遍历。常谨少恩之戒，共推断狱之平。任此旧人，弼予新政。可特授某官。宜在簿书之际，更详朱墨之工。"①

从《四库总目提要》看，郑汝翼自幼学律，为前金律科出身，任刑部检法，曾于中统四年作《永徽法经》对比唐、金二朝律，后来清代薛允升所作的《唐明律合编》即模仿其体例而作，不过《永徽法经》现已不存。以此观之，郑汝翼对金朝法律当很熟悉。中统二年，诸制草创，新建立的元朝政府在比附金朝制度的基础上初步建立起自己的统治体系，其任用郑汝翼为大理寺丞，当是比附前金大理寺，以郑汝翼一起协同参与案件的审理工作。不过，即使是这个时候，恐怕大理寺也不是一个独立于右三部之外的司法机构，甚至不存在大理寺这一机构，而仅仅是元初借用这一官职来授予像郑汝翼这样精于刑名之人，这从王恽的记载中只字不提大理寺卿、少卿等诸官职的情况可见一斑。这个官职具体用到何时，郑汝翼之外是否还有人任大理寺丞，已经不得而知，可以肯定是，大理寺的相关称法很快则从元代官制中消失。此后，"掌领旧州城及畏吾儿之居汉地者"②的都护府曾于至元二十年一度改称大理寺，秩正三品，但很快又于二十二年改回"大都护"，此后元代则不复再有大理寺。

元既废大理寺，原本分属于大理寺的司法职能自然需要归并到唯一的司法部门刑部（此时忽必烈尚未置大宗正府）。据《元史·百官志》载，元代刑部的职能，包含"大辟之按覆，系囚之详谳，孥收产没之籍，捕获功赏之式，冤讼疑罪之辨，狱具之制度，律令之拟议"③，其中，"大辟之按覆""系囚之详谳""冤讼疑罪之辨"

---

① （元）王恽：《中堂事记》，载《王恽全集汇校》，第3426页。
② 《元史》卷89《百官五》，第2273页。
③ 《元史》卷85《百官一》，第2142—2143页。

等职能，很明显是吸收原大理寺"折狱详刑"①后的结果。

其二，除因司法权合并而造成元代刑部司法权扩张之外，特殊的行省制度亦使元代刑部拥有部分地方司法权。在行省制下，腹里地区由中书省直接管辖，因此元代的中书省，既是全国最高行政机关，又是腹里地区的地方最高行政机构，在腹里地区履行相当于其他地方行省的职能。这一特殊的制度设计使得刑部除了拥有中央司法部门的身份外，还兼具腹里地区最高司法机构的地位。根据这一制度，元朝的案件在地方归勘明白后，需进一步呈报者，"在外路分申禀行省，腹里去处申达省部"②。据此可以发现，元代刑部是历代刑部中唯一具备地方司法权的特例。

自元初，刑部便已拥有这一特殊权力。从《元典章》中可以看到，元初有些判例案情简单、情节亦不算严重，但腹里地区的案件，地方官府仍上报刑部（右三部、兵刑部）请求审理和判决，反映出刑部作为腹里地区地方司法机构的一面。如《元典章》中"刀刃伤人"一案，发生于至元三年，情节简单，即陈某以刀扎伤杨青事，属普通伤人案件。至元四年，又有漆仲宽打伤王璋案，以及其他官吏、军人互殴等案，均与前案类似，乃极为普通之细案，却仍一一报禀刑部，由刑部最终处理。此后，随着中书省和刑部下发的判决例、通例数量的增多，这种事事细禀的现象有所减少，刑部才逐渐减少了对腹里地区地方司法权的直接干预。至元二十八年，中书省奏准《至元新格》内一款，正式确定腹里地区除疑难案件咨禀外，仅有"配流、死罪，依例勘审完备，申关刑部待报"③，直到此时，刑部在腹里地区的司法权限方始见条画。

刑部这一特殊司法权，与元初的政治现状有关。中统到至元年间设计这一制度时，南宋尚未灭亡，元朝中央政府能够稳定行使政

---

① 《唐六典》卷18《大理寺鸿胪寺》，中华书局2014年，第502页。
② 《〈至正条格〉校注本·条格》卷34《狱官·红泥粉壁申禀》，第146页。
③ 《元典章》卷39《刑部一·罪名府县断隶》，第1333页。

治权力的疆域，也大体只有中书省直辖的腹里地区。① 稳定的统治，意味着对法治需求的上升，因此刑部首先得以在腹里地区发挥其司法职能。现在能看到的至元十三年前的司法判例，绝大多数案发于腹里地区，而由刑部进行终审。以《元典章》的记载为例，附表五统计了其中所有至元十三年前的司法判例，共计 111 则。其中，不属于腹里地区的司法判例仅有 8 则，分别为辽阳行省北京路 2 则，河南行省（经略司）南京路 3 则，陕西行省延安路、延长县、神木县各 1 则，其余判例均为腹里地区司法判例。这一压倒性比例绝非偶然现象，一定程度上表明经过长期战乱之后，腹里地区首先恢复了统治秩序，刑部得以率先对这一区域的司法进行统一管理，因此其所产生的判例才具有相对持久性而非临时性，进而在后来仍有采纳或借鉴的意义。另外，从现实层面看，腹里地区诸路距离刑部所在地大都并不算远，在古代通信技术相对有限的情况，技术上允许地方政府将案件上报到刑部。

除制度原因之外，元初的刑部（右三部、兵刑部）之所以直接干预腹里地区的地方司法权，某种程度上也是为了重制新朝刑罚的需要。众所周知，蒙元初诸汗中，对汉文化接受度较高的当属忽必烈，这不仅是其长期驻扎汉地、与汉人打交道的结果，也是其宏图抱负的表现之一。早在宪宗蒙哥即汗位的第二年（1252），忽必烈驻跸桓、抚时，便开始对汉地紊乱的司法情况予以关注。彼时，汉地多由蒙古贵族、汉人世侯把持政务，难言法制。"宪宗令断事官牙鲁瓦赤与不只儿等总天下财赋于燕，视事一日，杀二十八人。其一人盗马者，杖而释之矣，偶有献环刀者，遂追还所杖者，手试刀斩之。帝（忽必烈）责之曰：'凡死罪，必详谳而后行刑，今一日杀二十

---

① 彼时南方尚有南宋占据，以至在至元十三年以前，元朝在汉地的大量疆域仍处于战时状态，特别是与宋境接壤的四川、河南、云南局部。又因漠北先有中统元年的阿里不哥之争，后有至元五年海都之乱，导致即使是其漠北大本营，也以应战备战为主，这种局面同时也对关陕地区的统治构成威胁。据此看，能够完全进行安定建设的也大致只有后来中书省管辖的所谓"腹里"地区。

八人，必多非辜。既杖复斩，此何刑也？'不只儿错愕不能对。"①这一案例反映了忽必烈之前蒙廷在汉地统治秩序之乱。因此，以汉地作为起家资本，决心施展宏图大业的忽必烈即位伊始，便对其实际控制的汉地提出重整刑名的要求，亦即王恽《中堂事记》中所载的《中统权宜条理诏》：

> 事匪前定，无以启臣民视听不惑之心；政岂徒为，必当举帝王坦白可行之制。我国家以戎旃而开建，于禁网则阔疏。虽尝有所施行，未免涉于简略。或得于此而失于彼，或轻于昔而重于今。以兹奸猾之徒，得以上下其手。朕惟钦恤，期底宽平。乃姑立于九章，用颁行于十道。比成国典，量示权宜；务要遵行，毋轻变易。据五刑之中，流罪一条似未可用。除犯死刑者依条处置外，徒年杖数，今拟递减一等。决杖虽多，不过一百七下。著为定律，揭示多方。②

这则《中统权宜条理诏》作于中统二年八月，由当时的参知政事杨果执笔，目前只能看到这一原则性的记载，其具体条理内容，王恽的笔记中只有"开条云云"，没有详细记载。不过从这一原则性内容可以确定，忽必烈即位之后即开始陆续改革当时的国家管理体制，到中统二年八月，正式对统一国家刑名提出了要求。统一国家刑名，是在参考金朝《泰和律》的基础上完成的。元朝政府以《泰和律》为基准进行援引比附，并按一定的方式将死刑以下的罪刑改为元朝特有的以"七"为尾数的笞杖刑。这一改制任务，就是由刑部（右三部、兵刑部）和中书省共同完成的。中统二年六月四日，中书省左、右三部正式建立，八月即立此诏，基本可以说，右三部自成立之时便开始着手参与新朝统一刑名的改革，具体的做法，正如附表五所统计的，是

---

① 《元史》卷4《世祖一》，第58页。
② （元）王恽：《中堂事记》，载《王恽全集汇校》，第3431页。

要求各地将涉及刑事的案件统一上报中央,由刑部进行终审。一俟终审发还原地,其判例便可作为该地法律依据处理日后可能遇到的同类案件。又因为刑部这一特殊的双重身份,部分典型的、同质性强的判例甚至可以进一步成为全国通行的通例,这也可以解释为何《元典章》中保留的大量元初判例都来自腹里地区。①

三 管理没官奴婢和财产

管理没官奴婢和财产是唐、金、元三代刑部又一共有的职能。所谓没官奴婢和财产,指的是某人因触犯某罪名后被判处籍没刑,其妻孥子嗣、奴婢财产被充入官府府库的情况。这种没官奴婢和财产在充入官府府库后需要建立管理之籍,此一建档、管理档案的工作便由刑部负责。

籍没之刑,经唐而宋,特别是南宋以后,已经逐渐退出国家的刑法之中,这与中原地区经济发展,人身依附关系松动,雇佣关系产生等经济因素有关。但在辽、金、元乃至后来的明、清诸朝,籍没之刑仍然盛行。② 元代的籍没刑,与早期蒙古帝国征伐过程中的掳掠分配和对怯战、叛逃人员的处罚有关。在《蒙古秘史》《史集》《世界征服者史》《元史》等记载早期蒙古帝国发达史的文献中,籍没刑的记载不绝如缕。《蒙古秘史》中记载铁木真被拥立为汗时,便

---

① 详见拙文《蒙汉文化的冲突与调适:以元代判例创制为例》,《炎黄文化研究》第19辑,大象出版社2019年版。

② 学界对元代籍没刑的研究颇见成果,详见陈高华、史卫民《中国政治制度通史·元》,李治安《元江南地区的籍没及其社会影响新探》(《社会科学》2016年第9期),乔志勇《论元代的人口籍没》(《元史及民族与边疆研究集刊》第31辑,上海古籍出版社2016年版),杨印民《元代籍没妇女的命运与籍没妻孥法的行废》(《史学月刊》2007年第10期)、《元文宗朝籍没政策及籍没资产对政府财政的作用》(《庆贺邱树森教授七十华诞史学论文集》,华夏文化艺术出版社2007年版),武波《元代法律问题研究——以蒙汉二元视角的观察为中心》(博士学位论文,南开大学,2010年)以及日本学者植松正的《关于元代江南豪民朱清、张瑄——围绕诛杀与财产官没问题展开》(《东洋史研究》1968年第27卷第3号)等。

提到全体将士对他的宣誓："作战时，如果违背你的号令，可离散我们的妻妾，没收我们的财产，把我们的头颅抛到地上而去。太平时日，如果破坏了你的决议，可没收我的奴仆，夺去我们的妻妾、子女，把我们抛到荒无人烟的地方！"① 这一朴素的誓言为日后蒙古法乃至元法所继承，如《纯只海传》中就提到太宗时有将领王荣意欲背叛，最后被处死并籍没妻孥财产之事。② 元文宗时籍没之刑有所减轻，"凡负国之臣，籍没奴婢财产，不必罪其妻子"③，但仍没有完全取消这一刑制。因此可以说，元代刑部对籍没奴婢和财产的管理是与元朝相始终的。

元代刑部对没官奴婢和财产的管理，包括两个部分。其一是建档管理。前章所述的司籍所正是刑部履行这一职能的相关部门。司籍所的前身是大都等路断没提领所，至元二十二年改，表明刑部在对断没奴婢和财产管理方面权力的扩大。其二，建档之外，刑部还实际地控制了某些没官的奴婢和财产，并兼具对没官奴婢和财产的处理权。一般而言，籍没重罪，通常由皇帝或中书省判处。被判处籍没的奴婢和财产会先由皇帝或中书省进行分配，包括赏捕告者，转赐其他贵族、大臣或先分配入皇室内府，剩下的部分才会交予刑部管理，如籍没权臣阿合马的妻孥赀产后，忽必烈就"敕籍没财物精好者及金银币帛入内帑，余付刑部，以待给赐"④。

如果其他部门需要这些没官奴婢和财产，可以向刑部提出申请，在中书省批准的情况下，刑部可以对这些奴婢和财产进行处置。《上都国子监题名记》记载了泰定二年（1325）上都国子监建成之后向

---

① 《蒙古秘史》第 123 节，第 177 页。
② 《元史·纯只海传》："同僚王荣潜畜异志，欲杀纯只海，伏甲絷之，断其两足跟，以帛缄纯只海口，置佛祠中。纯只海妻喜礼伯伦闻之，率其众攻荣家，夺出之。纯只海裹疮从二子驰旁郡，请兵讨荣，杀。朝廷遣使以荣妻孥赀产赐纯只海家，且尽驱怀民万余口郭外，将戮之。"
③ 《元史》卷 33《文宗二》，第 735 页。
④ 《元史》卷 12《世祖九》，第 247 页。

刑部申请官奴的情况。当时上都的国子监分部建成，但"器物有未备者"，于是国子监先向御史台、工部和留守司申请"得木及工"，"为墙以限内外，为门以谨出入，为栈阁以御湿，为座榻以即安"。室内外建筑完成后，又向中书省和刑部申请以"官奴以充守者"①。这里的官奴，显然指的就是被籍没入官的奴婢。

类似的记载在元代文献中较少见，因此元代刑部所掌握的没官奴婢和财产，除了上述用途外，是否还有别的用途则不得而知。但是，若以《唐六典》的记载作参照，或许我们可以对元代没官的奴婢和财产的处置作更多有益的思考。依《唐六典》记载，唐代籍没入官的奴婢也由刑部管辖，具体负责人为都官郎中和员外郎。其下所籍没奴隶，如是因反逆之家而籍没，则"男年十四以下者，配司农；十五已上者，以其年长，命远京邑，配岭南为城奴"②。其余官奴，"凡初配没有伎艺者，从其能而配诸司；妇人工巧者，入于掖庭；其余无能，咸隶司晨"，或"凡配官曹，长输其作"③。也就是说，唐代没官的奴婢可能被配入官田屯种，也可能被远流岭南戍边，有本事的可能会被各个职能司局，如教坊司等领走，也有可能到宫中或其他官府从事各种工作。上述国子监分部调用官奴的情况，即与其"配官曹"的做法一致，以此推测元朝可能也在一定程度上沿袭或借鉴了唐代对没官奴婢和财产的处置法。

第二节　元代刑部的基本职能及其调整（二）

唐代前中期严格遵循三省六部二十四司体制，这导致为了照顾这一整齐划一的"北周官制之美学形式"，六部不得不把所有职能规

---

① 事见（元）程端学撰《积斋集》卷4《上都国子监题名记》。
② 《唐六典》卷6《尚书刑部》，第193页。
③ 《唐六典》卷6《尚书刑部》，第193页。

划为二十四司，每部四司的格局。这一制度设计造成的结果就是各部门实际权力轻重不一，有的部门甚至职能杂糅。当这一以美为参照标准的制度设计难以为继时，制度中实用的一面会更加得到突出，唐代以后六部二十四司体制的打破，更加灵活实用的六部体系的建立证实了这一趋势。具体之于刑部，除了上节三点基本的共同职能外，元代刑部亦有许多职能得到调整。

一 杂糅职能的剔除

对比唐、金、元三代刑部可以发现，唐代刑部下的比部、司门的职能逐渐在后代刑部中被剔除。唐代刑部下的比部所掌，乃"掌句诸司百寮俸料、公廨、赃赎、调敛、徒役课程、逋悬数物"①，实际上履行了管理诸经济账册和审计的职能。审计是经济监督工作，与刑部本身的司法职能略有相关，但相关性不强。一般而言，审计要求负责审计的工作人员对相关经济活动、经济业务及其流程有较高的业务水平。刑部官吏即使知法，也未必深入了解过经济事务本身，因此，设立一个专门部门，或与相关的监察机构合作实施审计，将更有利于审计工作的有效完成。从金元刑部的基本职能看，审计已经不再由刑部负责，而重新归并到其他部门中。

金代的审计职能，由户部负责。据《金史·百官志》载，户部员外郎，"一员掌度支、国用、俸禄、恩赐、钱帛、宝货、贡赋、租税、府库、仓廪、积贮、权衡、度量、法式、给授职田、拘收官物、并照磨计帐等事"②。其中的"照磨计帐"，就是指其审计职能。元初创立新制时，燕京路宣抚徐世隆就提议借鉴金朝的审计制度，他指出"旧日户部设审计科，以料周岁所入几何，经费几何"③，其"旧日户部"指代的就是金代的户部。在金代户部中设有审计科，有

---

① 《唐六典》卷6《尚书刑部》，第194页。
② 《金史》卷55《百官一》，第1233页。
③ （元）王恽：《中堂事记》，载《王恽全集汇校》，第3386页。

专门吏员负责审计工作，并由一员户部员外郎提调事务。

　　元代这一职能，在借鉴金代的同时，又进行了改造。元代的审计，又可称为"钩考"，前四汗时期便已有之，宪宗蒙哥还曾令阿蓝答儿、刘太平等钩考汉地，试图打击其弟忽必烈在汉地的势力。忽必烈称帝后，又曾令御史中丞崔彧钩考枢密院文卷等。元代的审计职能分为各部门内部审计和外部监察系统审计两个部分，刑部不再履行这一职责。在元代，许多部门之中都设有"照磨"一职，专门负责该部门的审计工作。不同部门的照磨官的设置情况不同，有与管勾承发司一职合二为一者，有单独设立者，还有的部门则直接成立照磨所，由审计团队负责。以六部为例，中统二年建左、右三部时，左、右部下各设有左三部照磨和右三部照磨，掌其钱谷记账之事，亦即专门负责吏户礼和兵刑工的相关审计工作。后来，两部析分，最终建立六部体制后，照磨一级仍保留左、右三部的建置，分别成立左三部照磨所和右三部照磨所，履职如前。左三部照磨所隶于礼部，右三部照磨所隶于工部，而不再如金制统一隶于户部，显然是有防止户部一家权力独大的考虑。户部本身是经济职能的履行部门，如再兼审计，难免自相包庇，因此元代的左、右三部照磨所便从户部中分离出来。尽管分隶于礼、工二部，但两部照磨所有自己独立建置，一般设照磨一员，秩正八品，位卑权重，外加协同工作的典吏若干，充分反映了审计制度在元代渐趋成熟和专业的情况。在部门内部审计外，元代监察系统——御史台及两个行台，也对各个部门的钱谷账目事务进行干预，构成元代审计制度的另一层面。御史台及江南、陕西两个行台依据《设立宪台格例》和《行台体察等例》等法规，对各级政府、部门的一切事务都有照刷文卷、稽迟违错的权力，"诸官司刑名违错，赋役不均，户口流亡，仓廪减耗，擅科差发，并造作不如法，和买不给价，及诸官吏欺侵盗用，移易借贷官钱，一切不公等事，并仰纠察"[①]。

---

① 《宪台通纪（外三种）》，第20页。

这一变化与元代特殊的政治制度设计有关。其一，元代出现许多与中书省平行的管理机构，如御史台、枢密院、徽政院、宣政院等，这些机构并不由中书省直接管辖，因此刑部不再能随意审计其他单位的账目，故审计职能无法充分发挥。其二，刑部秩正三品，虽居高位，但在元代，三品以上衙门数量非常多，刑部根本无力一一稽查这些衙门。前章所述玉宸院因升品而与刑部平级，导致刑部想要缉拿乐人而受阻一事，可见一斑。又以御史台为例，御史台管赃赎，唐、元情况一致，但唐代御史台秩从三品，比刑部低半级，因此刑部得以审计其赃赎工作。到了元代，御史台最低时秩从二品，后又升从一品，早在刑部之上，因此刑部不可能审计其赃赎工作。

除了审计职能，同样从刑部中划分出去的还有司门职能。唐代刑部下有司门郎中和员外郎，"掌天下诸门及关出入往来之籍赋，而审其政"①，即负责天下各关隘、城池门禁及出入关的审查事务。这一职能到了金代刑部，有弱化的色彩，但"关津讥察""城门启闭"等事务仍由两名刑部员外郎分别执掌。到了元代，刑部则完全不再拥有上述司门职能，取而代之由若干部门分割了其权。

其一，在大都，城池防务与管理由大都留守司负责，其下设有城门尉，专门"掌门禁启闭管钥之事"②。大都建城后，共有丽正、文明、顺承、平则、和义、肃清、安贞、健德、光熙、崇仁、齐化十一门，每门设城门尉二员，副尉一员，专门负责城门启闭之事，因此原先唐、金刑部所司的京师城门一职，由大都留守司授继之。上都之制亦然。

其二，掌管关津稽查之事，元代相关各部门的职能中已不再单独具有。从《元史·地理志》可见，在元代的政区规划中，关隘与城池之间的区别并不明显，元代的相关政策中并没有严格区分关隘和城池的治理，因此，也就没必要将"关津讥察"于城池管理之外

---

① 《唐六典》卷6《尚书刑部》，第195页。
② 《元史》卷90《百官六》，第2280页。

单列。而涉及各地"城池废置之故,山川险易之图,兵站屯田之籍,远方归化之人,官私刍牧之地,驼马、牛羊、鹰隼、羽毛、皮革之征,驿乘、邮运、祗应、公廨、皂隶之制"①的,由兵部负责,因此元代的兵部与枢密院之间,并非简单的军政与军务部门的区别,兵部所责,虽也有军户、军器的管辖职责,但亦有交通路政等其他职能。

其三,从大蒙古国时期一直保留到元朝的部分蒙古官职,也可能成为影响元代刑部司门职能调整的因素。如怯薛集团中,就有与留守司共同执掌保卫都城、保卫宫廷任务的、职能相重合的八剌哈赤和札撒孙。八剌哈赤为守城官,顾名思义,是与留守司一道维持都城宫帐周边秩序的怯薛官员。札撒孙②,其原意为执法的人,具体职能则与殿中侍御史和留守司有重合,后者从《至正条格》的记载看,札撒孙"各门头守把着"③,应该是负责具体执行保卫都城宫帐之人。而与兵部对驿站管理相重合的,是蒙古官制中的脱脱禾孙。早在大蒙古国时期,蒙廷就非常重视对驿站的建设和管理,并专门设有"设脱脱禾孙以辨奸伪"④。入元以后,元朝政府更是重视与驿站相关的事务,专门成立二品衙门通政院,专管驿站事务。这些蒙古官职的设置及相关职能划分早在元朝和中书省建立以前便已展开,入元之后也多得传承,并无过多调整,因此它们的存在和实践经验,或许也是促使元朝刑部职能变化的原因之一。

金元两朝打破了长期以来六部二十四司整齐划一的建置,其中,元代刑部将唐宋刑部中的比部和司门职能剔除,这一调整既与金元六部本身的职能调整有关,也与蒙古官制的设置和实践有关。元制的变化深刻影响了其后明朝六部的设置。明初一度试图恢复唐宋制下的六部二十四司体系,但很快作罢,刑部改设十三道清吏司分掌

---

① 《元史》卷85《百官一》,第2140页。
② 详见李鸣飞《蒙元时期的札撒孙》,《西域研究》2013年第2期。
③ 《〈至正条格〉校注本·断例》卷1《卫禁·肃严宫禁》,第167—169页。
④ 《元史》卷88《百官四》,第2230页。

十三布政司的政务，充分表明了在新的形势和执政理念下，唐宋旧制已经不合时宜。

二 整合其他相关职能

在去除与刑部主体职能不相干或关联性不强的职能的同时，金元二代刑部的职能也在积极进行整合，以使刑部司法职能之履行更为系统、专业化。

（一）治安警务职能得到突出

在对比唐、金、元三代刑部时我们可以进一步发现，金代之后，刑部的功能中多了一项"功赏捕亡等事"（《元志》作"捕获功赏之式"），这一职能是指金元刑部除了前述司法职能外，还需要履行治安警务职能，对捕盗捉贼等治安问题负责，并同时负责这类警务人员的赏罚事项。这一职能在唐宋制的刑部中不见，似为金元刑部所特有，反映了金元以来归并司法职能的一种调整趋势。从现有史料看，元代刑部介入治安警务职能，如下方面值得注意。

第一，据《元史·百官志》记载，元大都设有大都路兵马都指挥使司，"掌京城盗贼、奸伪、鞫捕之事"[1]。其虽号"兵马都指挥使司"，但实际上并不归枢密院管辖，而是隶属于大都路总管府，具体则由"刑部尚书一员提调司事"[2]，所属刑名则归大宗正府。而从其职能看，这支部队并不负责守卫、打仗，也不负责修缮城池、构筑防御工事等工兵活动，而专管京城奸盗之事，性质上类似于维护社会治安的警察队伍。刑部尚书对兵马司事的"提调"具体如何，因史料有限，难以完全说明，但刑部尚书至少因"提调"而参领大都的治安防务工作则无疑议。王恽的《王从事季明子说》曾提到"今之都城兵马指挥，即前世执金吾职也"[3]，是知刑部尚书这一提

---

[1] 《元史》卷90《百官六》，第2301页。
[2] 《元史》卷90《百官六》，第2301页。
[3] （元）王恽：《王从事季明子说》，载《王恽全集汇校》，第2222页。

调之责，一定程度上整合了类似前朝执金吾的工作。延祐四年（1317）十月，仁宗皇帝"敕刑部尚书举林柏监大都兵马司防遏盗贼，仍严饬军校，制其出入"①，是这一职能的具体记载。延祐六年，刑部进一步要求"今后南北兵马司，但犯八十七以下刺配并杂犯囚徒，招赃明白，追勘完备，合从本司官圆坐，再三审复无冤，就便依例发落"②，应该与这一时期大宗正府权职调整有关（下文详述），故有将原本"刑名则隶宗正"的权力③改归刑部的做法。而八十七以上，一百七以下的刑事案件却归总管府断决，兵马司无法管辖。大都路总管府秩正三品，与刑部平级，刑部无法直接干预其司法事务，因此规定八十七以下的罪名由兵马司圆坐审理。至于流配、死刑重案，其本身就需上报刑部，自毋用另作规定。《元典章》的"品官妻与从人通奸"例，即由刑部审理羁押在大都司狱司中的通奸犯。④

大都路兵马都指挥司设都指挥使设二员，分别负责大都北城和南城的治安警务，都指挥使亦可能由此途迁入刑部任官。《刑部第三题名之记碑》中的刑部侍郎金伯颜即由北城兵马都指挥使迁入。而在个别时期，大宗正府与这支部队也有一定联系，如阿沙不花就曾以也可札鲁忽赤的身份兼大都兵马都指挥使，而成宗大德七年也曾一度规定，"定大都南北兵马司奸盗等罪，六十七以下付本路，七十七以上付也可札鲁忽赤"⑤，都指挥使也有可能被调往大宗正府任职。但这些情况究属个案和临时措施，没有在元朝长期实施。如阿沙不花之所以兼任此二职，乃因当时大宗正扎鲁火赤脱儿速贪污事败，阿沙不花受命前往审讯后"就命代之"，而在审理朱清、张瑄贪

---

① 《元史》卷26《仁宗三》，第580页。
② 《〈至正条格〉校注本·条格》卷33《狱官·断决推理》，第137页。
③ 根据大德七年的规定，"定大都南北兵马司奸盗等罪，六十七以下付本路，七十七以上付也可札鲁忽赤"，可见刑部这一司法权力原先是属于大宗正府的。
④ 事见《元典章·刑部七》"品官妻与从人通奸"例。
⑤ 《元史》卷21《成宗四》，第449页。

污案时，兵马都指挥使忽剌术又因贪污而落马，职位暂缺，阿沙不花前往审案，就便令其代之，并非常制。①

第二，刑部对其他地方的治安警务有监督、管理、指导权。在大都以外的地方路府州县，刑部不可能一一亲自提调治安警务，因此对于大都以外其他地方的治安警务，刑部主要履行监督、管理、指导职能。

《至元新格》对地方政府提出了治安警务的要求："诸管军官职当镇守，其要盗贼不生；管民官职当抚治，其要安静不扰。"② 根据这一要求，元代地方政府以忽必烈中统五年诏中"捕盗三限"的规定作为主要执行依据开展治安警务工作。中统五年改元诏中有"设置巡防弓手"内一款规定，"若有失盗，勒令当该弓手立定三限收捕，每限一月"③，并提出具体相应的惩罚措施。忽必烈要求中书省在此基础上"立定罪赏、设置巡捕弓手、防禁捕捉盗贼条格，遍行诸路，一体施行"④。

刑部（右三部、兵刑部）则具体地承担了中书省的这一工作。从《通制条格》等文献可以看到，根据忽必烈的旨意，刑部又进一步对治安警务工作进行了完善。在捕盗问题上，刑部将无故杀人的贼人和放火贼人等并不属于规定盗贼的人依例比同强窃盗贼，进一步完善了地方政府缉拿扰乱治安贼人后的处罚依据。同时，鉴于地方官时常以"不是俺管的地面贼有"⑤ 为借口，不肯跨境协同捕盗的问题，刑部又定拟跨境捕盗奖赏例，以"捉获别境作过强盗或伪造交钞二起，各准本境内强盗一起；无强者，准窃盗二起"⑥ 的标准定立功赏。最后，为了督促地方官用心关防抚治，刑部又根据具

---

① 事见《元史·阿沙不花传》。
② 《通制条格校注》卷19《捕亡·防盗》，第554页。
③ 《元典章》卷51《刑部十三·设置巡防弓手》，第1694页。
④ 《元典章》卷51《刑部十三·设置巡防弓手》，第1693页。
⑤ 《通制条格校注》卷19《捕亡·防盗》，第558页。
⑥ 《通制条格校注》卷19《捕亡·捕盗功过》，第559页。

体政策的执行情况，进一步加大了对不作为的官吏的惩处力度，特别是针对"失过盗贼，过违三限"的捕盗官，刑部要求不再"止罚俸钞"，而是要在"任满解由内开写在任功过事迹。如有隐蔽，罪在当该给由官吏，到部照依功过黜陟"①，从制度上加强了地方政府对治安警务工作的执行力度。

刑部接掌治安警务职能，一定程度上是部门职能专业化的体现，有利于提高专制体制下刑部的司法效率和行政效率，防止机构间因相互掣肘而造成行政效率低下的情况。但是，从文献的记载看，这一美好愿景并没有因元代刑部机构整合而得到有效实现。在大都地区，尽管刑部尚书亲自提调兵马司，兵马司官人也"教那里的军官'添气力拿贼'"，但结局仍是"军官每不曾肯有"②。地方上虽然一再行下限期捕盗和奖惩规定，但仍有"大抵军官嗜利与贼通者，尤难弭息"③的情况，特别是当贼人在各地边界间流窜作案时，地方官常常将之赶出边界了事，并不按规定跨境协同办案。元贞元年，江南行台就向中央指斥这一弊病："所在军官，虽曰追袭，但离本境，便称宁息。"④这与官吏腐败，奖惩提拔制度局限等问题有关，同时也使得元代总体的弥盗效果并不理想。

第三，元代史料中常见的刑部官员参与军事行动，可以视为这种治安警务职能的延伸。元代刑部官员常亲自参与军事行动，如前往边疆抚军，"至大三年三月，遣刑部尚书马儿往甘肃和市羊马，分赉诸王那木忽里蒙古军，给钞七万锭"⑤。至正年间，各地爆发起义之后，刑部尚书还亲自领兵到地方剿匪，如至正十二年，"刑部尚书

---

① 《元典章》卷 51《刑部卷十三·捕盗功赏》，第 1715 页。
② 《通制条格校注》卷 19《捕亡·防盗》，第 558 页。
③ 《元史》卷 14《世祖十一》，第 302 页。
④ 《元典章》卷 41《刑部三·草贼生发罪例》，第 1408 页。
⑤ 《元史》卷 23《武宗二》，第 523 页。

阿鲁收捕山东贼"①，同年，"刑部尚书阿鲁讨海宁贼"②；至正十五年，"命刑部尚书董铨等与江西行省平章政事火你赤专任征讨之务"③；至正二十七年皇太子爱猷识理达腊命张庸为刑部尚书，领房山团结兵④等。刑部尚书的这一职能延伸，与他长期提调兵马司捕盗的经历，应该说有很大关系，因为捕盗和剿匪在某种程度上工作性质是相通的，特别是当某些刑部官员由兵马司都指挥使升任，或由武资序列的将领中调任，这一工作的执行效率将因官员的业务能力而得到相应提升。一旦地方出现暴动，这类刑部官员就会成为元廷委派的备选项。委刑部官员讨伐叛逆这一行为，亦表明元廷并不将地方割据势力视为国与国之间的关系，而是将之视为君民矛盾爆发的结果，讨伐之要首先不在消灭叛逆，而在诏谕安抚，董铨所采用的剿匪策略"遣使先降曲赦，谕以祸福，如能出降，释其本罪，执迷不悛，克日进讨"⑤，正是这一思路的写照。

（二）狱政职能进一步强化

对元代狱政制度的研究，目前学界的关注较少，主要有日本学者岩村忍《元典章刑部的研究——刑罚手续》⑥对元代狱政问题的探讨，刘晓《元代监狱制度研究》⑦对元代狱政的总体情况的介绍，本书拟在此基础上对其中的刑部狱作进一步分析。唐代刑部"簿录俘囚，以给衣粮、药疗"，实际上也属于管理狱政的一部分，但因唐代刑部不设狱，狱设于大理寺，因此狱政职能主要还是由大理寺负责。元代省并大理寺，大理寺狱归并到刑部，使得刑部对狱政的管理权力大大加强。沈家本在《历代刑法考》中对此有一精辟概括：

---

① 《元史》卷42《顺帝五》，第894页。
② 《元史》卷42《顺帝五》，第898页。
③ 《元史》卷44《顺帝七》，第923页。
④ 《元史》卷196《忠义四》，第4435页。
⑤ 《元史》卷44《顺帝七》，第923页。
⑥ 《东方学报》第24册，1954年。
⑦ 《元史论丛》第7辑，江西教育出版社1999年版。

唐、宋以前，刑部不置狱而大理有狱，元不设大理寺，始于刑部置狱。此刑制中之一大关键也。夫刑部隶于尚书省，乃行政官，大理则裁判书官。汉代刑狱掌于廷尉，尚书出纳王命而已。唐时大理断狱上刑部，覆于中书、门下。宋时刑部设审刑院，大理断天下奏狱，送审刑院，上中书，中书以奏天子。是其时中书为行政，大理为司法，刑部特于中书、大理中间作一枢纽，惟有详议纠正之职，而初不干预审判之事，其界限尚分明也。自大理寺而刑部置狱，司法、行政遂混合为一，不可复分。迨明初权归六部，设大理以稽查六部，盖与唐宋之制适相反矣。①

不过，元代的狱政情况，要比沈家本概括的复杂得多。首先，元代中央置狱的部门非常多，御史台、枢密院、宗正府、詹事院、刑部等中央部门都有各自的狱，元代刑部所继受的，严格来说只有大理寺狱的一部分。据《新唐书·刑法志》载："其诸司有罪及金吾捕者，又有大理狱。"② 可见，唐代的大理寺狱所羁押的对象，是包括中央各部门的犯人，以及首都治安管理官执金吾所缉拿的犯人。元代刑部则不然，从目前的零星记载看，元代的刑部狱只羁押中书省内部犯事的官员，有的时候甚至沦为中书省宰执打击政敌的工具，并未见其羁押其他类型犯人的记载。前章所举之例，即为阿合马羁押政敌官员的实例。③ 大都之犯，由大都路兵马司狱羁押，这是唐代大理寺狱和元代刑部狱不同的地方。另外，由于元代其他部门也存在一定司法权，甚至独立置狱，其相应犯人一般由其狱羁押，并不完全移交刑部，因此，刑部狱可管辖之范围也较唐代大理寺狱有所

---

① （清）沈家本：《历代刑官考》，载《历代刑法考》，第524—525页。
② （宋）欧阳修、宋祁撰：《新唐书》卷56《刑法志》，中华书局1975年标点本，第1410页。
③ 相关案例，还有如姚燧的《河南道劝农副使白公墓碣》载"（监察御史）发阿哈玛特（阿合马）贼国诸不法，彼顾诬公纠摘非实，捕送刑部狱"等。

缩小。特别地，根据《设立宪台格例》中"在都司狱司，直隶本台"①的规定看，诸部门狱，包括刑部狱、兵马司狱等，都要由御史台统一管辖，这更与唐代大理寺狱的隶属情况不同。

值得注意的是，尽管御史台在法理上拥有对各级狱政的管辖权，但在实际操作中，御史台又不可能独立管好狱政事务。刘晓文中指出，御史台（包括地方行台）对狱政的管辖主要体现在三方面：审理冤滞、监狱管理和照刷文卷，此一权力来源于《设立宪台格例》和《行台体察等例》，但从《元典章》的记载看，在实践中，特别是在狱政管理方面，御史台及地方行台的狱政管辖权离不开中书省和刑部的合作。刑部对狱政管理的参与，主要集中在恤囚、狱具管理和禁止非法刑讯逼供等方面。

恤囚方面，刑部对罪囚的住处、取暖、口粮、衣物、病患、卫生等问题都提出了详细具体的规定，总的来说包括如下方面。其一，保证罪囚口粮。中统四年中书省规定，无亲属的，或亲属在他处未知的，或家贫的罪囚，由官给口粮，每日一升。后于至元九年重申了这一原则，口粮标准改为"月支米二斗五升"②。其二，要求各处官司保证罪囚过冬的衣絮、棉被、灯油、暖匣等取暖设备，"每名支麁布二丈六尺，成造絮袄一领"③，"过夜灯油，日支一斤"④ 等。其三，要求保证各处狱房卫生清洁，"夏月须管将牢房洒扫，冬月煴暖"⑤，还要及时给病患提供医疗，"病患者，于本处医人内轮差应当看治，每月一替"⑥。其四，妇女的权益得到一定保证，要求"妇人仍与男子别所"⑦，"妇人去杻，杖罪以下锁收"⑧。大德九年，为

---

① 《宪台通纪（外三种）》，第17页。
② 《元典章》卷40《刑部二·罪囚无亲给粮（又）》，第1364页。
③ 《元典章》卷40《刑部二·罪囚衣絮》，第1366页。
④ 《元典章》卷40《刑部二·罪囚灯油》，第1367页。
⑤ 《元典章》卷40《刑部二·罪囚暖匣》，第1365页。
⑥ 《元典章》卷40《刑部二·罪囚灯油》，第1367页。
⑦ 《元典章》卷40《刑部二·罪囚分别轻重》，第1361页。
⑧ 《元典章》卷40《刑部二·疑狱毋得淹滞》，第1361页。

"恐牢狱不为修治,秽气蒸薰,致生疾疫",中书省再次下文要求各处"令推官督责狱卒常加洒扫,每三日一次诣狱点视汤药,枷杻、匣具须要洁净,仍备凉浆。若遇冬月,依例官给絮布、暖匣、席荐等物。病者即给药饵,令医看治"①,反映出元朝政府对狱政的关注。

狱具方面,元朝政府继承金代制度,于中统二年时即已定立"枷、杻、锁、镣"四种刑具。这四种刑具均有定制,依《元典章》的记载,枷"长五尺以上、六尺以下;阔一尺四寸以上、一尺六寸以下。皆以乾木为之。长阔轻重,刻志其上",其中,死罪囚待决前戴枷二十五斤,徒罪囚戴二十斤,杖罪囚十五斤。杻"长一尺六寸以上、二尺以下,阔三寸,厚一寸",锁"长八尺以上、一丈二尺以下",镣"连环重三斤"。狱具之外,又有行杖刑时所用杖,分笞、杖、讯三等,各有分寸,"决笞及杖,皆臀受。拷讯者,臀、腿分受,务要数停"②。

对于合法狱具,刑部一再下文重申不得私自变更狱具规格,且要求各地严格按照"应犯死罪,枷杻收禁,妇人去杻。杖罪以下并锁收"的规定看管犯人,"不得转委吏人及弓手人等拷问"③。但是,即使刑部三令五申,廉访司严加巡查,但各地仍不免滥用狱具,非法刑讯逼供等现象亦时常发生。带头使用法外刑具的,甚至是刑部自己的官员,如《元典章》中所记的刑部侍郎王仪。此人为阿合马擅权时期提拔起来的酷吏,"尤号惨刻"。他自创一种绳索刑具,"能以一绳缚囚,令其遍身痛楚,若复稍重,四肢断裂","非理苦虐,莫此为甚",被当时人称为"王侍郎绳索"④。又有酷法虐人,"不招承者,跪于瓷芒、碎瓦之上,不胜痛楚,人不能堪",还有"游街拷掠,遇夜问事"的精神折磨法和"法外将当三铜钱用火烧

---

① 《元典章》卷40《刑部二·牢狱分轮提点》,第1382页。
② 《元典章》卷40《刑部二·狱具》,第1349页。
③ 《元典章》卷40《刑部二·巡检司狱具不便》,第1357页。
④ 事见《元典章·刑部二》"禁断王侍郎绳索"例。

红，放于两腿烧烙""用油纸于两脚烧燃，堕落指节"等身体摧残法，虽然刑部逐一禁止，但仍屡禁不止，"致令枉死无辜，幸不致命者亦为残疾"①。

除此之外，对各地罪囚人数的掌握，也是刑部管理狱政的一个方面。"庶官刑政之得失，在乎狱囚盗贼之多寡。……故居庙堂之上者，不可不知也。"为了了解民生及地方政务得失，刑部要求地方必须"以四方狱囚、盗贼起数……季报朝省"。但这一规定于至元初年制定，其时正如前文所言，能够取得稳定统治的大抵只有腹里地区，因此直到大德八年（1304）刷磨刑部案牍时，仍只有"有司直隶省部者，依期申报，其余但属行省州郡，皆无其数"。面对这种情况，刑部要求"各处行省依旧季报，时加稽考"，中书省批准了这一建议，从而使刑部在对各地罪囚人数的掌握方面取得权力。②

第三节 司法审判及行移文书中的刑部

以上两节谈及刑部的基本职能。本节则侧重探讨刑部在元代司法审判中所处的位置，这将有助于我们更加深入地理解元代刑部的职能行使及其在整个官僚体系中的地位，附带梳理元代不同部门间行移文书时的公事程限和公文格式问题。关于元代的司法审判流程问题，如前文所述，元代拥有司法权的部门众多，除了中书省刑部外，枢密院、御史台、宗正府、宣政院等都程度不等地拥有司法权，从广义上讲，它们都构成元代审判机构的一部分。其中，又以大宗正府和刑部之间的权力分配变化最大。跨部门行使司法权，需要通过"约会"制实现。本节讨论的，是不涉及部门"约会"的一般情

---

① 事见《元典章·刑部二》"禁止惨刻酷刑""禁杀杀问事""禁治游街等刑""巡检司狱具不便""不得法外枉勘"等例。

② 事见《元典章·刑部二》"罪囚季报起数"例。

况下，刑部在司法审判流程中所处的位置和作用。

一　司法审判流程中的刑部

前文提到，元代一开始统治疆域有限，主要以腹里地区为稳定统治区域，因此这一区域内率先恢复了法治。出于统一刑名的需要，至元十三年前，几乎所有腹里地区的刑事案件要逐级上报到刑部和中书省，以更定新朝刑名，再以判例的形式反馈地方，形成具有法律效力的判决例。此后，元朝所统治的区域日渐扩大，特别是至元十三年南宋灭亡后，南北统一，这种事事咨禀刑部的做法显然不再可行。但判例究属个案，至元八年时忽必烈曾提出禁止援引比附亡金的《泰和律》，以至于此后相当长的时间内，"各处凡有到省刑名事理，多送本部照勘拟定呈省"[1]。为了解决这一问题，元朝政府于至元二十八年的《至元新格》中确定了各级官府所能处理的案件的级别："诸杖罪五十七以下，司、县断决；八十七以下，散府、州军断决；一百七以下，宣慰司、总管府断决；配流、死罪，依例追勘完备，申关刑部待报，申扎鲁火赤者亦同。"[2] 自此，除重刑待报、疑案咨禀外，其余事项由各级官府依上述规定裁量断决。

关于元代一般的诉讼流程[3]，大要而言，元代百姓若有事陈告诉讼，须于各处状铺"书写有理词状"，然后方许赴官陈诉。刑事案件和民事案件情况还略有不同。根据《至元新格》的规定，民事案件允许基层社长调解，"诸论诉婚姻、家财、田宅、债负，若不系违法重事，并听社长以理谕解，免使妨废农务，烦紊官司"[4]。刑事案件则没有调解环节。有权接受词状的基层司法机构在司、县一级。但是，许多地方百姓并不了解这一规制，又嫌司县所在地道里较远，

---

[1]　《元典章》卷39《刑部一·刑名备申招词》，第1340页。
[2]　《元典章》卷40《刑部二·罪名府县断隶》，第1333页。
[3]　详见陈高华《元朝的审判机构和审判程序》，原载《东方学报》第66册，后收于《元史研究新论》，上海社会科学院出版社2005年版。
[4]　《通制条格校注》卷16《田令·理民》，第452页。

于是常就近向站赤、巡检、里正、社长或过路的出使官员上诉，元朝政府为此多次下文禁止。若案情复杂严重，则司、县"略问是实，即合解赴各路州府推问追勘结案"①，案情更为严重者还要进一步上报总管府。杖一百七以下的案件，地方司法机构就可完成审判，有问题则咨禀行省，"行省专委文资省官并首领官吏，用心参照，须要驳问，一切完备，别无可疑情节，拟罪咨省。其余轻罪，依例处决。果无例者，本省先须详议定罪名，咨省可否"②。其中，每一级案件完结归案时，又有监察系统"照刷案牍"，唯有审录无冤，方可"回牒本路结案"③。从这一基本诉讼流程看，到了至元二十八年《至元新格》的规定后，除了依规定的重刑和作疑咨禀外，刑部也基本不再插手地方一般刑事案件。

当案情过于复杂，行省"作疑咨禀"中书省、刑部，而中书省、刑部又无法简单以一纸文书审断结案时，中书省和刑部也会专门差人到地方重新详谳，作出判决。如"倚势抹死县尹"一案中，由于地方可能存在势力勾结、官官相护等腐败问题，因此针对吴县尹被害事件，尚书省和中书省专门"差去官一同仔细参照元卷，令不干碍狱卒将犯人张应卯等再三审问无冤，同本路正官明示犯由，钦依处断，具断讫月日咨来"。而在另外一起"乱言平民作歹"的案件中，刑部就约会尚书省的断事官一同到地方上"归问明白，连衔呈省"④。

值得注意的是，中书省宰执和刑部之间，也并非直接完全沟通。刑部上呈到中书省的公文，首先要交给中书省的内设机关右司，由右司审查后再转呈都省，最后由右司、参议府及宰执们一同商议审判结果。中书省下判给刑部的"劄付"，也经由右司转交。

---

① 《元典章》卷39《刑部一·重刑司县略问》，第1340页。
② 《元典章》卷39《刑部一·重刑结案》，第1378页。
③ 《元典章》卷39《刑部一·重刑结案》，第1377页。
④ 事见《元典章·刑部四》"倚势抹死县尹"例和《元典章·刑部三》"乱言平民作歹"例。

右司，是中书省下辖的机构之一，原先为左右司合一，后来数度分立合并，于至元十五年独立建右司。右司下有兵、刑、工三房，分别对应兵、刑、工三部事务。其中，"刑房之科有六，一曰法令，二曰弭盗，三曰功赏，四曰禁治，五曰枉勘，六曰斗讼"①，各科分别处理刑部上呈的对应文书。据黄溍所撰的《中书省右司题名记》称，"右司所掌，付受兵、刑之政，最号雄紧，而百工之事，尤为丛剧"②，可见其在沟通中书省与兵、刑、工三部之间的重要性。③

右司的职能是"丞辖、检举"兵、刑、工事务，这在《元典章》中保存的为数不多的材料中可以得到印证，从中也能看出右司是如何在中书省和刑部间搭建起沟通桥梁的。"憎药摸钞断例"一案，是监察御史从右司刑房中刷出的，该案记载了刑部将大德七年一例憎药摸钞的案件断为窃盗，而监察御史认为似有未尽的情况。该案重新送刑部议得，此案已断，难议更改，今后若有此等情形，比依强盗认定。从这则记载看，该案虽是中书省与刑部就一起憎药摸钞案之间的文书往来，卷宗却从右司刑房中刷出，证明右司刑房在两个部门之间的沟通中起了上述"丞辖"的作用。④"禁弄蛇虫唱货郎"一例，则是右司刑房主动"检举"问题，并通过中书省要求刑部定拟具体禁令的。据载，至元十二年，中书右司刑房主动向中书省提及近期地方上出现"一等无图小人，因弄蛇虫、禽兽，聚集人众，街市货药，非徒不能疗病，其间反致害人"等司法乱象。中书省接到右司刑房的"检举"后，即"送（兵刑）部下合属"，要求兵刑部根据规定制定相应禁令。⑤ 从这两则材料可以看出，右司一方面作为中书省和刑部之间传递沟通文书的部门，另一方面也在一

---

① 《元史》卷85《百官一》，第2123页。
② （元）黄溍撰：《中书省右司题名记》，载《黄溍全集》，第290页。
③ 关于右司的相关讨论，详见张帆《金元六部及相关问题》，《国学研究》第6卷，北京大学出版社1999年版。
④ 事见《元典章·刑部十二》"憎药摸钞断例"例。
⑤ 事见《元典章·刑部十九》"禁弄蛇虫唱货郎"例。

定程度上履行对涉法问题的检举工作，主动向中书省汇报社会，特别是都城中出现的涉法问题。刘肃曾经谈论过金朝左、右司的工作情况，说"省府各房止立钧旨簿，无行卷。六部应呈事务，左、右司官议定可否，粘方帖于部呈，上书送字，得都座准议，省杂批钧旨于后。其左右司元书送帖亦不揭去，用省印傅其上，盖上下互为之防，然后送部施行"①。元朝的左、右司虽然能参与中书省议事，但是否持续履行这一手续则无法得知，因为元朝的中书省在左、右司之外还设有参议府，置参议中书省事官员若干。可以肯定的是，为了防范"一等诉讼侥幸之徒……直赴都省陈告，亦有口传都堂钧旨，送下白状，令本部施行"的情况，中书省规定以后如有紧急公务，六部奏事须"经左右司、参议府，一同禀说"，其余"常事止动公文"②。以此看来，右司刑房除了上述一般"丞辖""检举"外，还要在刑部有紧急公事时协同参议府一起到中书省禀说事理。

另外，这一常规流程之外又存在一种越诉的特殊情况。越诉原则上不被允许，原告若打破常规诉讼流程，径直向上级申诉，属于违法行为。但若有特殊情形，则不拘此例。至元十二年，中书省曾一度设立登闻鼓，允许某些特殊案件的受害人直接陈诉冤情："谕中书省议立登闻鼓，如为人杀其父母兄弟夫妇，冤无所诉，听其来击。其或以细事唐突者，论如法。"③ 但是这一制度是否一直得到贯彻则不得而知。至元二十四年（1287），江西行省规定："若各路偏徇，理断不公，许令直赴上司陈告。"④ 这一规定实际上是为元代百姓提供了对地方司法机构审断结果不服的上诉权，其潜在的意思是仍必须按流程完成地方各级审判，只有对审判结果不服的，方可以向上级提起上诉。这一规定在腹里地区确定的时间更早，中统四年（1263），忽必烈就向燕京路总管府提出，"若有本处官司理断偏向，

---

① （元）王恽：《中堂事记》，载《王恽全集汇校》，第 3385—3386 页。
② 事见《元典章·刑部十五》"词状不许口传言语"例。
③ 《元史》卷 8《世祖五》，第 165 页。
④ 《元典章》卷 53《刑部十五·越诉转发元告人》，第 1772—1773 页。

及应合回避者，许令赴部或断事官处陈告"①。大德六年（1302）刑部亦提到，"诸投下并诸色户遇有词讼，从本处达鲁花赤、管民官约会本管官断遣。如约会不至，及不服断者，申部究问"②。这些规定指出了元代百姓直接向刑部提起诉讼的三个条件，一是与江西行省的规定一致，对前审判决不服；二是出现应回避的情况；三是约会不至的情况。到了至元二十六年（1289），御史台又进一步与中书省确定了一种情况，即若百姓直接向按察司（廉访司）"告论官吏因事取受钱物"，则不以越诉认定，监察部门要"依例追问"，其余越诉的情况，"依体例要罪过者"③。

综上来看，刑部在整个司法审判流程中的地位经历了一个巨大的变化。在元初，刑部事无不总，对各类型的刑事案件都加以终审，此后则随着元代疆域的扩大和判例法的逐渐成熟，刑部既不再一一干预地方刑事案件，也不允许被动地无条件接收地方上报的所有案件。随着至元二十八年《至元新格》关于各级政府审判权规定的出台，刑部原则上只受理作疑咨禀的疑案和流配、死罪重案，即使是作疑咨禀，也加上了相关规定，要求"果无例者，本省先须详议定罪名"，才能"咨省可否"④。特殊的情况是，大都路（燕京路）直辖区域内的一审不服案件上诉的，刑部也可以受理。其余案件则必须依诉讼流程逐级申诉，逐级处理。

二 文书行移格式中的刑部

案件在上下级的流通，意味着不同级别的部门之间有文书行移。在古代，文书行移有严格的规定，针对不同部门，道里远近决定其公事所需完成的程限。与此同时，部门之间的文书措辞、格式也存在一定的要求，知其梗概，而得刑部公文之大要，有助于加深对刑

---

① 《元典章》卷53《刑部十五·告罪不得越诉》，第1772页。
② 《元典章》卷53《刑部十五·灶户词讼约会》，第1787页。
③ 《元典章》卷53《刑部十五·告论官吏不论越诉》，第1773—1774页。
④ 事见《元典章·刑部一》"重刑结案"例。

部往来公文的解读。

元代公事处理程限有一定的章程规定。据《元典章》的"公事量程了毕"载，元代诸官司受理公事后，应于当天即时分派负责人，若是急事，则须立即分配，享有优先处理权。分配后，常事（不须检覆者）限五日办完，中事（须检覆者）七日办完，大事（须计算簿账或咨询者）十日办完。另外若有"当日可了者，即议须行"，违者"随时决罚"①。

办事程限之外，还有公事催限的规定。元代在都诸司局的公事催限，第一周期以十日为限，十日不至则催，再过五日不至则再催，三催不报者问罪，依至元八年规定，"当该迟慢官吏合行取招，除受宣敕人员外，本部就便的决，外路差官断遣"②。外路遣公文至都者，五百里内以十五日为第一周期，再十日为第二周期；五百里外一千里内以三十日为第一周期，再二十日为第二周期；一千里到二千里之间以四十日为第一周期，再三十日为第二周期；二千里到三千里之间则以五十日为第一周期，再四十日为第二周期；三千里外以七十日为第一周期，再六十日为第二周期，若有违限，依上述至元八年例问罪。③

这一关于公事程限的规定，虽有利于提高元代总体的行政效率，避免人浮于事，但在实际操作中，效果却不尽如人意。胡祗遹曾在《官吏稽迟情弊》《又稽迟违错之弊》中尖锐地指出这一问题，称"格例虽立小事、中事、大事之限，府州司县，上至按察司，皆不举行。纵有依格欲举行者，多不通吏事"④。邓文原亦在应诏论弭灾之

---

① 事见《元典章·吏部七》"公事量程了毕"例。同卷中另有"行移公事程限"一则，载至元八年公事的办理时限，"小事限七日，中事十五日，大事三十日"，违者要断决。从这一记载看，它应是至元八年订立的公事办理程限，正文中所引的办事标准，似为至元二十八年《至元新格》中所规定的新标准，新标准的办事程限远比旧制短。

② 《元典章》卷13《吏部七·三催不报问罪》，第512页。

③ 事见《元典章·吏部八》"公规"表格。

④ （元）胡祗遹撰：《又稽迟违错之弊》，载《胡祗遹集》，第400页。

道时指出,"今天下士师非才,惟受成于吏,死囚岁上刑曹,类延缓不报,庾死者多"①。胡、邓二人指出的情况并非个案,而是自基层即有,"各司县官多有见禁合待报重刑,一二年不解本路府州起数"②,"各处不为照勘依例施行,以致迁延,有淹禁十年之上不行结案者"③,遑论上级。尽管朝廷三令五申要求办公要在程限内,但直到仁宗时期,仍出现"吏多滞事,责曹案不如程"④的情况,可见即使在如此严苛的规定下,政府部门的办公效率仍然没有得到有效提升,很多时候由于管理松懈,程限内完成公事的规定并没有得到认真执行。

但反过来,若依程限办案则很容易因时间仓促而形成冤假错案,甚至屈打成招之事。大德三年,江西行省就反馈出这一问题:"承捕弓兵缉探未明,限期已到,却乃捉捕疑似之人。赃物无可追索,或勒取于被盗之家,或责办于头目之手,甚至捕人自为收买,捏合以为正贼真赃。诬服之人,已经煅炼,何敢不承! 苦主之家,但图得赃,亦复妄认。凭此结案,以致无辜之人枉遭诛灭,淹禁身死者不可胜计。"⑤这样的问题引起了元廷的关注,至元八年的御史台照刷稽迟圣旨检目中,就规定"每岁类奏重刑并磨问囚徒,不拘此例"⑥。但只有重刑案件不受程限制约显然是不够的,大德四年杭州路总管就指出,即使是平时的案件,"官吏推问,不详法制之轻重,不肯以理而推寻,遽凭所告,务要速成",并因此出现"一到讼庭,令精跪褫衣,露膝于粗砖顽石之上,或于寒冰烈日之中,莫恤其情,不招不已"的刑讯逼供情形。⑦故当仁宗皇帝再次强调依程限办案

---

① (元)黄溍撰:《岭北湖南道肃政廉访使赠中奉大夫江浙等处行中书省参知政事护军追封南阳郡公谥文肃邓公神道碑铭》,载《黄溍全集》,第687页。
② 《元典章》卷39《刑部一·重刑司县略问》,第1340页。
③ 《元典章》卷40《刑部二·重刑结案》,第1378页。
④ 《元史》卷176《谢让传》,第4111页。
⑤ 《元典章》卷49《刑部十一·贼赃详审本物》,第1648页。
⑥ 《元典章》卷39《刑部一·都省不催重刑》,第1339页。
⑦ 《元典章》卷40《刑部二·禁治游街等刑》,第1354—1355页。

时，时任刑部尚书的谢让就提出建议："刑狱非钱谷、铨选之比，宽以岁月，尚虑失实，岂可律以常法乎！"① 这一建议被中书省采纳，自此，中书省六部中唯独刑部不受这一稽迟违限的规定制约。

公事程限外，不同部门，特别是不同品级之间的部门行移文书时所采取的格式，也有一系列相关的规定。② 以刑部的文书行移情况为例，本节具体探讨几种常见的文书行移格式。

一是，一般情况下，地方若有疑案咨禀中央，或有重刑申达省部，首先要作好申文或呈文，腹里地区的司、县、州、军统一由路总管府接收申文或呈文，路总管府，散府、州则可以直接呈递申文或呈文③给中书省，其他地区的申文或呈文则由行省统一接收检覆后，再以行省咨文的形式转达中书省。中书省再根据申文内容的性质发放与六部具体处理，一般称为"判送"，其中如涉及司法问题，则由刑部负责。刑部接收判送要用承奉或奉等敬语，以示下级对上级的尊敬。刑部据省判拟定意见呈省后，中书省会进一步以"剳付"做出批示。若由行省转达中书省，则不称为申文或呈文，而称为咨文，因为元初行省"与都省为表里"④，名义上无上下级关系，故行省与中书省之间只需用咨文。到了元代中后期，行省与中书省之间逐渐改用咨呈文，说明行省与中书省之间地位的微妙变化。⑤ 试举二例。

---

① 《元史》卷176《谢让传》，第4111页。
② 详见日本学者田中谦二《元典章文书的构成》。
③ 申者，据《吏学指南》，"伸也，明也"，所谓申文，即下级向发送上级的文书，"谋于下，访于上者"，有时候又称为呈文，两者并无截然之分。据《吏文辑览》称，申为"卑衙门及属司行上司衙门之文"，而呈"与申同"，区别在于呈还可以用于"各衙门无印，首领官及各有职意官吏、里老军民人等"的无印呈文中。
④ 《元史》卷91《百官七》，第2305页。
⑤ 《吏学指南》曰："咨，《左传》曰：'访问于善曰咨'"，说明行省一开始对中书省所使用的咨文，只是一种善意的咨询，并非下级禀报。而此后逐渐变成咨呈文，据《吏文辑览》载，"二品衙门行上司之文为咨呈"，似乎暗示了元代中后期行省的地位逐渐居次，并成为中书省下级机构的趋势。

腹里地区例：

至元十四年四月，中书刑部据大都路来申："归问得昌平县祗候人刘顺招伏：因为监信万奴前去本县，归问打伤人民公事，沿路不为用心，以致信万奴自抹身死。……省部议得：……别无定夺。据被死人营葬之资，拟于刘顺名下追钞五十两，给付苦主。呈奉中书省劄付：依准本部所拟施行。"①

其他行省例：

延祐三年（1316）九月，江西行省准中书省咨："来咨：吉安路申：准本路万户府关：庐陵县申：朱阿黄告：被军人刘万四杀死夫朱重一、朱关仔等事。……照得即系为例事理，咨请照详。准此。送据刑部呈：……今承见奉，本部议得：刘万四所招，用刀将朱重一并男朱关仔父子二人杀死情犯，既廉访分司审招无异，烧埋银两拟合依例各征中统钞一十锭，给付苦主相应。具呈照详。都省咨请依上施行。"②

刑部处理完相关案件后，要向中书省发送呈文，取都省最后的批复，然后再由中书省通过咨文返还行省，逐级下达。这个过程可能会遇到刑部需要会同其他部门，如其他五部协同处理案件，此时刑部一般会通过关文与其他部门进行协商。③ 例如：大德七年六月初九日，御史台承奉中书省劄付："刑部呈：准吏部关：武昌路税务大使孙桂等，欺隐侵使增余课程四锭二十五两。……廉访司依不枉法

---

① 《元典章》卷43《刑部五·罪人自抹监事人追钞营葬》，第1494页。
② 《元典章》卷43《刑部五·杀死二人烧埋银》，第1496—1497页。
③ 《吏学指南》曰，关者，"诸司相质问曰关，谓开通其事也"，《吏文辑览》谓"三品以下，凡品级相同衙门相通之文也"，说明关文是同级的不同职能部门之间就不同事务中的专业问题对其他部门发出的咨询。

例断罪，别无定夺。……都省准呈，仰照验施行。"①

二是，元代的特殊政治制度决定了在有些时候，中书省不可能单独处理好相应公事。来自监察系统的意见，以及其他中书省体制外的部门都有可能影响中书省的事务处理。与其他非直属部门相比，中书省作为"佐天子，理万机"的全国最高行政机关，其地位自然高于其他部门，因此，无论是从一品衙门还是正二品衙门，向中书省传递公文时都需要用呈文。值得注意的是，除了法定允许的带有咨询性质的关文、牒文外，一般不同垂直系统的部门之间没有隶属关系，不得随意传递公文。王恽就曾指出"各道按察司凡有合申事理，即令申台照详，即与六部元无行移体例。今有西夏中兴提刑按察司官署衔连名，不经御史台，径为申覆尚书户部，似为不应"②的乱象，引起忽必烈的注意。具体来说，与中书省不同系统的诸部门间，其文书传递规则如下。

其一为御史台。有时候，中书省要处理的公事是来自监察系统御史台及其下级部门在照刷文卷时发现的问题。当监察系统的基层单位按察司（廉访司）官员出巡各地府州检出有疑议的文卷时，要向本道廉访司汇报。廉访司一方面要向御史台或行台申文汇报，另一方面也要通知相关责任政府，即被刷出有疑议文卷的地方政府，责令其详覆。由于廉访司负责人廉访使秩正三品，与诸路总管府平级，故据《元典章》的"公规二"规定，"外路官司不相统摄"者，"品同往复平牒，正从同"，采用平牒文通知。③ 廉访司向御史台或行台汇报时采用申文，如是行台咨询，则与行省一样，行台要向御史台发送平级咨文，因行台与中书省并不属于一个系统，故行台不能直接向级别不对等的中书省直接发送咨文，而要通过御史台完成这一工作，如下例：

---

① 《元典章》卷43《刑部五·税官侵使课程》，第1595—1596页。
② （元）王恽：《乌台笔补》，载《王恽全集汇校》，第3646页。
③ 《元典章》卷14《吏部八·公规表格》，第513页。

至大三年三月，行台准御史台咨："奉尚书省劄付：刑部呈：奉省判：御史台呈：山南江北道廉访司申：叶应山状告：应城县典史张大荣不守服制，于娼户之家宿歇等事。……送刑部议得：应城县典史张大荣，父死甫及二七，宿娼饮酒，有伤风化，拟合不叙相应。具呈照详。都省准呈，仰照验施行。"①

其二，中书省体制外还有诸多垂直管理的部门，如枢密院、宣政院、詹事院、中政院、徽政院、宗正府等，当它们与中书省发生业务往来时，也遵循一定的文书格式。这些部门送与中书省的呈文，根据性质分送六部处理。同样地，刑部承奉中书省判送后，不能直接将意见反馈回相关部门，而要呈报中书省，中书省批复后回复相关部门，相关部门再逐级向其下级部门传递相关指示。

宣政院例：

大德八年七月，行宣政院劄付：宣政院咨："……今后僧人有犯奸罪，若奸所捕获者，依例断罪，外据转指、又非奸所捕获者，依例革拨。咨请照验事。呈奉中书省劄：送刑部议得：转指犯奸，若非奸所捕获者，依例革拨相应。都省准拟，仰照验施行。"②

枢密院例：

中书省判送："枢密院呈：米恤打死侄男米公寿。……部拟七十七下。省拟断一百七下。"③

---

① 《元典章》卷41《刑部三·张大荣服内宿娼》，第1387—1388页。
② 《元典章》卷45《刑部七·转指僧人犯奸革拨》，第1531页。
③ 《元典章》卷41《刑部三·打死侄》，第1396页。

文书行移之外，还有涉及与皇帝沟通的隔越奏事问题。在元代，由于皇帝没有常朝，更无固定的"御前会议"，因此谁与皇帝议政，皇帝找谁议政并无固定制度和规范。一般而言，议政者多由中书省、御史台、枢密院等高级部门的首长组成。高级部门的首脑外，还有怯薛集团，他们利用自己皇帝侍卫的身份，往往会在非公开场合向皇帝进言，对政策制定起了不小的影响作用。不唯如此，元初许多非中书省官员都有机会亲自或借怯薛之口向皇帝单独打报告，即如宋子贞、崔彧等，都曾直接向皇帝上书。刑部尚书崔彧上"时政十八事"，深得忽必烈欣赏，"诏中书省与御史大夫玉速帖木儿议行之"①。崔彧的建言虽好，但从制度上讲，这一违背常例，绕开中书省的行为严重削弱了中书省的权威，也容易为他人所效仿，特别是当中书省的直接下属六部官也绕开省官向皇帝上奏时，中书省的权威更是大打折扣。为了解决这一弊症，皇帝也多次要求"其他事务，果有所言，必先中书、院、台，其下百司及纮御之臣，毋得隔越陈请"②，"敢有隔越中书奏请政务者，以违制论"③，甚至还专门谕令"六部官毋逾越中书奏事"④。不过，这一要求似乎并没有得到很好贯彻，自元中期到后期，不少皇帝都一再重申这一原则。

第四节　刑部其余职能述略

除了上述基本职能，刑部尚具"兼职"性质的职能。这些职能有制度性的，也有临时性的，在此一并介绍。

第一，在元初一段时间，右三部（兵刑部）需要兼管课盐事务。据《元史·百官志》载，大都河间等路都转运盐使司在未成立前，

---

① 《元史》卷12《世祖九》，第250页。
② 《元史》卷31《明宗》，第697页。
③ 《元史》卷32《文宗一》，第707页。
④ 《元史》卷24《仁宗一》，第554页。

曾在中统三年设有都提领拘榷沧清课盐所,到了至元二年,沧清课盐使司的事务由右三部郎中兼任。后左、右三部析分为四部,改由兵刑部侍郎兼任。《元史·百官志》的记载比较模糊,其载"至元二年以刑部侍郎、右三部郎中兼沧清课盐使司"①,易使人误解为"刑部侍郎""右三部郎中"是同时存在的官职。实际上,从前章可知,至元二年正是左、右三部析为四部的时间,此处是当时析分前后不同兼官的官职。但称为"刑部侍郎"亦有问题,四部体制下当为兵刑部侍郎。不久,沧清课盐使司就改为河间都转运盐使司,由专官管理,兵刑部侍郎无须再行兼任。

第二,在"礼制"方面,刑部尚书亦肩负一定的仪礼职责。所谓仪礼职责,即在大型的国家祭祀中,刑部尚书需要负责一定环节的礼仪活动。

其一是郊祀。元朝皇帝常不亲行郊祀,多由大臣代摄郊祀,故礼制常未能尽行。英宗时,"有旨议南郊祀事"②,诸官员才开始定拟郊祀礼仪规格,其中,"郊祀"步骤七"戒誓"规定:"今天子亲行大礼,止令礼直局管勾读誓文。圆议令管勾代太尉读誓,刑部尚书莅之。"③ 这一规定是在参照唐《通典》和宋《会要》的情况下,根据元朝实际情况制定的。按前朝,读誓的必须是太尉,礼直官只是负责呈递誓文。但是元朝太尉不常见,故直接省为礼直官读誓文,而由刑部尚书负责在场监临。但实际上,英宗未及亲祀,就发生了南坡之变,此后一拖再拖,直到文宗时才完成了这一郊祀之礼。

文宗仓促行郊祀礼,因此礼仪来不及再详议,即在原先的基础上,"事有未尽者,按前代典礼"④暂行。因此,在其亲祀中,就出现了"献摄执事"的"复古"情况。据记载,当时的"献摄执事"

---

① 《元史》卷85《百官一》,第2134页。
② 《元史》卷72《祭祀一》,第1785页。
③ 《元史》卷72《祭祀一》,第1787页。
④ 《元史》卷72《祭祀一》,第1791页。

成员，有"亚献官一，终献官一，摄司徒一，助奠官一，大礼使一，侍中二，门下侍郎二，礼仪使二，殿中监二，尚辇官二，太仆卿二，控马官六，近侍官八，导驾官二十有四，典宝官四，侍仪官五，太常卿丞八，光禄卿丞二，刑部尚书二，礼部尚书二，奉玉币官一，定撰祝文官一，书读祝册官二，举祝册官二，太史令一，御奉爵官一，奉匜盘官二，御爵洗官二，执巾官二，割牲官二，温酒官一，太官令一，太官丞一，良酝令丞二，廪牺令丞二，纠仪御史四，太常博士二，郊祀令丞二，太乐令一，太乐丞一，司尊罍二，亚终献盥洗官二，爵洗官二，巾篚官二，奉爵官二，祝史四，太祝十有五，奉礼郎四，协律郎二，蓺烛官四，礼直官管勾一，礼部点视仪卫官二，兵部清道官二，拱卫使二，大都兵马使二，斋郎百，司天生二，看守粢盆军官一百二十"①。其中有刑部尚书二人，但如侍中、门下侍郎等并非元朝官制者，则或由其他官员暂替。皇帝不参与的代摄郊祀，也有刑部尚书参与"献摄执事"的情况，但同样不知其具体步骤。

  郊祀之前所做的一系列准备中，也有刑部尚书参与。据载，在"省牲器"环节，太官令率宰人们宰杀祭祀需要的牲口，洗净后开始烹之。此时要求"刑部尚书莅之，监实水纳烹之事"②，即要求刑部尚书负责监督烹煮祭祀牲口之事。

  值得注意的是，在整个郊祀过程当中，刑部尚书必须停止刑事相关工作，与其他官员一样"不吊丧问疾，不作乐，不判署刑杀文字，不决罚罪人，不与秽恶事"③。其中，"不判署刑杀文字，不决罚罪人"很大程度上是对刑部尚书等拥有司法权限的官员所做的限定。

---

① 《元史》卷72《祭祀一》，第1801页。
② 《元史》卷74《祭祀二》，第1809页。
③ 《元史》卷74《祭祀二》，第1814页。

小　　结

　　本章主要围绕刑部机构本身探讨其职能调整情况。总的来说，元代刑部较之前代，有较为鲜明的特色。其一，由于元朝在金朝官制的基础上进一步打破了旧有唐制的二十四司体系，刑部亦剔除其中与法政功能相关性不强的比部、司门职能，而以更灵活的形式融入了治安警务职能。其二，由于元代不设大理寺，刑部的立法、司法、狱政等法政职能方面更趋强化，这使得刑部的部门专业化水平进一步提高，法政工作效率理论上也应得到提高。黄溍在《国学汉人策问二十四首》中就曾评论这一专业化的调整。他认为元代的刑部与三代刑官相比，职能更为集中，"今之刑曹，即古之士与司寇也。礼官无所谓折民之刑，而教官无所谓纠民之刑，职任可谓专而不分"，并认为"职任专则事易治"，古人的制度设计反而不如元代。[①] 其三，在职能调整的同时，刑部也融入了前朝刑部不具备的职能，如部分吸收了前朝执金吾的治安职能，使刑部尚书拥有对两城兵马都指挥司的提调权。这一变化非常重要，元末兵兴中，刑部尚书大量参与到地方的军事作战和剿匪行动中，与这一职能的延伸不无关系。

　　本章第三节主要从司法审判流程和行移文书角度探讨刑部职能，从其具体的操作和流程，包括文书行移的程序、措辞等方面看刑部在元代司法审判中的地位，其中特别提到了中书省和刑部文移之间起重要桥梁作用的右司刑房。右司及右司刑房在公文中甚少见，但它却是中书省和刑部之间沟通的必经部门。但令人诧异的是，绝大多数公文中却没有体现右司的地位和作用，就《元典章》而言，也不过区区一两则案例有所体现，因此本节在探讨

[①]　（元）黄溍撰：《国学汉人策问二十四首》，载《黄溍全集》，第144页。

中也一并梳理了右司刑房在其中的地位和作用，以便更好地了解元代刑部的文书行移流程和职能履行情况。第四节简单介绍了刑部一些细琐的职能，主要是对盐务的短暂介入，以及在礼制中履行的职能和扮演的角色。

第 五 章

动态视角中的元代刑部职能

　　元朝是由蒙古人建立的中国历史上第一个非汉族的全国性统一政权，其治下地域广袤，民族众多，这一特殊国情决定了元朝的官制和法制在继承传统中原王朝制度的同时，又有其独特的地方。元朝在"治民"层面，将人民按工作性质、民族分门别类，各有户计、族属，在普通民户外又分有儒户、匠户、军户、医户、乐户等诸色户计，同时又有蒙古、色目、汉人、南人四类族属不同的人群，分类远比前朝细致。为了管理不同类型的人民，大量管理机构随之设立，相对应的法律法规也在大量事务交互过程中产生并调整。

　　管理各色户计的机构，有的与中书省并无行政上的直接隶属关系，因此在行政、司法等管理问题上存在沟通障碍。胡祗遹曾经在《上张左丞书》中大谈废除诸色户计，"凡佛老医儒、鹰房打捕、百工技艺，繁名杂目，皆可散入民编，各归于守土之有司"①，但这种做法显然触犯相关部门的既得利益，最终不了了之。另外，有的户民被拨隶到特殊势力，如诸王、怯薛、宗教集团等，这些特殊势力有自己相对独立的管辖权力，中书省一般也难以直接介入。

　　户计之外，又有民族问题。大体而言，元朝人民被分为蒙古、色目、汉人、南人四类，也就是所谓的"四等人"。四等人虽称法固

---

① （元）胡祗遹撰：《上张左丞书》，载《胡祗遹集》，第267页。

定，但各等人之间的边界却往往存在模糊空间。以界限最为模糊的色目人为例，大德八年（1304）时奏准的《盗贼通例》中对色目人的界定是，"除汉儿、高丽、蛮子人外，俱系色目"[1]，但是随着时间的推移，这一认定在实际案件审理中变得不完全适用。延祐四年（1317），一起女真人充达鲁花赤的案件在中书省开议。议者根据大德八年例，认为女真当属于色目，但是刑部公议的结果却是，"既是女真，不同蒙古，况兼有姓，难同色目"[2]，直接否定了大德八年的规定。认定发生变化的一个关键因素是女真人有姓，更接近汉人、南人的身份特征。而实际上，随着全国统一而导致经济、政治、文化交流的加深，诸民族之间在文化上势必有相互借鉴、相互吸引的趋同之势。如在姓氏问题上，到了元朝中后期，许多蒙古、色目人也逐渐有了汉名汉姓，这是统一多民族国家各民族之间交往的必然结果，如果再以有姓与否作为区分四等人的一个标准，显然就不完全合理了。

元初的户籍制度以及特殊的权力分配、民族划分，决定了中书省及其下属机构刑部在一开始不可能成为全国唯一拥有司法权的职能部门。但是，统一国家内部诸户计、诸成分、诸民族之间的广泛交流和趋同也不可避免，这又决定了中书省和刑部具有成为全国唯一拥有司法权的职能部门的潜在诉求。这一变化使得元代的司法系统逐渐形成以中书省和刑部为基础，多部门、跨系统联合处理的司法系统，这又构成元代刑部在职能行使时的特色之一。

以中书省和刑部为基础，多部门、跨系统联合处理的司法系统，其司法审判及文书传递流程大致可作成下图5-1。

通过这一简图可以看到，中书省处在多部门、跨系统联合处理的司法系统的中心地位，而作为中书省下辖的专业司法机关，刑部也在案件审理和判决中起重大的作用。前章已经对图中所示的一般

---

[1]《元典章》卷49《刑部十一·女直做贼刺字》，第1655页。
[2]《元典章》卷49《刑部十一·女直做贼刺字》，第1655页。

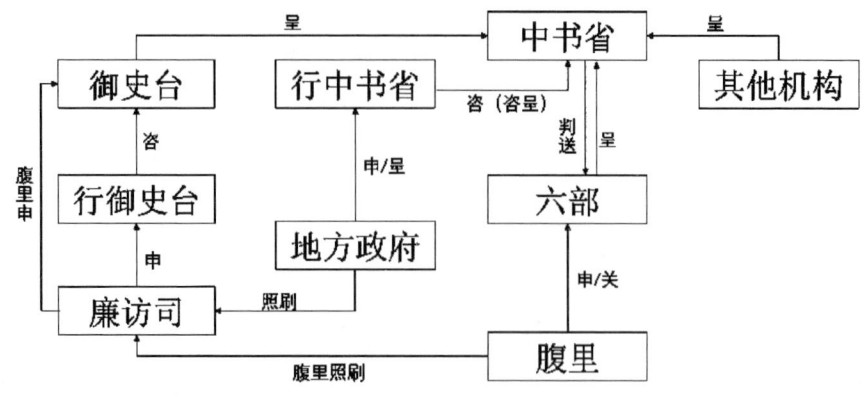

图 5-1 元代文书流转

司法审判流程和文书传递进行了分析，本章将在此基础上进一步分析中书省、刑部及其与其他机构之间的司法互动情况。

第一节 中书省框架内的刑部职能体现
——以省部关系为考察点

元代刑部在司法审判流程中虽非终审机关，但它无疑会对中书省终审判决产生巨大的影响。如前述，一般情况下，中书省在案件处理上都会尊重刑部，对刑部审理和判决的意见给予认可，但也存在一些特殊情况。

其一，中书省可能对刑部的量刑进行微调。在元初重新拟定法定刑的一段时间内，刑部会在比附旧例的基础上创制元朝新的法定刑，而中书省则常在刑部量刑的基础上进行增减。元初的刑法体系里，流刑一度弃用[①]，只有笞杖刑和死刑，具体判处规则是在对金

---

① 后来恢复流刑主要拿来流放盗贼和政治犯，但没有里数规定，仅仅是"流则南人迁于辽阳迤北之地，北人迁于南方湖广之乡"。

《泰和律》刑罚的折算基础上形成的。这一折算规则，据《元典章》中的"五刑之制"，结合姚大力的《论元朝刑法体系的形成》的分析，当如表5-1。

表5-1　　　　　　　　　金元法定刑折算

	笞		杖		徒					流			死	
金制	10	20—30	40—50	60—70	80—90	100	一年、一年半	二年、二年半	三年	四年	五年	两千里	两千五百里	三千里	绞	斩
元制	笞7	笞17	笞27	笞37	笞47	笞57	杖67	杖77	杖87	杖97	杖107	比徒四年	比徒四年半	比徒五年	绞	斩

刑部和中书省大致根据这一规则折算金制刑罚，逐步创设出元朝自己的刑罚体系，其减三下的做法，据《草木子》的介绍，与忽必烈"天饶他一下，地饶他一下，我饶他一下"①的说法有关。不过，刑部和中书省折刑并不总是严格按照这一规则折算新刑，有时候它们会根据新时期新的社会状况，对一些罪刑进行重新认定，从而产生适用于新朝的新判例。

以《元典章》中的"翁奸男妇已成"案为例，案中，奸夫魏忠与儿媳妇张瘦姑通奸，后张瘦姑自首案发。法司认为奸妇张瘦姑应处死，认定逻辑是，根据旧例（其时至元五年，尚未禁行《泰和律》）"和奸，本条无妇人罪名者，与男子同"，张瘦姑与奸夫魏忠因符合"彼此和同"的和奸性质，故应处同刑。奸夫已以"奸子孙之妇"罪判绞刑，故奸妇张瘦姑也应判处绞刑。又有旧例"若越度关及奸，并不在自首之例"，其"奸"包括和奸和强奸的情况，从而认定张瘦姑的自首行为不构成从轻处罚的情节，故最终认定张瘦

---

① （明）叶子奇撰，吴东昆校点：《草木子》卷3《杂制》，上海古籍出版社2012年标点本，第50页。

姑应判绞刑。案件送达刑部，刑部却提出了不同的意见。刑部认为，奸妇张瘦姑在事发后曾向其夫告状，后又到官府自首，可以量情酌减刑罚，故仅拟杖七十七下，并判其归宗。中书省认可了刑部这一判决意见。①

法的判决有引导社会风俗习惯的作用，因此类似的改判在元代文献中经常可见，就不仅仅是新王朝行使司法权的表现，其背后还反映了特定社会下统治者的新认知和新需求。按唐、金旧律，为了维护社会稳定，"诸犯罪未发而自首者，原其罪"②。《唐律疏议》称"今能改过，来首其罪，皆合得原"③，贯彻了汉代以来一直防止的"刑者不可复属，虽后欲改过自新，其道亡由也"④ 的改过思想。但在奸罪问题上，自首原罪的原则并不贯彻。除被强奸妇女外，其余奸罪妇女均应坐罪。对奸罪的严厉打击，体现了古法律文对儒家礼教的严防死守。但在元初，掌握司法权的中书省和刑部官员却并不认为应继承这一精神，是以重新将和奸中的自首情节考虑在减刑范畴中。这种做法，正如胡祗遹所说，"无无法之政，无不变之法……法以情立，亦以情废"⑤，当社会不再需要如此严苛的礼教约束时，相关法律自然需要适时修改。

在特殊的情况下，刑部工作出现失误，产生判决错误时，中书省也会协助刑部处理相关案件。如在"打死强奸未成奸夫"一案中，由于原先地方咨禀的事件经过有误，导致刑部在判决中产生误判。中书省即差出两员断事官到当地重新审查案情真相，并由刑部重新进行改判。⑥反之，有的时候，中书省官的不公待遇亦得刑部官员之

---

① 事见《元典章·刑部三》"翁奸男妇已成"例。
② 岳纯之点校：《唐律疏议》卷5《名例》，上海古籍出版社2013年标点本，第79页。
③ 《唐律疏议》卷5《名例》，第79页。
④ （东汉）班固撰：《汉书》卷23《刑法志》，中华书局1962年标点本，第1098页。
⑤ （元）胡祗遹撰：《论治法》，载《胡祗遹集》，第389页。
⑥ "打死强奸未成奸夫"例："差断事官曲出、高宣使前去审断。"

辩。如不忽木任刑部尚书期间，商议中书省事王遇曾因揭发功臣土土哈私自扩兵之事，遭到土土哈的报复，"奏遇有不臣语。帝怒，欲斩之"①，幸由不忽木出面以法进谏，才最终保住了王遇，使法无徇私。

其二，中书省与刑部，亦难免有各种各样的矛盾。这些矛盾一方面体现在司法技术层面，如省部对案情的分析、认定和审覆的不同上；另一方面也体现了省部官员相处的政治智慧。

在罪刑认定和量刑意见上，省部之间可能产生分歧，如在"奴杀本使"的案例中，"部拟：既是主被杀害，随从在逃通奸，前准法司所拟，似为尤重。止据不行首告罪犯，量情六十七下。呈奉省劄：除路驴儿待报外，唆鲁忽论不合与贼为妻，诸处藏朵，半年不首最犯，杖一百七下"②。但判决例中呈现的分歧往往只是结果，省部之间具体的讨论争执细节则无法通过判文呈现。

此外，当更多的法外因素介入时，中书省和刑部之间的关系就会变得错综复杂。法之首要原则在平允，目的在实现社会公正，在结果能使当事人信服，且受到社会认可和好评，如胡祗遹所说"法者，人君之大权，天下之公器"③，许有壬所称的"刑一人而天下服"④，都代表了元代社会对法的公正性的认识。法外因素，如政治斗争、人情关系、腐败问题等，常在司法审判过程中影响这种公平和正义，而在面对法外因素时，省部官员之间不同的抉择和衡量，往往成为中书省和刑部之间产生判决矛盾的重要因素。

特别地，在涉及政治斗争时，中书省权臣以权势压制刑部，这种抉择和衡量往往就成了刑部官员品格的试金石。

当刑部官员坚持独立人格、依法秉公时，中书省和刑部的矛盾

---

① 《元史》卷130《不忽木传》，第3167页。
② 《元典章》卷41《刑部三·奴杀本使二起（又）》，第1411页。
③ （元）胡祗遹撰：《论治法》，载《胡祗遹集》，第389页。
④ （元）许有壬撰：《特们德尔（帖木迭儿）门下等事》，载《至正集》卷76，清文渊阁四库全书本。

会显得异常激烈。在刑部官员相关的传记记载和文集中，这种争执时常可见，这一方面固然是为了塑造传主的刚正不阿、持法平允的形象；但它从另一方面也反映了法外因素，特别是政治斗争对司法的影响和干预。前章所提到的张雄飞事迹是为一例，又如《元史·曹伯启传》提到，权相铁木迭儿质问刑部官员在某案中为何久不处罚当事人，时任刑部侍郎的曹伯启就认为当事人"犯在赦前"，不宜治罪，结果"丞相虽甚怒，莫之夺也"。又有一次，"宛平尹盗官钱，铁木迭儿欲并诛守者，伯启执不可，杖遣之"①。另外，至元二十二年（1285），姚天福任刑部尚书时，"有疑狱谳上，不肯署，而同列遂决之，公以不得其职去。居岁余，所谳事白，如公所疑，而朝廷亦知公之明而非苛矣"②。至元二十三年，不忽木任刑部尚书，因处理贪赃枉法的河东按察使阿合马，被"阿合马所善幸臣奏不忽木擅发军储"③，最终因忽必烈的开明而免罪；至元二十六年，杜世昌任刑部尚书，"尚牧官讼城南治圃者杀白骆驼，当籍其家……公与丞相辩于上前，曰：'以一畜而废一家之产，何以示天下？'上从之。"④ 至元二十八年，立智理威任刑部尚书，"度吏李祯诬告漕臣刘献盗粟，上下视时宰桑哥意，锻炼成狱"。但是立智理威不为所动，认为"廷尉，天下平。辇毂之下，漕臣以冤死，何以示四方乎"，并将事情如实上报，最终还刘献公道，但他本人却因触怒权臣桑哥被贬外地。⑤ 大德八年，高克恭任刑部侍郎，在"御史问案枉法"一案中坚持依例定罪，"忤执政意，廷辩至数百言，终不易"⑥。南坡之变后，泰定帝等追究铁木迭儿子唆南和御史大夫铁失谋杀英

---

① 《元史》卷176《曹伯启传》，第4099—4100页。
② （元）虞集撰：《姚忠肃公神道碑》，载《山右石刻丛编》卷34。
③ 《元史》卷130《不忽木传》，第3167页。
④ （元）危素：《故通议大夫刑部尚书赠赞治功臣资善大夫中书左丞上护军追封长安郡公谥忠肃杜公行状》，载《危太朴文续集》卷6。
⑤ 《元史》卷120《立智理威传》，第2958页。又见虞集所撰《立只理威忠惠公神道碑》（《雍虞先生道园类稿》卷42，《元人文集珍本丛刊》影印本）。
⑥ （元）邓文原撰：《故大中大夫刑部尚书高公行状》，载《巴西集》。

宗的罪刑，时刑部尚书李廷"悉奏诛之，重赂不能易其守"①。后至元二年（1336），慕完任刑部尚书，"时宰（权臣伯颜）擅刑以作威，独不为屈，治狱平允宽明，人咸服之"②。即使是官微的刑部主事，也会出现刚正不阿的官员，如苏天爵的父亲苏志道，"在刑部，能不用上官意出故犯者，能却时宰欲杀盗内府金而狱未具者"③。

而当刑部官员心有所私时，往往就会随声附和、失去自我，甚至与中书权臣同流合污，沦为其大搞派系斗争、打击政敌的工具。如阿合马为了打击政敌崔燕帖木儿，"锐意穷索崔公所历地，踪迹疑似，将傅致其罪"，最后发现刚被提拔为刑部提控案牍的宋钦，于是"诬逮公入刑部狱，使鞫者罗织成之"④。又如权臣铁木迭儿，"恃其权宠，乘间肆毒，睚眦之私，无有不报"⑤，非常擅长借用法律途径打击政敌。在他任内启用的若干刑部官员，如刑部尚书不答失里、乌马儿、答里马失里等，俱为其心腹爪牙。在诬陷政敌赵世延的时候，铁木迭儿"令伊门下心腹人尚书答里马失里非法锻炼，勒要招服……凌虐枉禁，前后三年，意逼自裁"⑥，在发现赵世延不肯屈从时，又"坐以违诏不敬，令法司穷治，请置极刑"⑦。这种钩心斗角、司法不公，往往又与贪污腐败现象联系在一起。前述诸刑部尚书在铁木迭儿倒台时，纷纷被举报有贪污之事，"不答失里坐受其金，范德郁坐诡随，并杖免"⑧，乌马儿先是"坐赃杖免"，随后又

---

① （元）揭傒斯撰：《潞阳郡公墓志铭》，载李梦生标校《揭傒斯文集》，上海古籍出版社2012年标点本，第566页。
② （元）虞集撰：《慕公世德碑》，载《乾隆新乡县志》卷26，清乾隆十二年石印本。
③ （元）虞集撰：《岭北行省左右司郎中苏公墓碑》，载《雍虞先生道园类稿》卷44，《元人文集珍本丛刊》影印本。
④ （元）柳贯撰：《元赠中议大夫同签枢密院事骑都尉追封南阳郡伯宋公墓碑铭》，载魏崇武、钟彦飞点校《柳贯集》，浙江古籍出版社2014年标点本，第285页。
⑤ 《元史》卷205《奸臣·铁木迭儿传》，第4581页。
⑥ （元）许有壬撰：《辨平章赵世延》，载《至正集》卷76。
⑦ 《元史》卷205《奸臣·铁木迭儿传》，第4580页。
⑧ 《元史》卷28《英宗二》，第625页。

因"故丞相铁木迭儿子将作使锁住与其弟观音奴、姊夫太医使野理牙,坐怨望、造符录、祭北斗、咒咀,事觉"而受牵连,最后被诛杀。① 至于"不答失里",则因铁木迭儿子班丹"取受李文郁等钞定"的腐败案件而受牵连,与"徽政院使哈散儿不花等,俱经断罢,追夺窜逐"②。

在省部关系上,《元史·宰相年表》就像一张"晴雨表",透露出有趣的现象:在中书权臣当道时,刑部官员被启用到中书省的概率几近于无。从《宰相年表》中所记载的中书宰执群体看,在权臣阿合马、铁木迭儿、伯颜当政期间,几乎没有目前可见的刑部官员出任中书宰执的记载。当然,固不否认可能存在史无明载的刑部官员因附势权相而得到擢拔的情况,但目前可见的有详细史料记载的刑部官员,多有守法持正、不阿附权贵的品格,故常在权相当政时因不配合其肆意妄为而不得重用,甚至被贬黜到地方或被"调往"其他非中书省框架内的部门,自然遑论进入中书宰执群体。

其三,在省部官员的关系中还有一个极其重要的介入因素——皇帝。通常情况下,皇帝并不会介入省部官员处理政事时的矛盾之中,但有的时候皇帝也会绕开中书直接插手六部事务,前章所述崔彧与忽必烈之间的互动即为一例,文宗也曾直接下诏"敕刑部尚书察民之无赖者惩治之"③,似乎也不通过中书省。但这种情况毕竟属少数,更多时候,皇帝不但不插手省部事务,甚至有的皇帝连六部官员都不认识,如成宗大德三年时,成宗皇帝就对六部官说道:"汝等事多稽误,朕昔未知其人为谁。今既阅视,且知姓名,其洗心涤虑,各钦乃职。复蹈前失,罪不汝贷。"④

有时候,皇帝与某些部官的关系交好之时,刑部的实际地位就会得到临时提高。如仁宗时,刑部尚书谢让因深得仁宗皇帝喜欢,

---

① 《元史》卷34《文宗三》,第761页。
② (元)许有壬撰:《班丹等》,载《至正集》卷76。
③ 《元史》卷33《文宗二》,第743页。
④ 《元史》卷20《成宗三》,第426页。

因而获得了与众不同的权力。仁宗亲切地称呼谢让为"老尚书",并且下旨要求"六部事疑不决者,须让共议,而后上闻",于是六部有事,如"户部更定钞法,礼部议正礼文,让皆与焉"①。不仅如此,仁宗朝开始编纂的《大元通制》,也要求谢让参加,前章所述谢让提出刑部不守稽迟违限章程之事也得到中书批准。

在对待上报案件时,皇帝一般也不加干预,仅仅在形式上履行一下"那般者""制曰可",但在个别时候,特别是忽必烈时代,皇帝本人也会对一些案件的处理结果进行干预,甚至改判刑部和中书省的量刑意见。如《元典章》中所载"倚势抹死县尹"一案中,中书省和刑部就拟定了量刑意见,将该县的达鲁花赤"八十七下打了,放了,今已后勾当里不委付呵",但是忽必烈却认为"事从这的每起有,敲了者",随后陈令史判"一百七下",也被忽必烈改成"那的是最合敲的人有,敲了者"②。

不唯如此,在专制体制下,天威不测,有时候皇帝的个人喜怒和一时之言还会作成法则,受到普遍遵守,如至元十四年时,忽必烈问耶律希亮为何囚多,耶律希亮称:"近奉旨:汉人盗钞六文者杀,以是囚多。"忽必烈非常惊异,询问后才知道原来是自己"在南坡,以语蒙古儿童"的戏言被著为令式。③ 又至元二十三年,中书省臣言:"比奉旨,凡为盗者毋释。今窃钞数贯及佩刀微物,与童幼窃物者,悉令配役。臣等议,一犯者杖释,再犯依法配役为宜。"忽必烈为自己前旨中的疏漏找了个台阶下:"朕以汉人徇私,用《泰和律》处事,致盗贼滋众,故有是言。人命至重,今后非详谳者,勿辄杀人。"④ 虽然上述二例中不合理的法令最后都被忽必烈废除,但由此可以看出元代君主在法律上乾纲独断的地位,哪怕其规定有谬,也被不加详察地著为法令。忽必烈尚属开明君主,曾有旨谕史

---

① 《元史》卷176《谢让传》,第4111页。
② 《元典章》卷42《刑部四·倚势抹死县尹》,第1434—1436页。
③ 《元史》卷180《耶律希亮传》,第4162页。
④ 《元史》卷14《世祖十一》,第289页。

天泽,"朕或乘怒欲有所诛杀,卿等宜迟留一二日,覆奏行之"[①],在一定程度上也对君权进行了自我约束。

总体而言,中书省与刑部处于上下级关系,刑部应当听令服膺于中书省,但中书省和刑部之间的关系并不总是处在相对稳定平衡的权力架构中。特别是当省部官员卷入政治斗争时,刑部官员的抉择和衡量往往成为其品格的试金石。另外,在个别时期,皇帝的宠信与否,也直接影响刑部权力的发挥。

第二节　特殊司法领域的刑部职能问题

尽管随着元朝统一带来的各地、各族人民融合为全国司法审判权的统一提供了先决条件和便利,但许多相对独立、垂直管理、业已存在的部门,往往代表了一方利益,它们的司法权轻易不愿让渡给中书省和刑部,因而,凡涉及跨户计、跨地区、跨民族、跨宗教等的事务,均需要由各部门通过"约会"来联合处理,这就是元朝非常著名的"约会"制。刑部在"约会"制中同样扮演极为重要的角色。

一　大宗正府与刑部之间的职能调整

元朝是多民族政权,其人口的大多数虽然是广义上的汉人,但因辽宋金长达数百年的南北分裂,使得广义的汉人之中又有北方汉人和南方南人的区别。不唯如此,因其统治者为蒙古人,尽管人数不占优势,却因"国族"的天然关系而成为需要特别照顾利益的民族,投降追随蒙古人较早、善于经营的色目人也因之受到政策倾斜。

元代的大宗正府正是这种"国族"特权的产物。宗正一词,于先秦《逸周书》中即见,作为管理皇族事务机构的代名词,始于秦

---

① 《元史》卷5《世祖二》,第89页。

汉时期。唐设宗正寺，宋设宗正司，金始称大宗正府。其名称虽略异，但所指一致，均是管理皇族事务的机构。到了元代，宗正府的名称虽得到沿用，然而职能却大异于前朝。一般认为，元朝的宗正府建立的时间在至元十七年（1280），忽必烈因阿合马之请而产生灵感，设立大宗正府。设立的原因，是为了安置从蒙古旧制中继承过来的札鲁忽赤一职。札鲁忽赤是蒙古时期的断事官，专掌漠北蒙古大本营的行政、司法等事务。后来，这一职位被忽必烈保留了下来，但一直没有找到非常合适的汉式机构与之形成对译。至元十七年，"阿合马尝奏宜立大宗正府。世祖曰：'此事岂卿辈所宜言，乃朕事也。然宗正之名，朕未之知，汝言良是，其思之。'"[1] 或许因这一启发，忽必烈很快利用大宗正府之名行札鲁忽赤之实，把大宗正府的名号安在了原先札鲁忽赤上。

这一拼接使得元代的大宗正府从一开始就出现名实分离的情况。与传统的宗正机构不同，元代的大宗正府虽规定以诸王为府长，但实际执行得并不严格，且并不行使管理皇族事务的职能，而是行使继承自札鲁忽赤的漠北司法职能："根脚里成吉思皇帝时分立札鲁花赤呵，诸王、驸马、各怯薛歹、各爱马蒙古色目人每奸盗、诈伪、婚姻、驱良等事，交管来。"[2] 后来，随着漠北与内地交流的日渐频繁，不少蒙古、色目人来到中原，于是札鲁忽赤的职能需要进行一定调整。至元九年（1272），札鲁忽赤定职能为"止理蒙古公事"[3]。此后，大宗正府的权力陆续扩张，原本属于刑部的一些司法职能也陆续划分到大宗正府。至元二十二年（1285），"汉人有罪过呵，也交俺管来"[4]；大德七年（1303），"定大都南北兵马司奸盗等罪，六十七以下付本路，七十七以上付也可札鲁忽赤"[5]；皇庆元年，"四

---

[1] 《元史》卷205《奸臣·阿合马传》，第4562页。
[2] 《元典章》卷49《刑部十一·剜豁土居人物依常盗论》，第1641页。
[3] 《元史》卷87《百官三》，第2187页。
[4] 《元典章》卷49《刑部十一·剜豁土居人物依常盗论》，第1641页。
[5] 《元史》卷21《成宗四》，第449页。

怯薛、诸王、驸马外头的达达、色目、兀鲁思千户每的奸盗诈伪，自其间里有词讼勾当呵，交札鲁花赤归断呵"①；泰定元年（1324），"敕以刑狱复隶宗正府，依世祖旧制，刑部勿与"②。

刑部与大宗正府司法职能的划分中，也有若干反复。皇庆元年，敕"汉人刑名归刑部"③，大宗正府的权力有所压缩；致和元年，大宗正府的权力进一步压缩，只"以上都、大都所属蒙古人并怯薛、军、站色目与汉人相犯者"，才"归宗正府处断……其余路、府、州、县汉人、蒙古、色目词讼，悉为有司刑部掌管"④。

但很快，顺帝初权臣伯颜掌权，大规模恢复蒙古旧制，于是先在元统二年"诏蒙古、色目犯奸盗诈伪之罪者，隶宗正府；汉人、南人犯者，属有司"⑤，后又在后至元元年（1335）将被仁宗去掉"大"字的宗正府重新恢复为大宗正府，并令之"总掌天下奸盗诈伪"⑥，把大宗正府的司法权推向了顶峰。

尽管大宗正府品秩高，地位尊崇，权力又节次扩大，但实际上，大宗正府的崇高和权重并非使其在司法上无所不包，刑部仍在整个元代的司法体系中有不可替代的作用。

大宗正府每一次权力变动，都与一定的政治背景分不开。至元二十二年时，大宗正府成立未久，或出于凸显其地位重要性的考量，忽必烈启用亲信答剌罕哈剌哈孙为大宗正，同时授予其较高的司法权力。元朝中后期，大宗正府的权力总体而言逐渐受到压缩。其几次增权，往往与政治倾向较为保守的蒙古贵族上台执政有关。

泰定帝即位前为晋王，世守漠北，几乎不谙汉地事务，甚至其

---

① 《元典章》卷49《刑部十一·剜豁土居人物依常盗论》，第1642页。
② 《元史》卷29《泰定帝一》，第649—650页。
③ 此一规定与前述"四怯薛、诸王、驸马外头的达达、色目、兀鲁思千户每的奸盗诈伪，自其间里有词讼勾当呵，交札鲁花赤归断呵"，应是表达同一层意思。详见刘晓《元代大宗正府考述》，《内蒙古大学学报》（人文社会科学版）1996年第2期。
④ 《元史》卷87《百官三》，第2187—2188页。
⑤ 《元史》卷38《顺帝一》，第821页。
⑥ 《元史》卷39《顺帝二》，第834页。

上台的即位诏都没有经过汉人词臣润色，而直接由蒙古语硬译成汉语白话。当从晋邸偶然得以继任皇位时，他对蒙古旧制中的"札鲁忽赤"的情感无疑要大于汉式机构刑部。顺帝初的权臣伯颜也是一个极端保守的蒙古贵族，他独相期间极力推行蒙古旧制，甚至一度废除汉式科举，故他们倾向于依靠札鲁忽赤断决刑狱的做法也就可以理解了。这些保守的蒙古贵族往往宣称遵循世祖旧制，如泰定帝，"敕以刑狱复隶宗正府，依世祖旧制，刑部勿与"[1]，又"诏谕宗正府，决狱遵世祖旧制"[2] 等；而权臣伯颜，则甚至将年号改为"至元"，并在改元诏中借顺帝之口称"惟世祖皇帝在位长久，天人协和，诸福咸至，祖述之志，良切朕怀"[3]。而重用札鲁忽赤，重新赋予其司法大权，正是恢复世祖旧制的重要一环。

与大宗正府相比，刑部的司法权显得更为一以贯之。特别地，在那些规定由大宗正府掌握司法权的年份，刑部并没有因此失去司法权。如至元二十二年规定汉人刑名归大宗正府，实际上检诸《通制条格》《至正条格》《元典章》等文献却可以发现，至元二十二年后刑部仍活跃于各种立法与司法文献中，并未因此不再参与司法活动。换句话说，尽管大宗正府札鲁忽赤介入了司法领域，但在实际的司法实践中，刑部的司法权似乎并未因这些规定而受到过分的剥夺，更多的判例显示，在元朝的任何时期，刑部仍是最主要的司法部门。

大宗正府与刑部之间司法权力的分配，是一个动态的过程。尽管大宗正府的司法权限在逐渐加强，刑部的司法权限相对萎缩，但这并不意味着刑部就此失去在司法中的地位。

其一，至元二十二年大宗正府在司法领域增权，应该是有限制条件的。史料中提到："根脚里成吉思汗皇帝时分立札鲁花赤呵，诸

---

[1] 《元史》卷29《泰定帝一》，第649页。
[2] 《元史》卷30《泰定帝二》，第680页。
[3] 《元史》卷38《顺帝一》，第830页。

王、驸马、各怯薛歹、各爱马蒙古色目人每奸盗、诈伪、婚姻、驱良等事，交管来"。这是早在成吉思汗时期就已经确立的也可札鲁忽赤的司法权。而到了至元二十二年，"汉人有罪过呵，也交俺管来"。从文书上下文的连贯性看，交给大宗正府管辖的"汉人罪过"，也应是"奸盗、诈伪、婚姻、驱良等事"，《元史·百官志》中称大宗正府"凡诸王驸马投下蒙古、色目人等应犯一切公事，及汉人奸盗诈伪、蛊毒厌魅、诱掠逃驱、轻重罪囚，及边远出征官吏、每岁从驾，分司上都存留住冬诸事，悉掌之"①，所指当是此次增权之后大宗正府的权力。问题在于，大宗正府所管辖的"汉人罪过"范围如何，能否涵盖当时全国汉人？

结合史料，大宗正府所管辖的"汉人罪过"，恐怕难以认定涵盖当时全国。首先，从至元二十八年的《至元新格》的"流配死罪，依例勘审完备，申关刑部待报，申扎鲁火赤者亦同"的规定看，刑部仍然拥有司法权，并不因至元二十二年"汉人罪过"交由大宗正府而消失，可知大宗正府对"汉人罪过"的介入是有一定范围的，并非全国范围内无差别适用。其次，《元典章》中大量的案例也显示了这一结果，如"逼令妻妾为娼"一案，为大德元年上都民户王用所犯案，"接揽税粮事理"为大德十年山东章丘县民户朱成告岳百户揞克税粮案，"验赃轻重科罪"为至元三十年（1293）山东济宁路案，大德年间的"偷头口贼依强窃盗刺断"为陕西行省疑案，均为普通汉人案件，且不乏奸盗诈伪之案，处理单位均为中书刑部，并非大宗正府札鲁忽赤，可知不仅在制度规定上，即便在实际司法中，大宗正府也并不包揽涉及汉人的一切案件，刑部仍具有相当的司法权限。② 以此观之，大宗正府所管辖的"汉人罪过"，至少在制度设计之初是不包括全部汉人的。据史料的蛛丝马迹判断，大宗正府在

---

① 《元史》卷87《百官三》，第2187页。
② 事见《元典章·刑部七》"逼令妻妾为娼"例，《元典章·刑部九》"接揽税粮事理"例，《元典章·刑部八》"验赃轻重科罪"例和《元典章·刑部十一》"偷头口贼依强窃盗刺断"例。

制度设计之初所辖的"汉人罪过",恐怕更多是"诸王、驸马、各怯薛歹、各爱马"下的"汉人罪过",所据理由有如下几条。

首先,大宗正府的前身——也可札鲁忽赤,所管辖的司法事务为"诸王、驸马、各怯薛歹、各爱马蒙古色目人每奸盗、诈伪、婚姻、驱良等事",因此入元之后,在至元九年,大宗正府尚未成立之前,札鲁忽赤的职责被确定为"止理蒙古公事",二者之间一脉相承。而原先汉地普通民户的司法事务,由中书省和刑部管辖,二者之间权责明确,彼此亦无出格之举,忽必烈没有理由在至元十六年或之后,专门成立由札鲁忽赤组成的大宗正府来破坏这一司法权力的分配格局。其次,忽必烈以汉式机构大宗正府对译也可札鲁忽赤,不是一种毫无根据的选择。纵观元代蒙汉诸机构之间的对译可见,蒙式诸机构对译为汉式诸机构时,其所指、职能、制度设计虽未必与原先汉人的理解一一重合,但一定存在职能相近之处,且就忽必烈对阿合马所说的"此事岂卿辈所宜言,乃朕事也"看,大宗正府的设计成立初衷,正是为了继承原先也可札鲁忽赤对"诸王、驸马、各怯薛歹、各爱马"属民的司法权,所以身为中书宰执的阿合马才不宜过多谈论相关事宜。复次,与大宗正府成立及其对"诸王、驸马、各怯薛歹、各爱马"属民享有司法权的情况相对应的,是"诸王、驸马、各怯薛歹、各爱马"下原先所置的断事官权力的萎缩。到了仁宗时期,除晋王外,所有的诸王、驸马、投下的断事官均被罢除,似可反向地证明大宗正府的权力赋予,主要是为了解决断事官罢除后,漠北蒙古地区的司法刑名处于"真空地带"的问题。最后,成吉思汗时期所规定的"诸王、驸马、各怯薛歹、各爱马蒙古色目人",是因为彼时大蒙古国还没有对汉人实行有效统治,而随着元朝统一全国,不同民族、地域的人口开始在全国范围内出现流动,诸王、驸马、投下的封地进一步深入汉地甚至南方诸省,怯薛歹、爱马中亦不可避免有汉人存在,因此大宗正府的管辖范围必须做适度拓宽。

综上来看,大宗正府在至元二十二年时所拓宽管辖的"汉人罪过",需要限定在"诸王、驸马、各怯薛歹、各爱马"的属民中。之所以增加这一规定,主要也是为了完善原先成吉思汗规定(札撒)中的不足之处。至于此后个别大宗正的具体司法行为可能与上述说法不一致,则或因其个人越权,或因后来制度调整,不能直接作为质疑制度设计初衷的依据,此时的刑部仍与大宗正府一同享有司法权力,二者并行不悖。

其二,至元二十二年以后,大宗正府的司法权也在不断进行调整。至元二十二年,哈剌哈孙任大宗正府也可札鲁忽赤后,曾出现"京师有以伪造楮币连富民百余家,王尽释之"①的案件。案件中的"富民百余家"无法确定是否仅为"诸王、驸马、各怯薛歹、各爱马"的属民,但可以肯定的是,经过类似的司法实践,大宗正府在大都的司法权正逐渐超出"诸王、驸马、各怯薛歹、各爱马"的范围,扩张至一般普通民户,并因此而与前章所述刑部尚书因提调兵马司而取得的部分司法权力出现重合。或因此,大德七年,元朝政府才做出了"定大都南北兵马司奸盗等罪,六十七以下付本路,七十七以上付也可札鲁忽赤"的规定,将原本属于刑部的司法权力部分转移到大宗正府。

大都之外,大宗正府的司法权也出现扩张的趋势。至元二十四年,哈剌哈孙奏"去岁审囚官所录囚数,南京、济南两路应死者已一百九十人,若总校诸路,为数必多,宜留札鲁忽赤数人分道行刑"②,由此可知,至少在至元二十四年,札鲁忽赤的司法权限增加了"监临刑场"一项。但是,奏中的审囚官未必是指札鲁忽赤,无法从中推知此时札鲁忽赤还有录死囚的权力。除此之外,大宗正府在各地行使司法权的记载还有:"大同民群斗,殴鹰房三人死,近臣以变闻。帝怒,亟遣王治,止坐其首斗者"③;"保定诸郡旱,民当

---

① (元)刘敏中撰,邓瑞全、谢辉校点:《敕赐太傅右丞相赠太师顺德忠献王碑》,《刘敏中集》,吉林文史出版社 2008 年标点本,第 34 页。
② (元)苏天爵辑撰:《元朝名臣事略》卷 4《丞相顺德忠献王》,第 56 页。
③ (元)苏天爵辑撰:《元朝名臣事略》卷 4《丞相顺德忠献王》,第 56 页。

输米京师，多以轻赍就籴，有司摭为奸，欲没其产赏告者，王（哈剌哈孙）得其情，皆纵去"① 等。在至元二十二年时，还曾出现"时相请以江南狱隶宗正"的情况，当时任也可札鲁忽赤的哈剌哈孙以"相去数千里，欲遥制其刑狱，得无冤乎"为由拒绝了。② 不过，从《元典章》记载看，至元二十二年之后，大宗正府札鲁忽赤确曾一度介入对江南罪囚的审判中，但因"等大札鲁忽赤每断呵，误着有"的缘故，又在至元二十九年规定"不须等札鲁忽赤断"③。总的来看，大宗正府的司法权虽然一再拓宽，但主要的行使区域在漠北和腹里地区，并未过多干涉其他行省。

不过，正是在腹里地区，特别是其对大都司法的介入，使原本属于刑部的权力转移到大宗正府身上，刑部作为腹里地区最高司法机关的地位因此受到打击。刘敏中在《奉使宣抚言地震九事》中指出这一事实，但他对大宗正府的介入却不持肯定态度："刑部实为秋官……所掌分于宗正，或乃不分轻重，指名脱放罪囚。"④ 这一权力转移发生在忽必烈统治后期，此时忽必烈的执政风格偏向保守，情感上更偏向蒙古旧制，在他的支持下，大宗正府的司法权力逐渐出现扩张是可以理解的。与此同时，李治安在《元代行省制度》中曾经指出，"由于保护投下特权，中书省直辖'腹里'地区内长期保留了数量可观的漠南草原投下领地路府和十余块食邑'飞地'"⑤，正是这一特殊局面，使得腹里地区成为大宗正府自成立之初，除漠北以外最集中履行司法权力的地方，其后则因投下领地、食邑与普通路府州县的交流互动增加，大宗正府出现越权司法现象。但大宗正府为从一品高级衙署，位高权重，其札鲁忽赤即便有越权执法的

---

① （元）苏天爵辑撰：《元朝名臣事略》卷4《丞相顺德忠献王》，第56页。
② 《元史》卷136《哈剌哈孙传》，第3291—3292页。
③ 《元典章》卷40《刑部二·随路决断罪囚》，第1377页。
④ （元）刘敏中撰，邓瑞全、谢辉校点：《奉使宣抚言地震九事》，《刘敏中集》，第147页。
⑤ 李治安：《元代行省制度》，中华书局2011年版，第796页。

行为，刑部也难以过多干预，久而久之则容易形成新的权力分配和习惯。腹里地区的案件时而见刑部处理，时而为大宗正府处理，正是这一变化过程的具体体现。

其三，在立法权上，大宗正府较之刑部取得了更加突出的地位。作为从一品高级衙署，大宗正府也可札鲁忽赤常能直接参加皇帝及其高级官僚之间议法的活动，这是刑部所不具备的。在这个过程中，一些蒙古法的因素会通过札鲁忽赤的司法实践带到汉地，成为全国通行使用的规定。如《强窃盗贼通例》中关于"偷一赔九"的规定，即大宗正府札鲁忽赤们将源自漠北草原习惯法移植到汉地而形成的规定。起初，"偷一赔九"属于偷牛羊马等大头口案件的相关赔偿规定。至元二十九年，在大宗正府札鲁忽赤的要求下，这一规定被进一步适用于汉人和南人，偷驴、猪等汉地牲畜案件的赔偿规则亦改为"偷一赔九"[①]，并正式写入大德五年的《强窃盗贼通例》中。

不过，刑部并非无所作为。在忽必烈之后的诸朝中，刑部的司法权在起伏中有所恢复。延祐六年，刑部就取回了大德七年所定兵马司案件的归属权："今后南北兵马司，但犯八十七以下刺配并杂犯囚徒，招赃明白，追勘完备，合从本司官圆坐，再三审复无冤，就便依例发落。"《至正条格》记载了这一规定，表明直到顺帝时期，刑部仍据有此权。泰定元年，泰定帝提出"刑狱复隶宗正府，依世祖旧制，刑部勿与"，使得刑部的司法权力可能有所丧失，但不久之后即得恢复。到了致和元年（1328），大宗正府的权力就被压缩回"以上都、大都所属蒙古人并怯薛、军、站色目与汉人相犯者，归宗正府处断"的局面。致和元年七月泰定帝驾崩，我们无法得知这一决定是在泰定帝生前做出的还是文宗继位做出的，但猜想后者的可能性较大。到了后至元时期，在伯颜当权时，大宗正府因"总掌天

[①] 事见《元典章·刑部十一》"达达偷头口一个陪九个""汉儿人偷头口一个也陪九个""盗猪依例追陪"例。

下奸盗诈伪"而达到权力顶峰,但这一权力顶峰可持续的时间是令人怀疑的,虽然"没有更多的材料可以说明"①。不过,如果结合《至正条格》,从其现存的"断例"中,我们不难发现元统、后至元乃至至正初年由刑部受理的大量案件,因此,大宗正府是否真的能做到"总掌天下奸盗诈伪",其总掌时间又持续多久,值得怀疑。

总之,通过梳理刑部与大宗正府之间的司法权分配问题可以看到,大宗正府成立后,在皇帝的支持下一步步获取原先刑部所拥有的司法权。但即使如此,刑部仍在总体上保有较大的司法权力,并未因大宗正府而沦为空壳机构。

此前,学界常从蒙、汉司法二制的角度考察刑部与大宗正府之间的权力分配,其意义固然显著,但似乎仍显未尽。刑部与大宗正府之间的司法权力分配,还反映出另一个层面的问题,即君权与相权的权力分配问题。从大宗正府的设立及其权力调整的过程可以看到,元代大宗正府是皇帝一手支持创建的,承旧制于也可札鲁忽赤,又以宗王或亲信为府长,佩银印位百司右,位高权重,难以制约。在其诞生之初,大宗正府甚至不受御史台照刷文卷的监督制约。不唯如此,从前举事例中还可看到,大宗正府的职能履行又常游离于中书省之外,在向皇帝汇报工作时,常绕开中书省,径直或通过近侍进行,这也侧面说明了它对皇帝负责而不对宰相负责的性质。即使在权相权倾朝野的年代,中书省也无力直接指挥大宗正府,仍要通过皇帝形式上的号令来赋予或剥夺大宗正府的职能。刑部则不然,它很显然是中书省框架中的一部分,直接从属于相权,因此其职能的履行在这个意义上就成了相权伸张的表现。这样,君权就不可避免地与相权出现了重叠,从而有大宗正府与刑部权力的调整分配。

---

① 陈高华、史卫民编著:《中国政治制度通史·元》,社会科学文献出版社2011年版,第262页。

二 其他特殊部门与刑部的司法权调整

大宗正府之外,元朝实际上还存在许多叠床架屋的特殊部门,代表着民族、宗教、权贵等特殊利益,对其所属部民拥有一定范围的司法权。这些部门行使司法权的,一般是"断事官"。"断事官"一职,在大蒙古国时期与"札鲁忽赤"重合,为札鲁忽赤的汉译名,入元后则分离。在包括中书省之内的许多部门,都有"断事官"一职,履行部门下属相关的词讼和刑政职能。就《元史·百官志》看,明确记载拥有"断事官"职位的部门就包括中书省、枢密院、宣政院、大宗正府、太禧宗禋院、晋王内史府、都护府、詹事院。其中,枢密院掌军旅之事,其断事官"处决军府之狱讼",相当于从中书省分去了关于军户、军人的司法权。宣政院掌释教僧徒,至元二十六年(1289)置断事官,大德四年罢。太禧宗禋院"掌神御殿朔望岁时讳忌日辰禋享礼典",置断事官四员。[①] 詹事院为太子属下官僚,但个别年代也有断事官,如武仁时期,还是皇太子的仁宗皇帝就曾派遣断事官朵儿只会同尚书省断事官怀都、刑部官员一起审理案件。[②] 其余大宗正府、晋王内史府、都护府在前文均有介绍,它们也都具有一定程度的司法权。

不唯如此,有些没有设立断事官的部门,也同样拥有司法权。如管理怯怜口等人的中政院,在大德五年就径直向皇帝请求,"如今中政院管着的怯怜口、阿塔赤、阿察赤、玉烈赤匠人每、管民官吏等,但是俺管着,省里、台里、内外衙门俺根底不商量,做罪过来么道,拿将去问有",即若其管辖的怯怜口并所属官吏出现犯罪行为,交由中政院直接处理。皇帝批准了这一请求,认为"您说得是有。家私的勾当,有但属您管的,省里、台里休问者",从而将其所

[①] 《元史》卷87《百官三》,第2207页。
[②] 据"乱言平民作歹"例:"刑部呈……仰本部约请尚书省断事官怀都,詹事院断事官朵儿只,一同归问明白,连衔呈省。"

属部民的司法权移交给中政院。① 宣政院虽然一度设立断事官而又作废，但始终把持着对各地僧人的司法权，"僧人自相干犯重刑，钦依合令僧司依例结案"②。管理道教的集贤院，管理基督教的崇福司，管理回民的回回哈的司，以及管理畏兀儿民众的都护府，都程度不等地拥有这一司法特权。③

赋予这些特殊利益部门以司法权的，也是皇帝。为了照顾不同民族、不同利益团体、不同户计、不同地区的差异，皇帝按照"各依本俗法"的理念，授予上述各类型机构以特定的司法权，以取得相关团体对皇帝的拥护。但是，随着元朝各民族、各利益团体、各户计、各地区之间交流互通程度的加深，这种"法出多门"的制度设计显然不利于国家司法权的统一，容易使司法效率大打折扣，甚至影响司法公正，成为特权阶层相互包庇的手段。正如大德七年中书省向皇帝所禀报的，"为那上头，僧道做贼说谎、图财、因奸致伤人命的僧道多者。似那般约会待问呵，他每约会不来。使人去呵，将使去人打了，更教贼人躲闪了有。因此迁调得讼词长了，交百姓每生受有"④。基于此，元朝官方开始有意识地归并一些特殊利益部门的司法权，如至大四年四月，皇帝即下旨，"管和尚、先生、也里可温、答失蛮、白云宗、头陀教等各处路府州县里有的他每的衙门，都教革罢了，拘收了印信者。归断的勾当有呵，管民官依体例归断者"⑤。随后十月，中书省又奉旨宣布取消原先掌管回回刑名的回回哈的司大师的司法权，"哈的大师，只管他每掌教念经者。回回人应有的刑名、户婚、钱粮、词讼大小公事，哈的每休问者，交有司官

---

① 《元典章》卷39《刑部一·怯怜口官吏犯罪》，第1344—1345页。
② 《元典章》卷39《刑部一·僧人自犯重刑》，第1346页。
③ 事见《元典章·刑部十五》"诸色户计词讼约会""儒道僧官约会""医户词讼约会""乐人词讼约会""投下词讼约会""畏吾儿等公事约会""军民词讼约会""都护府公事约会"等例。
④ 《元典章》卷39《刑部一·僧道做贼杀人管民官问者》，第1346页。
⑤ 《元典章》卷53《刑部十五·儒人词讼有司问》，第1758页。

依体例问者"①。同年，江南行台称"儒学提举、教授等官与有司约会归问，词讼紊烦不便"，于是也革除其司法权，"在籍儒人果有违枉不公不法一切词讼，比例合从有司归问相应"②。

　　回回哈的司、儒学学官较为彻底地被收回司法权，几乎所有司法权力付回有司。有的部门势力强大，中书省和刑部短时间内无法取得其全部司法权，因此仅仅将其中涉及刑名相关的部分付归有司。如大德七年，各宗教势力还得以行使司法权时，中书省和刑部便只能依照世祖皇帝的规定，只将其中"犯奸的，杀人来的，做贼说谎的，犯罪过的僧道每"，"交管民官问者"。但是，"其余与民相争地土一切争讼勾当"，管民官只能采取约会，与僧道官人头目一并判案。③

　　总的来说，刑部逐渐从这些部门取得了程度不等的司法权，故对刑部而言，其在相关领域的司法权总体上是扩大的。值得注意的是，这里涉及的刑部司法权，是泛指中书省和刑部能够管辖得到的，包括腹里和行省各级路府州县的司法权，而非仅仅是刑部直接行使的司法权。当司法权回拢到路府州县的管民官手中后，它就会按照此前《至元新格》所规定的，根据案情大小逐级交由各级管民官处理，一旦有作疑咨禀或重大刑名案件，就会按照普通流程上报中书省和刑部，这样既整合了司法权的行使，避免"法出多门"，政令不一的情况，又简并了诉讼流程，有利于司法效率的提高。因此，这种权力扩大之于刑部，总体意义是积极的。另就法律层面看，相对统一的标准和司法实践还有利于全国刑名的统一，为元代中后期各类法典的编纂提供司法实践基础。试想，如果法出多门、各有判决，则不但刑名本身难以统一，法的正义性和威慑性亦难得到有效保证，那么进一步统一的法典编纂就更无从谈起，故此，司法权的统合，

---

① 《元典章》卷53《刑部十五·哈的有司问》，第1759页。
② 《元典章》卷53《刑部十五·儒人词讼有司问》，第1758页。
③ 《元典章》卷39《刑部一·僧道做贼杀人管民官问者》，第1346页。

还在一定程度上促使了元朝司法向成熟稳定的成文法的过渡。

此外，司法权向中书省和刑部归并也属正常发展趋势。刑部以专业司法见长，其部门官吏因长期从事司法实践而拥有其他部门无可比拟的司法经验，因此，将司法权收归刑部，是提高司法质量的必然要求。一些立法活动因没有刑部参加，甚至出现了简单的错误。以《元典章》中"盗贼各分首从"为例，在至大四年（1311）时，皇帝曾经与其高级官僚们制定《拯治盗贼新例》，指出对"偷豁开车子、偷盗驼马牛只"的贼人处以各种刑罚。参加制定的高官，从"处断盗贼断例"文中看，包括"大宗正府也可札鲁忽赤按浑察大王、阔阔出司徒、阿撒罕太师、帖木迭儿丞相、塔失帖木儿知院、伯忽大夫、哈散丞相、灭怯秃承旨、完泽知院、也先帖木儿知院、朵歹院使、章间平章、帖木儿脱也同知、阔彻别承旨、买驴同知、床火儿副枢、阔阔出答剌罕、十得同金"等，均为朝廷一二品大员，立法阵容不可谓不高。但是，即使如此，这群高级官僚订立的《拯治盗贼新例》却仍存在问题：没有区分首从犯。这种现象的存在是不可思议的，因为早在《唐律》乃至更前，盗贼区分首从犯的原则就已经得到法律确认，且经过长期司法实践，在汉地已经形成了司法习惯。出现这种疏忽的原因，可能与刑部专业官员没有参与制定有关。此后，文书以圣旨的形式"遍行去讫"大半年，中书省和大宗正府也可札鲁忽赤才意识到这种"一体断呵，恐差池的一般有"。最后，中书省送刑部，才议得"比例科以首从之罪，庶使刑法得中，人无冤滥"。①

类似的情况实际在元代不止一次地出现过。如"罚赎每下至元钞二钱"一例中，原本规定的罚赎是每杖一下"罚赎中统钞一两"，其后武宗推行至大钞，停止中统钞的使用。根据世祖至元二十四年推行至元钞的诏书规定，"每一贯文（至元钞）当中统钞五贯文"，而武宗推行至大钞时又规定，"至大银钞一两，折至元钞五两"，那

---

① 《元典章》卷49《刑部十一·处断盗贼断例》，第1634—1635页。

么以此类推，罚赎钱就当为每杖抵"至元钞二钱"。但是以宁哥为头的大宗正府也可札鲁忽赤却以"罚赎的体例未曾拟定有"为由让"省官人每识者"，最终刑部推出了"拟合每笞杖一下，罚赎至元钞二钱"①。

第三节　约会制与司法权的统合、再分配

上一节谈到了刑部与大宗正府之间的权力分配以及刑部与元朝初期拥有一定司法权的各部门之间的司法权统合问题。这种统合是元代司法权发展的趋势，但它的过程并非一帆风顺，在不同时期、不同部门，中书省和刑部所遇到的统合阻力是不一样的。为了解决与势力强大、不愿轻易让渡权力的部门，以及那些尚未进行统合的部门之间发生的司法纠纷，"约会制"作为一种手段得到了运用。"约会"制的创设是元朝基于前述司法局面，为了平衡各方利益，同时为了尽可能促成司法权统合而设计的一种制度。不同机构所辖百姓之间出现法律纠纷时，适用这种制度。

这一制度最早的制度渊源可能来自蒙古习惯法中的集体审判。入元以后，这种集体审判原则某种程度上被继承下来。目前来说，早在至元二年（1265）时就有"约会"的规定。其年，忽必烈在立总管府圣旨条画中提到："投下并诸色户计，遇有刑名词讼，从本处达鲁花赤、管民官约会本管官断遣。如约会不至，就便断遣施行。"② 这一制度主要是针对当时统治渐趋稳定的腹里地区而设计的。随后，"约会"制度逐步推行，形成以"中书省——六部"和"行省——各级管民官"为轴心的"约会"体系，如表5-2。

---

① 《元典章》卷39《刑部一·罚赎每下至元钞二钱》，第1335—1336页。
② 《元典章》卷53《刑部十五·诸色户计词讼约会》，第1780页。

表 5-2　　　　　　　　　元代"约会"体系枚举

规定时间	规定内容
至元三十年、大德四年（1300）、大德七年、大德八年、延祐四年	儒道僧官约会
元贞元年	医户头目约会
大德三年	乐工头目约会
大德四年、至大四年	投下、探马赤头目约会
大德五年、皇庆二年（1313）	都护府约会
大德六年	中政院约会
至元十二年、至大元年	军民词讼约会

上述约会相关规定强调，当身份不同的户民与普通民户发生法律纠纷时，须管民官与相关头目一起会审案件，以确保司法公平。管辖这些户民的部门各自代表特殊利益，又经常受到皇帝恩宠，难以撼动。"约会"是权要部门之间出于缓和社会矛盾，维护国家统治和政权维系的需要，向中书省及其相关部门让渡权力，亦多限于跨部门出现户民争端时。更多时候，它们内部出现纷争时，各特殊利益部门内部的断事官或相类似的执掌官员会自己处理这些词讼纷争，不让管民官插手。日本学者仁井田陞将这种司法格局称为"属人法主义"，当是最能贴切形容这一司法格局的法言法语了。①

通过"约会制"，以中书省和刑部为刑事案件处理中心的元朝新司法体系在动态中逐渐生成。这种动态变化主要体现在以下几个方面。

其一，如前文所述，一些部门的司法权彻底回归到刑部和管民官的框架内，不再需要约会，这是最有利于刑部和管民官的。

其二，一些基于特殊利益和技术的部门，尽管仍拥有自己的司法权，但这种司法权限正在形成刑民分离的趋势。元朝前中期开始，

---

① 详见仁井田陞所著（《补订中国法制史研究·刑法》）第九章（《中华思想中的属人法主义及属地法主义》）第六节（《元代的属人法主义及属地法主义》），东京大学出版会1991年版，第438—442页。

绝大多数部门所辖的民众出现刑事类案件时，刑部和管民官可以单独处理，不必约会该部门头目，而涉及民事诉讼，如田土、债务、婚姻问题等，仍需要管民官约会该部门头目会审。如忽必烈时规定军民相犯时的约会原则，要求"军民相争犯重罪过的，奸盗、诈伪的，并其余重罪犯过的人每，只交管民官断者。相争婚姻、驱良、田土、钱债等事，约会各枝儿头目每一处归断"①。换句话说，只要在军民相犯的案件中出现了刑事案件，则管民官可以直接归断，重案疑案申关刑部，不必再约会处理。刑事案件讲究时效性，特别是涉及刑侦问题时，如"人命、贼情等重罪过的"，时机稍纵即逝，不可能等各处官司约会齐才开始办案。"被杀死或被伤人呵，或强盗劫夺钱物，将钱主杀死打伤呵……天气热时，尸首变烂，人命的勾当干落后了"②等都是刑事案件采取约会时可能遇到的技术阻碍。因此，刑部要求将刑事案件彻底收归管民官，得到皇帝支持。当然，这一权力的流失使枢密院和管军官们大为不满，在此后的至大元年（1308）、延祐六年（1319）等时间，枢密院又多次上奏要求管军官也参与刑事案件，但中书省和御史台的官员都认为这种做法"大勾当里窒碍有"，皇帝也不予准许。③

其三，与"属人"相对的是司法中"属地"的色彩正在逐渐加强。延祐六年，河南行省庐州路乌江县首次提到这种新情况，即"本县所管诸色等处军属家小，与民相参住坐"。长期的社会发展和交流，使得诸色户计之间的界限不再严格分明，特别是南方地区，即如上述乌江县所称，在本县已经出现了诸色户计、军属家小和普通民户混住的局面。这种情况，如果出现司法纠纷还要事事约会军官或其他本管官的话，势必导致司法效率下降，诉讼成本增加。又因这些军户民众已经长期离营，本质上已经与普通民户无异，故河

---

① 《元典章》卷53《刑部十五·军民词讼约会（又）》，第1784页。
② 《元典章》卷53《刑部十五·军民词讼约会》，第1783—1784页。
③ 《元典章》卷53《刑部十五·军民词讼约会（又）》，第1785页。

南行省首次提出申请："今后莫若除在营军人与民相斗，依例约问，据离营军属余丁争斗等事，听管民官勾问，庶得事体归一。"① 腹里地区实际上已经率先进行这种改革，其离营军属余丁已经归由管民官一体归问。但诸行省地面尚未推行这种制度，据河南行省称，其原因在于"迤南路府州县衙门俱无兼管奥鲁职名"②，故河南行省试图通过咨禀中书省，在南方诸省也推行这种制度。河南行省的请求，正表明这种"相参住坐"的民户分布格局正在腹里之外的地区逐步盛行，迟早会推动现有司法格局的变化。

约会制本意是为了更好地减轻冤假错案的发生，促进司法公平，同时也为能够平衡各方既得利益，缓解元代原来司法体系中固有的缺陷所带来的矛盾。但在实际执行中，"约会制"却常常成为各部门"护向自己"的手段，导致"久禁着人呵，很生受有"③。一些部门头目"知自底无体例"，处于理屈的一方，于是"推调着，约会处不来，迁延月日，逗留词讼，中间窒碍多有"④。为了解决这种弊端，皇帝圣旨和中书省多次规定，约会"三遍不来，管民官归断"，从而确保约会如期举行。反之，如果管民官不按程序完成约会，而径直对其他部门所属民众进行审判，也属于诉讼程序上的违错行为，当予改正甚至受到处罚。至元八年（1271），河北河南道提刑按察司就刷出真定路一宗违错文卷，卷中地方总管府不行约会，径直将投下医户的强奸未遂案（彼时刑事司法权尚未规定只交给管民官）作出审断。监察系认为这有违于诉讼流程，于是检刷出来，中书省据此规定，"今后随投下人户，但犯奸盗重罪等事，并从有司约会本管官司一同理问定断，毋得看徇，别致违错"，同时劄付刑部，遍行诸路。⑤

---

① 《元典章》卷53《刑部十五·军民词讼约会（又）》，第1785页。
② 《元典章》卷53《刑部十五·军民词讼约会（又）》，第1785页。
③ 《元典章》卷53《刑部十五·军民词讼约会》，第1783页。
④ 《元典章》卷53《刑部十五·军民词讼约会》，第1783页。
⑤ 《元典章》卷41《刑部三·欲奸亲女未成》，第1421页。

上述是约会的一般情形。"约会"一词在元代的使用过程中,还出现了词义上的扩大解释。原本"约会"是用于上述会审情形,但某些跨行政部门的合议事中,也会以"约会"来代称。如"定婚不许悔亲"一例中,就有礼部、刑部共同约会商定细则,最后形成单行法规的条例;"父母未葬不得分财析居"一例,则由刑部约会礼部官员一起商议案件处理而形成的判例;又如"人吏周年交案"一例,御史台以年为单位交案,中书省下四部——吏礼、兵刑、户、工集体议拟此事,作出答复。有时候,这种约会也发生在地方政府,但就目前而言,中书六部之间的约会文献流传最多,他们之间往往一同约会处理事涉多方的案件或制定相关规定,体现了元代中书省下属六部之间严格行政运作的一面。表5-3是对《元典章》中所见六部之间约会的总结,包括互相行移关文和联合执法的案例。

表5-3　　　　　　　　元代六部"约会"枚举

约会部门	《元典章》中出处
吏部、刑部	吏部卷·给由覆实功赏
吏礼部、兵刑部、户部、工部	吏部卷·人吏周年交案
礼部、刑部	户部卷·定婚不许悔亲
户部、刑部	户部卷·妻犯奸出舍
刑部、礼部	户部卷·父母未葬不得分财析居
刑部、户部	户部卷·禁治伪钞
刑部、户部	户部卷·盐法通例
刑部、户部	户部卷·越界鱼鲞不拘
刑部、吏部	刑部卷·详情监禁罪囚
刑部、兵部	刑部卷·蒙古人打汉人不得还
户部、刑部	刑部卷·职官犯奸在逃
刑部、吏部	刑部卷·职官犯奸杖断不叙
礼部、刑部、户部	刑部卷·出使取受送遣
刑部、吏部	刑部卷·税官侵使课程
刑部、户部	刑部卷·赃依犯时估价
户部、刑部	刑部卷·伪造税印

续表

约会部门	《元典章》中出处
礼部、刑部	刑部卷·词讼不指亲属干证
户部、工部、刑部	工部卷·禁军民段疋服色等第
工部、刑部	工部卷·祗候弓手充替
礼部、刑部、吏部	新集·官吏丁忧自闻丧日始
刑部、集贤院、太常礼仪院、礼部	新集·生父斩服解官

从这一简单统计中我们可以看到，刑部因其特殊的立法地位，故在六部约会中处于一个非常重要的地位。许多部门之间完成条例或规定的定拟后，还需要在刑部进行法律上的确认，然后才可以作为正式的法律法规颁行全国。以"禁军民段疋服色等第"为例，该规定最初是至元二十三年户部拟定的规定，要求对随路街市不按规定贩卖各种违禁衣服的行为作出定罪处罚。中书省将之判送工部，要求工部拟定出具体的款式、颜色、用料等作为执法依据。工部拟定后，连同前件户部符文一同照会刑部，进一步拟定相关罪刑，最后三部连呈中书省，使相关规定生效。[①] 可以说，六部的行政运作，很多时候都离不开刑部。

在这个过程中，我们还可以看到部门之间相对严格的分工情况。一般而言，六部之间的分工是，刑部是一切立法的参与部门，刑事案件的主要审理部门及其他民事案件的辅助审理部门，其余五部则按其性质掌管相关行政法规、行政和普通民事案件的处理，前述"禁军民段疋服色等第"是为一例。又以"定婚不许悔亲"为例：腹里晋宁路向礼部申报，地方出现"定婚悔亲"，"今百姓之家，始于结亲，家道丰足，两相敦睦。在后不幸男家生业凌替，元议财钱不能办足，女家不放婚娶，遂生侥幸，违负元约，转行别嫁。亦有因取唤归家等事"。晋宁路为制止这种乱象，检出唐制"许嫁女已报

[①] 事见《元典章·工部一》"禁军民段疋服色等第"例。

婚书，及有私约，而辄悔者，杖六十"等相关规定，寻求礼部的认定。礼部认为，从礼制上看，"夫妇乃纲常之道，人之大伦，礼之大节"，因此认定这种"弃恶夫家，故违元约"的行为"实伤风化"，应肯定晋宁路总管、嘉议大夫石某的说法。但是涉及相关刑名之事，礼部无权定拟，因此礼部又约会刑部尚书谢让一起拟定违反相关规定的刑罚措施。最后刑部对此拟出相关刑罚，都省咨请施行，重新劄付礼部为例遵守相应。①

不唯如此，六部之间什么部门处理什么类型的案件，定拟什么类型的规定都有严格的界限，不容混淆。以一系列"收继婚"判例为例可以看到，"收继婚"在不同时期，根据其不同性质判送与不同部门进行案件处理，正体现了这种职责分明的情况。

《元典章》中"收继"部分内容一开始即摆出至元八年忽必烈的规定："疾忙交行文书者。小娘根底、阿嫂根底收者。"② 这一规定因不附设任何条件，很快成为当时通行全国的金科玉律，其下所附属的"郑窝窝收嫂例""付望伯收嫂例"等俱是这一金科玉律的具体体现。但是这些案例体现出的，却是将"收继婚"强行适用到汉地之后造成混乱局面的证据。略举其实："郑窝窝案"的情况是，至元九年郑窝窝与其寡嫂通奸私奔后被抓，官府不按通奸罪认定，而以至元八年规定令郑窝窝收继其嫂；"付望伯案"的情况是，至元十年（1273）付望伯的寡嫂牛望儿情愿在家为亡夫守志，小叔付望伯却将其奸污，官府不以强奸罪认定，却令付望伯将寡嫂收继为妻。值得注意的是，两件案子看似都是刑事案件，但受理单位却不相同。至元九年郑窝窝案的受理单位是兵刑部，因此案涉及强奸，原属刑事犯罪，但因涉及"收继"问题，被强行改判无罪，令郑窝窝收嫂，故至元十年付望伯案再发生时，尽管仍涉嫌强奸，但因前有郑窝窝例，不再以刑事案件认定，故受理单位不再是兵刑部，而是户部，

---

① 《元典章》卷18《户部四·定婚不许悔亲》，第631—632页。
② 《元典章》卷18《户部四·收小娘阿嫂例》，第653页。

案件性质也从刑事案件转变成普通民事案件了。但是这种强行在汉地推广"收继婚"的做法实际上很难得到汉人的认可，因此没过多久，元朝政府就不得不改变其对"收继婚"在汉地适用问题上的态度和做法。在回归汉人风俗习惯的同时，收继婚的判例也出现了变化。延祐五年（1318）的"田长宜强收嫂"案，便另外以田大成奸收弟妻案作指导判决原则。本案中，小叔田长宜强奸寡嫂田阿段，最终刑部认定田长宜的行为构成强奸无夫妇人罪，"杖一百七下"，而不再认定为付望伯强奸寡嫂案中发生的收继关系。值得注意的是，由于此类案件再次以刑事犯罪认定，其受理机构也再次由户部转为刑部。①

当然，即使六部之间有分工、约会，也难以避免出现越权行为。"舒仁仲钱业各归元主"一案正是部门之间因协调不善而出现的受理单位纷乱的情况。在本案中，龙兴路靖安县民户李勉翁告舒仁仲在没有买卖合同的情况下将其父李青叟的田土卖与程潽。舒仁仲对该田土只有经营权，没有所有权。对此，大德七年户部认定"不给公据，违法成交……仍令钱业各归本主"。处理田产纠纷是户部的本职工作，且措置合理，当予认可。不料大德十年，程潽自己亲赴都省陈告此事，且不知如何操作，受理单位竟变成了礼部。礼部以另一判例认定因案发"大德四年九月都省定例已前，罪经原免，难议追没悔交"，从而认定程潽此次交易有效。这就给江西行省落实判决造成了极大的压力。因"别无一事归著两例，事不归一，无法遵守"，行省回咨中书省，指陈"刁哗之徒，往往攀指省部前后断例兴讼，告争纷纭"，要求中书省重新拟定处理方案。可能是事情闹得过大，此次回送礼部，礼部不敢再承认交易有效，而是"依准户部先议，断令钱业各归本主相应"②。

以上是刑部在约会制中的参与情况。总的来说，约会制在元代

---

① 事见《元典章·户部四》"田长宜强收嫂"等收继婚例。
② 《元典章》卷19《户部五·舒仁仲钱业各归元主》，第704—705页。

的出现，与元初诸色户计的管理模式息息相关，同时也照顾了相关一些特殊利益部门的利益，对元朝统治的稳定起了不可替代的作用。它是元朝各个特殊利益部门之间的"润滑剂"，同时也是各行政部门之间协作办公的"催化剂"，有其积极的一面。但也应该看到，作为一个大一统的国家，长期维系多头司法、多头行政的格局显然与中央集权的原则相悖，对国家各地、诸制度的统合也有不利的因素。司法权渐次回归到中书省的框架中，中书省六部又节次形成以刑部为主要立法、司法参与部门的格局，是国家统合在法律方面的努力。

第四节　五府官审囚与刑部

五府官审囚，可以说是最高级别的约会。所谓的五府官审囚，一般指的是元朝中书省、御史台、枢密院、大宗正府和刑部"五府"官员所组成的联合司法审判团体，由这五个机构派出相关官员审录各地淹滞的疑难案件，以减少司法审判中冤案的发生，肃清政刑。这一联合司法审判制度为元朝特有，是元朝政治，特别是官制、法制发展的产物，同时对此后明朝三法司制度也产生了深刻影响。

一　元朝五府官的发展概况

最早可见的"五府官"记载，出现在元仁宗皇庆元年（1312）。据《元典章》载，皇庆元年四月十二日中书省奏呈皇帝的文书中，就提到"五府审囚官"的概念，其中所叙述之事发生时间在大德七年（1303）到皇庆元年。以此看来，五府官审囚的行为早在皇庆元年之前存在："省家俺根底与将文书来有。这人每里头，一个长安县尹周元小名的人，大德七年张间陕西做监司时断罢来，到今十年也，才称冤。一个纳昔儿小名的人，元招了三件取受的勾当，如今则写着两件，那一件取受了七十两钞，不曾敢告有，则这一件，也合罢职有。一个吏部令史裴颐浩小名的人，要了四定钞，监察拟着四十七下,叙用,五府审囚官审的番(翻)了,问的再招了呵,加等打了五十七下。其余的人每,都和这的一般招的明白。这里头也有,刑部拟来的也有,五府审囚官断了的也有。"①

《至正条格》的条格部分中,"审理罪囚"一则也提到,"大都里诸衙门有的罪囚,不肯着紧归断,淹滞的上头,每季省、院、台、也可札鲁忽赤等五府审囚官,断见禁罪囚来。"② 事实上,这种联合司法审判的雏形,早在世祖时期就有,如世祖至元二十二年(1285),"遣中书省、枢密院、御史台官各一员,决大都路及诸路罪囚"③ 等。至元二十八年(1291)的《至元新格》中更是规定,"其在都罪囚,中书、刑部、御史台、扎鲁火赤,各须委官,季一审理,冤者辨明,迟者催问,轻者断遣,不致冤滞"④。

世祖朝的这一规定似可视为前"五府官审囚"阶段的诸部门的联合司法审判,故如陈高华、刘晓等学者即认为五府官制度最早是为了更高效地处理大都地区的司法事务,而后才渐次推广到腹里乃至其他行省。不唯如此,世祖朝之后,这类联合司法的行为一直在持续不断地进行,如成宗大德七年,"命御史台、宗正府委官遣发朱清、张瑄妻子来京师,仍封籍其家赀,拘收其军器、海舶等"⑤;延祐四年,"阿鲁忽等出猎,恣索于民,且为奸事,宜令宗正府、刑部讯鞫之,以正典刑"⑥ 等。

通过这些临时的"约会"可以看出,早期的五府官审囚并不是一项固定的制度,而是万千种临时"约会"中涉及部门较多,级别较高的一种。早期的五府官,有称为"五府"和不称为"五府"两种情况。以"五府"作为专有名词统一称呼的,基本可以确定就是

---

① 《元典章》卷53《刑部十五·称冤赴台陈告(又)》,第1770页。
② 《〈至正条格〉校注本·条格》卷34《狱官·审理罪囚》,第139页。
③ 《元史》卷13《世祖十》,第276页。
④ 《元典章》卷40《刑部二·审察不致冤滞》,第1360页。
⑤ 《元史》卷21《成宗四》,第447页。
⑥ 《元史》卷26《仁宗三》,第592页。

指称中书省、御史台、枢密院、大宗正府和刑部，如前述皇庆元年对吏部令史的五府杂治，权相铁木迭儿为构陷上都留守贺伯颜而制造的"下五府杂治"等。不以"五府"统称五府官也时而有之，史料中常将这五个部门单列出来。这种情况下的"五府官"就未必是指上述五个部门，它们之间也未必需要一一凑齐才能办法，如在泰定二年（1325）时，有"息州民赵丑厮、郭菩萨，妖言弥勒佛当有天下"，事件上报到中央后，泰定帝即以"宗正府、刑部、枢密院、御史台及河南行省官"这五府作为审讯单位。① 此次事件的案发地在河南行省息州，故中书省并不参与，而以河南行省官为之。从属地看，其地位于内台管辖地区，故御史台派人参加五府审囚，也属正常。从这个角度讲，除了专指的"五府官"外，也可能存在动态组合的五府部门，它们要求其辖境合一，才可能完成五府的组合。

五府官正式成为固定组合，并由京畿走向全国的制度，要到元代后期始固定。后至元元年（1335），"诏遣五府官决天下囚"②，首次将五府官从京畿地区推向全国；后至元二年，顺帝诏令中提到的"省、院、台五府官三年一次审决，著为令"③，意味着五府官正式制度化。许多文人也记载了这一盛况，刘岳申的《王员外东粤虑囚记》载，"先是，有旨定三年五府官一出，分行各道处囚"④；吴师道的《国学策问四十道》亦提到，"朝廷比者患狱囚之多且淹也，每三岁命五府官分诣诸道决之，亦良法也"⑤；虞集在《歙士吴宁之以宁墓志铭》中也提到，"后至元丙子，朝廷命五大府遣官虑囚天

---

① 《元史》卷29《泰定帝一》，第657页。
② 《元史》卷38《顺帝一》，第825页。
③ 《元史》卷39《顺帝二》，第836页。
④ （元）刘岳申撰：《王员外东粤虑囚记》，载《申斋集》卷5，清文渊阁四库全书本。
⑤ （元）吴师道撰：《国学策问四十道》，载邱居里、邢新欣校点《吴师道集》，吉林文史出版社2008年标点本，第395页。

下"①。这次"著为令"之后,五府官制度就正式从京畿地区推向全国了。它的组成机构是中书省、御史台、枢密院、大宗正府和刑部。组成人员由各部根据情况派选官员,据《中书断事官厅题名记》称,"凡大狱之当折,要囚之当录,必中书省、枢密院、御史台、宗正府、刑部,参伍听之,号称五府。而中书所任者,断事官也"②,可知中书省的派出官员以断事官为主。而从其他零星的记载看,组成人员还有大宗正府员外郎、枢密院判官等,属诸部门的中高级官员。另外,五府官在地方审囚时,还要会同当地的行省、宪台官一起审录,所以有时会更进一步称为"七府"。审囚时间是三年一审,地点则由原先主要在腹里地区进一步拓展到各地,甚至远达广东。

还需要强调的是,从五府官的审囚时间和相关描述来看,同一时间派出去的五府官远不止一组。后至元四年(1338)时,广东廉访司佥事恩莫绰曾经向中央建议:"处决重囚,宜命五府官斟酌地里远近,预选官分行各道,比到秋分时毕事。"③ 这个建议表明了同一时间派出的五府官不止一组,而是根据地理远近预先派遣官员,这样各处的五府官差不多就能同时在秋分时节处理好各处淹滞之狱。否则,如果只有一组五府官在全国范围内作巡回,那么难以想象其行道里之远近,或因追赶时限而导致司法判决中的肆意粗糙。

二 "官法同构"视域下的五府官建构逻辑

"官法同构"概念最早由朱勇在《论中国古代的"六事法体系"》中提出,描述的是中国古代官制的一种基本建构模式。该模式强调中国古代官制具有因事设官,因官立法的特征:一方面,根据国家治理、社会管理的需要设立官职;另一方面通过制定法律,规制所设立的各类职官的职掌责任及程序方式。基于这一特征,

---

① (元)虞集撰:《歙士吴宁之以宁墓志铭》,载《新安文献志》卷92上,明万历三十七年本。

② (元)熊梦祥著,北京图书馆善本组辑:《析津志辑佚》,第10—11页。

③ 《元史》卷39《顺帝二》,第844页。

"官法同构"模式主张以"治官"为切入点,通过"治官"以达"治民"效果,进而实现"治官"与"治民"的双重目标。该模式对进一步加深对中国古代官制的了解和认识具有非常重要的意义。① 在这一视域下,对传统官制的重新审视和再思考,不仅具有进一步检讨历史本身的意义,对我国法律史话语体系的构建也有重要的推进作用。

五府官在元朝诞生到制度化的时间并不算长,但史料却大致能勾勒其变化轨迹,从中可见,五府官大体遵循"官法同构"的建构逻辑。如前文所述,五府官在元朝的出现并非偶然,它是元朝特殊的官制和法制发展的产物。元朝政府为管理其庞大帝国,采取"各依本俗法"的原则,将不同地域、不同职业、不同族属的人群交由不同的行政机构管理。其后,随着国家大一统进程的推进,元朝辖境内的经济、政治、文化交流进一步加深,统合逐渐弥补差异,建立统一的行政管理机构以取代此前的多部门成为元朝官制、法制改革的趋势。前述河南行省庐州路乌江县的例子即为一证。

而"约会"中存在的种种问题,是促成五府官从成立到制度化并向全国推广的事实前提。制度化的五府官由中央最重要的几大部门——掌管最高行政权的中书省、掌管最高军事权的枢密院、掌管最高监察权的御史台、位高权重的大宗正府和下属于中书省的专业司法部门刑部②组成。很难说元朝政府在制度设计时没有考虑过借助这一形式作为官制、法制统合的过渡,但这种联合司法审判制度客观上确实比此前临时组成的"约会"更进一步地促成了跨部门统合。需要特别指出的是,无论在早期或制度化后,刑部都是五府官的主

---

① 朱勇:《论中国古代的"六事法体系"》,《中国法学》2019 年第 1 期。
② 在中国古代的其他朝代,宗正一般负责处理皇族事务,而在元朝,忽必烈借"宗正"之名,行蒙古旧制断事官(札鲁忽赤)之实。因此,元朝拥有司法权的部门除了刑部外,还有大宗正府,二者的权力处在动态调配中,但因大宗正府秩从一品,远高于刑部的正三品,因此其司法权的行使力度不亚于刑部。此外,本句中指称的最高权力,系仅就元朝官僚系统本身而言,并不指涉皇帝的权力。

要参与部门之一，这与其部门职能息息相关。五府官的其他参与部门，无论在早期的动态组合中，还是在制度化后的五府官中，都是从一品以上的高级衙门，这些部门代表皇帝分别执掌一方面的权力，因此在最高级别的"约会"中，他们当然地组成一个整体。但是刑部却不同，刑部只是中书省下辖的职能机构之一，之所以参与到五府官中，根本原因在于司法审判环节中刑部的不可或缺。刑部是元朝政府里专业的法律部门，有丰富的立法、司法经验，因此在审囚方面自然少不了其参加。

以五府官分行各地审理冤假错案，解决滞狱问题，在理论上可以解决上述"约会"中存在的问题。一方面，五府官由中央派出，组成人员为中央高级衙门的中高级官员，与案发地方并无过多社会关系，可以有效解决"约会"时因人情关系所造成的包庇回护。另一方面，五府官均来自中央高级衙门，代表元朝中央政府行使权力，自然也在品级问题上无可争议，不会受到地方部门的过多干预。因此，元朝中央决定将原本在大都地区行之有益的五府官制度化并推向全国，作为解决滞狱，减少冤假错案的重要手段。

制度化后的五府官，与此前临时组成的五府官不同的是它需要遵循一定的办事规则，在这一意义上看，制度化后的五府官可以视为带有机构性质的整体。在其为数不多的存在年份中，元朝中央政府陆续颁布与之相关的法令法规，以进一步规范明确这一新机构的职权。根据一系列规定，五府官的审囚时间是三年一次，于当年的秋分日前完成，审囚主要针对因长期未得判决的滞狱之囚。不过，遗憾的是，出于各种原因，五府官制度并没有持续很长时间，因此更多相关的法令法规也没有进一步出台。

三 五府官制度的兴废及弊端

与早期的五府官相比，制度化的五府官存在时间极短。后至元元年，元顺帝第一次以五府官决天下囚，但五六年后的至正二年，五府官决天下囚的做法便停止了。此后，史料中只能看到五府官在大都地区审囚的零星记载,未见其决天下囚的记载,这意味着五府官制度的终结。五府官为何在后至元二年"著为令"后,不到五六年的时间就执行不下去了?

其一,它的废除可能与伯颜下台有关。五府官制度"著为令"的时间在后至元二年,正是伯颜权势熏天之时,因此,五府官制度化恐怕与伯颜不无关系。当伯颜专权被推翻时,其所定立的许多制度同时也被相继废去,五府官制度的废除恐怕与此不无关系。事实上,后至元二年确立五府官审囚制度的时候,与之一起同时发布的还有处罚盗贼的新例,包括"强盗皆死,盗牛马者劓,盗驴骡者黥额,再犯劓,盗羊豕者墨项,再犯黥,三犯劓;劓后再犯者死。盗诸物者,照其数估价"①等。这些规定在伯颜专权时虽然著为令,但诸多迹象表明其并没有得到执行,伯颜倒台之后基本上就废除了,那么五府官审囚制度可能也在这样的政治风波中被废除。

其二,五府官最初推行是"三年一次遣官审理,本为罪囚在禁淹滞"②,但推行不久却成了地方懒政的借口。见诸史料,元朝司法中常出现滞狱的情况。这种滞狱既与烦琐的司法制度有关,也与官员的才能和工作态度有关。部分官员因业务能力有限,处理政务、司法审判效率低下,加之态度不端等,容易造成滞狱。王恽曾称,"窃见随路淹禁罪囚极多,省、部自从以来,远逾半岁,今追银者有人,填抚者有官,检灾亡者有使,未闻曾差一官审理罪囚者。……乞请选精详官员晓知刑名者,同按察司官分路前去审录归断一切狱囚,恐亦感召和气之一端,又使百姓具知省、部不独于钱谷留意也"③,指出了法官不得人和官府不重视而导致滞狱的问题。为了解决这一问题,朝廷派五府官专门审断地方重案,意在缓解罪囚淹滞所带来的社会矛盾。而一些地方官却借着五府官审理天下狱的机会,

---

① 《元史》卷39《顺帝二》,第836页。
② (元)苏天爵:《建言刑狱五事》,载《滋溪文稿》卷27《章疏》,第450页。
③ (元)王恽:《乌台笔补》,载《王恽全集汇校》,第3741页。

不用心处理司法事务，得过且过，敷衍了事。就在五府官审囚制度推行的第二年，后至元三年（1337），朝廷就再次下诏强调，"除人命重事之外，凡盗贼诸罪，不须候五府官审录，有司依例决之"①。这明确地划分了五府官和地方官之间在司法案件上的职权范围，但是，这一政策似乎并未在地方上得到有效执行。不久，苏天爵又上疏指出，五府官弊大于利，因为"人命重事直待三年五府官处决，诚恐狱囚系伙愈见淹滞"，他建议"其三年一次遣官审理，既不得人，徒增烦扰，并合住罢"②。苏天爵的建议，只是于史有征的一次反对意见，朝廷之中是否有更多的反对意见则不得而知，但据《中国政治制度通史》的说法，在至正二年（1342）前后，五府官决天下囚制度便停止了，前后不过五六年时间。③ 很快，天下兵兴，战火四起，五府官之事也就搁置不谈了。

其三，就五府官审囚制度本身来看，表面上看它因滞狱而起，目的在于解决滞狱问题，但制度本身同时也对此前元朝所确立的司法制度产生一定程度的否定。此前，元朝正常的司法流程是，地方推官审案，涉案人员所属部门的地方诸官员共署、约会，定案后需经廉访司审录无冤，方可结案，并依据案情决定是否进一步上报中央，其中疑狱及死刑重案必须上报中书省和刑部。作为监察系统的御史台、行台及各地廉访司也会照刷文卷，以此揭露司法不公及冤假错案，接受百姓有条件地告冤等。正如吴师道所概括的："天下之囚，自州县至于路，岁有风宪之审录，成案已具，上之省部俟报，可论决则付之在外有司足矣。"④ 可以说，在正常的司法流程中，元朝政府为避免冤假错案，层层设防，已经从制度上基本确保了当其

---

① 《元史》卷39《顺帝二》，第841页。苏天爵的《建言刑狱五事》作"除人命重事外，偷大头足等一切罪犯，赃仗完备，不须候五府官审理，令拘该衙门依律归结"，当更接近原文。
② （元）苏天爵：《建言刑狱五事》，载《滋溪文稿》卷27《章疏》，第451页。
③ 陈高华、史卫民编著：《中国政治制度通史·元》，第264页。
④ （元）吴师道撰：《国学策问四十道》，载《吴师道集》，第395页。

时人们能认识到的司法公平。马祖常的《监黄池税务王君墓碣铭》就记载了一则在这一制度下所昭雪的冤案，"江阴盗有枉为胁诖者，吏党按之，既诬服已，君反复得其情，为具狱白行省。事上，中书移刑部，刑部允君议，遭胁诖者得免死"①。

此时的五府官审囚，只是这一常规制度的临时补充。具体而言，这一制度下的五府官审囚，对京畿地区滞狱案件的介入只是临时性的，并无常规机制规约，其目的也仅在于解决正常司法流程中"时堂盈狱"②的特殊情况，起的是辅助补充的作用。但是，后至元二年五府官审囚制度化并推行至全国，则直接否定了前述的司法体系。首先，五府官制度简并了许多诉讼环节，几乎将原本应该层层上报并受监察系统监督的死刑案件直接变成终审案件。更少的诉讼流程，意味着不同流程之间产生的制约和监督机制更加难以发挥，冤案翻盘概率自然下降，这虽然有利于提高司法效率，但对司法公平本身却起不到更好的保障作用。中国古代司法一般以"缩小下级官吏定罪的权限"和"增加审级"作为恤刑手段，③五府官制度显然与此相悖。其次，相对独立的监察系统本身已经参与到司法审判中，转被动为主动，其监督掣肘的功能也因此转变，取而代之履行了司法审判职能，监察部门与司法部门在五府官制度中不再形成监督与被监督的制约关系，这本身又为司法，特别是人命重事蒙上了另外一层不确定性。④当五府官员的水平和道德足以暂时弥合这种制度缺失时，这一矛盾可能尚不明显；但当官员出现如苏天爵所说的"既不

---

① （元）马祖常撰：《监黄池税务王君墓碣铭》，载《马祖常集》，第240页。
② （元）唐惟明编撰，王晓欣点校：《宪台通纪续集》，载《宪台通纪（外三种）》，第112页。
③ 吕思勉：《中国通史》，上海古籍出版社2009年版，第167页。
④ 监察系统介入司法权的情况并非在五府官制度化后才有，在前中期，甚至在唐、宋时期，监察系统已经多少被赋予一定的（或临时的）司法权，如元武宗时，还是皇太子的仁宗就有旨，"有司赃罪，不须刑部定议，受敕者从廉访司处决，省、台遣人检核廉访司文案，则私意沮格，非便"。但这时候监察系统的司法权并非常态，正如《中国政治制度通史》中所述，监察部门的主要工作，乃"言事""巡按"和"刷卷"。

得人",这种一次审断即终裁的做法,实际上反而更显草率,甚至引起更多的社会矛盾和问题,这是包括今天在内的司法审判应当引起注意的。

其四,从出任五府官的业务水平看,许多史料记载也显示出其不足的一面。如赡思,在历地方宪台官时,"尝与五府官决狱咸宁"。在这个过程中发生了一桩案子,五府官均认为死了丈夫的妇人宋娥与杀夫之邻人张子文之间不构成共同犯罪,但赡思以严密的逻辑推理出二人存在私通并构成共同犯罪,双方在罪名认定上产生分歧,最后赡思撇开五府官单独上书中书省刑部,刑部认可了赡思的意见。[1] 又见虞集的《吕简肃公神道碑》载,襄阳路总管兼诸军奥鲁吕浍在任期间,"有诬服杀人者,在禁六年,五府不能明",最后还是由吕浍辨明其辜。[2]《王员外东粤虑囚记》载,当五府官来到粤东处理案件时,"五府毕集,囚计必死,加以麾呵叱咤之余,魂飞魄逝,安敢诉冤"[3],可见对于当地来说,即使是五府官到来,也并不能让囚犯觉得申冤有望,反而觉得必死无疑,是知在此之前,五府官在司法审判方面恐怕没有留下"化腐朽为神奇"的好名声。以此观之,即使是所谓最高级别的"约会",因其具体参与官员的水平不同,司法审判中难免出现冤假错案,像王道一那种能做到详谳其狱者恐非常例,否则苏天爵也不会在上疏中指称五府官不得其人。既然五府官水平参差不齐,那么以之作为终审判决机构,就无法很好地达成其派遣五府官的目的和初衷,这可能也是五府官制度很快被废去的原因之一。

---

[1]《元史》卷190《儒学二·赡思传》,第4352页。
[2]（元）虞集撰:《吕简肃公神道碑》,载雍正《山西通志》卷196,清文渊阁四库全书本。
[3]（元）刘岳申撰:《王员外东粤虑囚记》,载《申斋集》卷5。

小　结

刑部的职能，不但体现在第四章刑部机构本身，也体现在其与其他机构的互动和权力调整中，可以说，第四章和第五章对刑部职能的探讨，是从内外、静动一体两面的角度进行分析的。

首先，刑部需要处理好与其直属上级中书省之间的关系。一般而言，作为直属上级，中书省对刑部拥有无可比拟的权力优势，大多数时候，刑部都要服膺于中书省。刑部与中书省相得益彰之时，中书省能给予刑部工作必要的帮助，而在个别时候，刑部官员甚至能反过来保护中书宰执。刑部与中书省当然也存在对案件审理的分歧意见，特别是在权臣当道之时，是否被权臣指使成为刑部官员品格的试金石。当刑部官员无法持身守恕，与中书权臣同流合污时，刑部就会沦为权臣打击政敌的工具，腐败问题滋生其中。皇帝的宠幸与否，也会影响刑部官员职能的行使。

其次，刑部与其他部门之间的互动，主要通过"约会制"得到实现，即在涉及跨部门的立法、司法中，刑部需要与其他部门通过"约会"集议，群策群力完成立法、司法工作。大多数拥有特殊司法权力的部门，如回回哈的司、宣政院等，司法权逐渐统合到中书省、刑部及与之相关的地方各级政府中，司法权逐渐由"法出多门"趋向合一。"约会制"下刑部职能的行使，还表现在它与诸部门特别是中书省其他五部之间的约会。这种约会主要是出于立法和政策制定目的而进行的跨部门集议。在这个过程中，刑部处于一个不可或缺的地位，绝大多数立法或政策制定都少不了刑部的参与。

与刑部同样享有司法权的，还有从大蒙古国时期的"也可札鲁忽赤"发展而来的大宗正府。元代的大宗正府并不掌管皇族事务，它由诸王位下、功臣后裔等共同担任的"札鲁忽赤"组成，代表大汗行使司法权，直接听命于皇帝本人，不受中书省约束。它的司法权，从最初的"诸王、驸马、各怯薛歹、各爱马"，扩展到大都和腹里地区，一度甚至拥有江南等地的司法权。总的来说，大宗正府的职能与刑部此消彼长，并非固定，尽管在泰定帝和权臣伯颜当政时有过增长，但更多的情况下，刑部的权力行使更为稳定。

本章最后谈到了"约会"的最高级别——五府官的发展演变情况。五府官均由一二品高级衙署的官员组成，唯刑部乃中书省下属，因其在司法中无可取代的位置而参与其中。五府官一开始为临时组织，主要用于审决大都、上都地区疑难杂狱，其后则逐渐扩展到审决京畿地区的滞狱案件，到后至元二年时，最终制度化并在全国范围内推行。五府官制度化后，三年一决天下重案，本意是为了解决各地滞狱问题，却适得其反，不久即废。

余 论

一 元朝司法对明制的影响

明朝的政治制度、司法制度，很大程度上受元朝的影响，这是一个学界常热议并达成一定共识的问题。泛而言之，元朝的主奴型的君臣关系直接影响到了明清的君主关系，将大臣视为家奴甚至随意廷杖的做法在明朝屡见不鲜，而此举被认为是元朝君臣关系发展的产物。特别要指出的是，朱元璋废相的直接理由是由胡惟庸而起，且吸收了元朝"委政权臣，上下蒙蔽"的教训，一般意义上我们也笼统地认为这是皇权和相权矛盾发展的必然结果。但实际上，废相问题亦是主奴型君臣关系发展的结果。[①] 在这一君臣关系中，所谓的"相"不过是"主"的附庸，代表"主"行使权力，并非唐宋时期共治型的君臣关系中代表士权一方的相。在这一视角下，皇帝本人才是真正的政府首脑，"相"只是其具体执行者，皇帝可以随意置换其人，甚至剥夺这一职位的存在。朱元璋轻而易举地废相，在元朝以前是难以想象的，根本原因恐怕与元朝建立的这种主奴关系和认知无不关系。明朝后来的政治发展趋势似乎也印证了这一点，在废相之后，历任明朝君主先后建立和完善辅佐皇帝的内阁，臣对君的依附关系明显加强。[②]

[①] 元朝主奴型君臣关系，周良霄、李治安、姚大力、张帆等学者的研究著作中已经反复提及，不再赘述。

[②] 钱穆在《国史大纲》中提到，"中国政制之废宰相，统'政府'于'王室'之下，真不免为独夫专制之黑暗所笼罩者，其事乃起于明而完成于清"。实际上，它的根源还应该归于元朝特殊的君臣关系。

就司法机构和法典编纂而言，元朝刑部的建置和职能设计都对明朝刑部产生了影响。同时，元朝法律文献汇编的经验，也多少对《大明律》的体例产生了影响，元朝的判例法对明清律例结合体系也形成了一定影响，本节续此展开讨论。

(一) 元朝刑部建置和职能对明朝刑部的影响

正如许多文章提到，本书前章亦指出，元代刑部对明代刑部最明显的影响是，经元代刑部，明代刑部和大理寺之间的职能，与唐宋时发生对调。唐宋时，大理寺为复审机关，刑部则负责稽查复核，元代不设大理寺，稽查复核与审判职能合二为一，至明代又分出大理寺，但职掌与唐宋时正好对调。此一局面的形成，实际上再一次印证了元明之间的政治延续性。因元代刑部负责断案，在元代之后已经形成惯例，明朝虽复设大理寺，但使其重返百余年前的唐宋旧制，显然是不现实的。究其原因，乃因元代以后在司法裁判文书中间形成的"地方（其他部门）——中书省——刑部——中书省——地方（其他部门）"这一流转过程（如前图 5-1 所示），至明代一并被新王朝所继承，刑部在司法审判中形成的核心地位难以撼动。即使后来明朝废除宰相，六部升品，这一文书流转格局仍得以基本维持，且进一步在机构建置中得到强化。

值得注意的是，大理寺职能之变，并不代表其权力地位不如唐宋时期。明朝在借鉴五府官制度而形成的三法司，就非常强调大理寺对案件的覆审职能。明朝三法司中，"初审，刑部、都察院为主；覆审，本寺（大理寺）为主"[①]，这就使三法司内部不再采用单一的一审终局，而增加应有的审级，贯彻"慎刑"原则。

不唯如此，刑部建置在明初发生的体制变化，也反映出元代刑部的影响。明初仿元制置中书省，其下六部尚书、侍郎一开始也没有恢复到一员制，洪武六年（1373）曾增刑部尚书、侍郎各一员，形成两刑部尚书、两刑部侍郎的格局。洪武八年（1375），以"以

[①] 《明史》卷 73《职官二》，第 1783 页。

部事浩繁，增设四科，科设尚书、侍郎、郎中各一人，员外郎二人，主事五人"①。直到洪武十三年废中书省和丞相，六部升秩，始恢复单一尚书、侍郎制。

另外，正如前述，在元代已经建立并形成习惯的文书流转格局，使明代六部的部内建置不得不重新按照这一文书流转格局设置，而无法再简单因循唐宋旧制。明朝初建之时，六部曾按唐制六部二十四司体系建部，刑部之下又恢复了"总部、比部、都官部、司门部"的建置。但经长达一两百年不按二十四司体系办公的六部，无法很好地协同各小部门之间的权职，故此不久，洪武二十三年（1390）时，就将小四部解散，以当时全国十二布政司的设置分别对应设立十二部，分掌各布政司上呈的重案疑狱。洪武二十九年（1396）改称清吏司，永乐迁都北京后废北京司，增设云南、贵州、交趾司，后废交趾司，成明朝刑部之下的十三道清吏司。

清吏司的建置，实际上是在元代刑部的基础上进一步完善的结果。如前章所述，元代刑部具体分工虽于史料不甚明了，但内部多少存在一定分工，且可以肯定的是，元代刑部接收来自各行省与中书省的咨文，并对其中重案疑狱内容进行处理。这种公文运作模式大概在元代刑部的运作中形成了某些不成文的分工，明朝则在其实践基础上进一步明晰这种分工，将部内负责具体工作的郎中以下各官吏按地方布政司的建置分好，分别处理来自对应省份的司法事务，这样做有利于进一步规范各官吏职责，提高司法效率。

十三道清吏司除了分掌全国各地的司法，还分担了中央行政部门、军事部门和地方上一些垂直管理，不隶属于各布政司的机构的司法问题，如"浙江司带管崇府、中军都督府、刑科、内官、御用、司设等监，在京金吾前、腾骧左、沈阳右、留守中、神策、和阳、武功右、广洋八卫，蕃牧千户所，及两浙盐运司，直隶和州，涿鹿左、涿鹿中二卫"，"福建司带管户部、太仆寺、户科、宝钞提举司、

---

① 《明史》卷72《职官一》，第1759页。

印绶、都知等监，甲字第十库，在京金吾后、应天、会州、武成中、武功中、孝陵、献陵、景陵、裕陵、泰陵十卫，牧马千户所，及福建盐运司，直隶常州府、广德州，中都留守左、留守中、定边、开平中屯各卫，美峪千户所"，"山西司带管晋、代、沈、怀仁、庆成五府，翰林院，钦天监，上林苑监，南、北二城兵马司，混堂司，甜食房，在京旗手、金吾右、骁骑右、龙虎、大宁中、义勇前、义勇后、英武八卫，及直隶镇江府、徐州，镇江、徐州、沈阳中屯各卫，沈阳中护卫，倒马关、平定各千户所"[1]等。相关带管规定在《明史·职官志》中的"刑部"部分有详载，可以说这是在元朝司法统合的趋势上进一步统合全国司法的重要举措。

（二）五府官实践对明朝三法司制度的影响

即使在整个中国古代官制、法制中昙花一现，五府官对明朝的官制、法制仍产生了不小的影响，这集中表现在明朝三法司制度的建构和运作问题上。尽管朱元璋在法理上宣称明制"沿汉、唐之旧而损益之"[2]，明人亦极少承认其制度设计与元朝之间存在的天然联系，但仔细比对元朝五府官和明朝的三法司仍可以发现，尽管在形式上采用了唐制，明朝三法司制度的运作却并不完全来自遥远的古制，而恰恰受元朝五府官的影响最深。三法司的建构和运行模式在很大程度上是对元朝五府官制度的吸收和完善，表现如下。

其一，明朝三法司由刑部、都察院、大理寺组成。这一制度并非一蹴而就，而是经洪武、建文两朝不断调整，至永乐朝始定型。据学者的研究统计，终洪武一朝，官方从未使用过"三法司"一词去指代由刑部、都察院、大理寺所组成的联合司法审判。彼时明朝初建，中央机构仿元朝而设置，有中书省、御史台、大都督府等，[3]

---

[1] 《明史》卷72《职官一》，第1755—1757页。
[2] 《明史》卷72《职官一》，第1729页。
[3] 中书省成为最高行政机构的情况仅发生在元朝，而大都督府实则由枢密院转变而来，其中负责军事单位司法活动的是断事官，亦元朝所特有。以此观之，明制承元当无疑议。

后来在洪武十三年，朱元璋杀胡惟庸，"罢宰相不设，析中书省之政归六部"①，同时"分大都督府为五，而征调隶于兵部"② 开始全面调整从元朝继承过来的政治体制。在这一背景下，由五府变成三法司，既是元明官制交替的结果，也是这种联合审判制度进一步优化组成官员的结果。如前述，元朝五府官由中书省、枢密院、御史台、大宗正府、刑部组成，其中，中书省已于洪武十三年罢，枢密院同时由兵部和五军都督府所分。原先负责军事单位里司法活动的大都督府断事官同步析分为五军都督府断事官，此后更是在建文一朝被革罢。③ 元大宗正府为蒙古官制札鲁忽赤的汉化，至明也一并废除，故五府之中，只有刑部以及由御史台发展而来的都察院还存在明朝官制中，中央层面的司法权亦逐渐统合到刑部与都察院中。元朝不设大理寺，刑部兼具前朝大理寺职能，后来明朝重新在刑部中分设大理寺，仅存的二法司遂增为三法司。

其二，受元制影响，明朝都察院的职能亦与唐宋御史台不尽相同。唐宋时期的御史台主要掌监察权，其执法往往被动，以履行检举、弹劾为主。④ 元朝御史台系统不但继承上述权力，还在照刷文卷、录囚中进一步介入司法审判活动，最终成为五府官的一部分，到明朝则演变为三法司之一。《太祖实录》中载"刑部、都察院皆掌天下刑名"⑤，《皇明条法事类纂》中载"通政司每日所受词状，

---

① 《明史》卷72《职官一》，第1729页。
② 《明史》卷72《职官一》，第1729页。
③ 关于都督府断事官的相关研究，可参见李军《明代断事司考述》，《故宫学刊》第7辑，紫禁城出版社2011年版。
④ 关于唐代御史台对司法介入的情况，可参见李治安《唐代执法三司初探》，《天津社会科学》1985年第3期；王宏治《唐代司法中的"三司"》，《北京大学学报》（哲学社会科学版）1988年第4期；刘后滨《唐代司法"三司"考析》，《北京大学学报》（哲学社会科学版）1991年第2期；等等。由史料及相关研究成果可见，唐代御史台在司法活动中主要履行事后监察职责，只有在特殊情况下，御史台才会主动介入司法活动，并非常态。
⑤ 《明太祖实录》卷168"洪武十七年十一月丁丑条"，台北"中研院"史语所1962年校勘本，第2569页。

送刑部者十之八,送都察院者十之二"①等,俱是都察院直接介入司法审判活动的证据。吕思勉亦曾意识到这个问题。他指出,"御史,本系监察之官,不当干涉审判",但"至明,遂竟称为三法司之一了"②。

其三,明朝三法司的运作模式是在五府官实践基础上进一步完善的结果。在京师,三法司除了会审地方上报的"人命重狱"外,还负责缓解京师的滞狱问题。而随着三法司制度逐渐成熟,三法司不但有了固定的办公场所,也形成了朝审、大审、热审、寒审等有规律的会审,较之五府官,其制度又更为完善,历时亦更加长久。

此外,一如五府官,三法司在京师地区的职能亦被推行到全国各地。"狱空"是古代君主圣贤的标志之一,因此滞狱问题常成为古代君主关注的问题。明太祖朱元璋"患刑狱雍蔽"③,成祖朱棣时,又有刑科曹润建言解决滞狱问题,引起明成祖的关注。最终,这一问题的解决也落实到了三法司。朱元璋曾敕三法司"今尔等详覆天下重狱,而犯者远在千万里外,需次当决,岂能无冤",并"遣官审录之"④。此后,三法司常有赴全国各地审囚,如成化八年,"分遣刑部郎中刘秩等十四人会巡按御史及三司官审录"⑤等,形成"在外恤刑会审之例"⑥。

当然,尽管三法司制度之于五府官制度有沿袭的一面,但它们毕竟分属两个不同的朝代,其发展、演变自然也有差异的一面,这是任何制度继承之间所不能避免的。

---

① 蒋达涛、杨一凡点校:《皇明条法事类纂》卷 38《刑部类·告状不受理·在京词讼原被在附近照旧提人监问》,科学出版社 1994 年标点本,第 543 页。
② 吕思勉:《中国通史》,第 167 页。
③ 《明史》卷 94《刑法二》,第 2309—2310 页。
④ 《明史》卷 94《刑法二》,第 2310 页。
⑤ 《明史》卷 94《刑法二》,第 2311 页。
⑥ 《明史》卷 94《刑法二》,第 2310 页。

二 元朝司法实践对明朝立法的影响

就法典编纂而言，一般认为，明律是以唐律为蓝本，结合元代判例内容而形成的。今天可见的《大明律》，为洪武三十年之后新订的《大明律》，终明一代以之作准不变。此前，明朝曾编修过数次《大明律》，其中洪武七年版的《大明律》，"篇目一准唐律"①。洪武二十二年（1389），《大明律》进行体例改编，除名例外，其余篇目均按六部重新分类，计三十卷，四百六十条，恢复到吴元年的编纂体例。洪武三十年版的《大明律》则是在二十二年版的基础上调整，增加《诰》的内容，体例则维持不变，仍以六部分类。从《大明律》可以看到，一方面其大多数条文沿袭《唐律》以来诸成文律令所载内容，但显然也通过吸纳元朝判例产生一些新的条款，如白昼抢夺、掏摸之类的规定。另一方面，从其编纂体例看，新版明律打破了唐律十二篇的分类法，不再以名例、卫禁、职制等十二门类划分诸律文，而是以六部分类法作准，根据吏、户、礼、兵、刑、工的职能重新调整律文排列顺序。

洪武二十二年后的《大明律》，一改洪武七年的编纂体例，而重新采取吴元年采用的六部分类法的原因，前人所述归结起来，大致有几点：其一，这一分类乃为配合当时废相而六部直隶皇帝的政治改革而设；其二，受明初与初版《大明律》同时编成的《大明令》的编纂体例的影响；其三，受《唐六典》编纂思想的影响；其四，受《元典章》编纂方式的影响。诸说各执一词，但多少存有疑点。

配合废相和六部改革的说法看似有理，实则存在无法解释的地方。废相发生于洪武十三年，彼时《大明律》的编纂体系为唐律十二篇，并未因此及时调整，废相与《大明律》编纂体系变更之间似难认定为构成显著关系。且吴元年所编明律已按六部法分类，可见六部之分并不完全在废相之后。又，此后洪武二十六年（1393）时，

---

① 《明史》卷93《刑法一》，第2281页。

朝廷另有《诸司职掌》颁布，详细规定了废相后六部的具体权责，与洪武二十三年六部升二品之事一脉相承。据此来看，《大明律》的编纂体系的调整，非唯废相后与六部职掌相挂钩。这一因果关系似显牵强。

认为受《唐六典》或《大明令》的影响的观点令人存疑。中华法系常将诸法按律令格式分类，其中令是规章制度一类法规的综合体，一般按照各部门的职能进行分类编纂，自来与律的编纂体例不同，二者也很少在编纂体例出现相互参照的情况，因此将之联系起来的做法，至少目前没有相应史料可以作为支撑。另外，初版的吴元年《大明律》与《大明令》同时产生，其编纂模式一致，俱为六部分类，因此很难说洪武二十二年后的《大明律》是参照了《大明令》，还是仅仅恢复了初版《大明律》的编纂体例。

《大明律》的编纂体例，受元代司法实践的影响为多。前面提到，《大明律》在唐律蓝本上，增加不少从元代判例中提炼出来的法律规定，如白昼抢夺、掏摸等罪，为唐、宋律所不载，而首见于元代，是知《大明律》必定对元朝法律有所吸收。问题在《大明律》怎样吸收元朝法律？有的学者认为，《大明律》对元法的吸收，主要是在借鉴《元典章》的基础上形成的，理由是《大明律》与《元典章》均采用六部分类法。这一观点有失偏颇，乃在于对《元典章》性质的误解。一些学者将《元典章》视为地方官府自身为了行政工作需要而汇编的文书，理由通常是《元典章》纲目下所附的大德七年江西奉使宣抚上奏后中书省对各地衙门提出的"置簿编写检举"的政令。但实际上，有的学者已经对《元典章》的性质作了非常详细的考证。[①]《元典章》并非官修书，而是胥吏与书商坊贾的合作产物，目的是面向民间，为普通百姓提供普法材料。此书的流通基本在至治三年（1323）就告终了，正如昌彼得所说，此书"尚未增入至治二年六月以后之格例者，当

---

① 此问题昌彼得、陈高华、洪金富、张帆、刘晓、屈文军等学者已经先后作过详细讨论，拙文《〈元典章〉成书过程再检讨》（未刊）对此有总结。

系逾年《大元通制》修成颁行，而此书遂废矣"①。此后，因有官方发布的《大元通制》，《元典章》也就没有继续流通的必要性了。以此观之，我们很难想象《元典章》会在失去流通价值的数十年后借尸还魂，重新成为新王朝编纂法典的参考依据。

事实上，除了元明之间形成的司法实践和惯性外，在法律文献领域，元法对《大明律》编纂的影响主要在《经世大典》。

据现存文献看，《经世大典》共分十篇，除"帝号、帝训、帝制、帝系"四篇为君主之道外，剩下六篇"臣事"乃"治典、赋典、礼典、政典、宪典、工典"，实际上就是传统六部的划分，只是名称有所改变。这在编纂体例上可能构成《大明律》的参照。另外，从时间上看，洪武元年，即元至正二十八年，正是大明兵攻入元大都之时，此后则包括《经世大典》在内的一应元朝官方藏书都被运往南京（不排除明初参与修律的官员在更早时期就已看过《经世大典》），洪武二年宋濂开局修史即用到了《经世大典》，是知此书已运抵南京，被当时李善长等拿去参照编纂《大明律》并非没有可能。复次，通过对比《大明律》中参照元朝而定拟的条款，如白昼抢夺、掏摸等，可以发现它们与《元史·刑法志》的记载有极强的相似性。

以"白昼抢夺"的记载为例。《元史·刑法志》载"白昼抢夺"："诸白昼持杖，剽掠得财，殴伤事主；若得财，不曾伤事主，并以强盗论。诸官民行船，遭风著浅，辄有抢虏财物者，比同强盗科断。"②《大明律》的规定则如下："凡白昼抢夺人财物者，杖一百，徒三年。计赃重者，加窃盗罪二等。伤人者斩。为从者各减一等。并于右小臂膊上，刺抢夺二字。若因失火及行船遭风着浅，而乘时抢夺人财物及拆毁船只者，罪亦如之。其本与人斗殴，或勾捕罪人，因而窃取财物者，计赃准窃盗论。因而夺去者，加二等，罪

---

① 昌彼得撰：《跋元坊刊本〈大元圣政国朝典章〉》，载《景印元本〈大元圣政国朝典章〉》，台北"故宫博物院"1976年版。

② 《元史》卷104《刑法一》，第2658页。

止杖一百，流三千里，并免刺。若有杀伤者，各从故斗论。"① 应该注意到，尽管《大明律》所描述的"白昼抢夺"比《元史·刑法志》更为全面，但在"白昼抢夺"罪的一般规定后又添加一失火和行船特例一项，二者顺序又高度一致。

《大明律》为何单独提及这一特例？其排序为何又与《元史·刑法志》一致？明清以来诸律学家如张楷、王肯堂、沈之奇等皆尝试做出解释，但所论难以令人信服。如张楷在《律条疏议》中认为："至若失火遭风，其人已出无奈，乘时抢夺，于情实可加诛，依前定罪，以禁强梁。"② 王肯堂则认为："人家失火及行船遭风著浅，多有托于救护而乘时抢夺财物及拆毁船只者，是即同白昼抢夺也。"③ 沈之奇综合前者意见，进一步指出"人家失火，及行船遭风著浅，多有托于救护而乘时抢夺及拆毁船只者，虽无预谋，而乘人之危，攘人之物，实与抢夺无异也。……及乘失火遭风而抢夺者，其初意即为谋财而起，其情重，故论罪亦重"④。尽管律学家们一再强调这种"趁火打劫"的行为与"抢夺"无异，却始终无法正面指出为何要把"白昼抢夺"罪中的一类特殊情形单独拿出来强调，这使得律学家们的解释多只能作事后观，而无法梳理清楚法条之间的逻辑关系。

《元史·刑法志》取材于《经世大典》，由之删削而成，此前已有学者详细论述过。⑤ 以之作为参照检讨《大明律》和《经世大典》的关系，不失为一种可取的方法，而通过对比检讨，可以发现二者之间确实存在某些借鉴关系，⑥ 是知《大明律》对元法的借鉴，主

---

① 怀效锋点校：《大明律》，法律出版社1999年标点本，第141页。
② （明）张楷：《律条疏议》，载杨一凡主编《中国律学文献》（第一辑第三册），黑龙江人民出版社2006年版，第221页。
③ （明）王肯堂原释，（清）顾鼎重辑：《王仪部先生笺释》，清康熙三十年顾鼎刻本影印，载《四库未收书辑刊》，北京出版社2000年版。
④ （清）沈之奇：《大清律辑注》，法律出版社2000年标点本，第589页。
⑤ 详见刘晓《再论〈元史·刑法志〉的史源——从〈经世大典·宪典〉一篇佚文谈起》，《北大史学》第10辑，北京大学出版社2004年版。
⑥ 拙文《法变：元明时期"抢夺"罪的诞生与发展契机》（未刊）对此有涉及。

要还是通过《经世大典》。刘晓专门将《刑法志》和《宪典》部分现存的内容《大元检尸记》进行对比，发现《刑法志》虽然在顺序上与《宪典》著录无异，但却将洋洋洒洒万余字的《大元检尸记》删削为不足 200 字的若干规定，且其不但删去其中断例，甚至对其中总结性文字也作了断章取义。在刘晓看来，《刑法志》充其量是明人删削的质量低劣的简版《宪典》，其价值需要重估。据此，当我们重新从《刑法志》出发去反思《宪典》时，就可以同理推测明人是如何裁减元人关于"白昼抢夺"罪的相关规定的。"诸官民行船，遭风著浅，辄有抢虏财物者，比同强盗科断"一句在原来的《宪典》中当更为丰富，且附有相应判例。

从目前的文献看，这个判例当来自《元典章》的"禁治抢劫船只"。该例载，在皇庆二年（1313），澉浦海口发生一起抢劫商船的案件，案件行为人是"新附军人落后弟男子侄、户、涵丁、恶少、泼皮人等"，他们"纠合成党，威临客人"，并于"白昼聚众抢劫商船财物及拆毁船只"。刑部一方面以"同强盗法科断"处理此案；另一方面又下禁治令，要求"今后若有经过官民船只遭风着浅，拘该地面诸色人等昼即并力救护，敢有似前乘时聚众抢劫财物，拆毁船只之人，即将犯人捉拿赴官，追问是实，同强盗法科断"①。

从案文看，此案系属"抢夺"，故其很可能作为经典案例被《经世大典·宪典》所收录。而从《元史·刑法志》的排序可以反推，这个判例及其相关的总结性文字在《宪典》中当排于前述"白昼抢夺"罪的规定之后，明人不曾详加考究，便将二者一同删抄进《大明律》中，是以形成我们今天所看到的，在"白昼抢夺"罪的一般规定后又附有"若因失火及行船遭风着浅，而乘时抢夺人财物及拆毁船只者，罪亦如之"的情况。其"白昼"二字，同理也很有可能是在删抄"诸白昼持杖，剽掠得财，殴伤事主；若得财，不曾

---

① 《元典章》卷 59《工部二·禁治抢劫船只》，第 1988 页。

伤事主,并以强盗论"及其相关判例时保留。

三 元代的司法腐败问题

元代的司法腐败问题,同样值得深思。腐败问题,古今中外概莫能免。它是侵蚀一个国家政治肌体的致命问题。其中,司法腐败尤其令人深恶痛绝的地方在于其所破坏者乃一国或一社会之"最大公约数"——法律。法律维系着一个国家和社会的底线,是社会成员在不同身份和范围内普遍遵守的规范,起着维系社会公平、正义,缓解社会矛盾,消弭社会危机的作用。当这一最低限度遭到腐蚀和破坏时,司法信誉危机产生,人们对其失去信心,并进一步影响民心得失,重者甚至造成亡国的危险。

前章提到的几位落马的刑部尚书,实际上只是元代司法腐败中的冰山一角。在这一现象的背后,实际上折射出元代司法腐败的诸多问题。可以说,大到国家的根本制度,小到官员的个人品质,都与司法腐败问题息息相关。

第一,根本上讲,专制主义制度是元代司法腐败滋生的土壤。专制主义最大的特点在于人治,人治从根本上又与法治相对立。人治使得元代司法从根本上必须服膺于人治的最高权威——皇帝及其代表,那么,司法就不可能完全做到依法办事。皇帝及其代表,可以以其最高权威随时干预司法。前章谈到皇帝对司法判决的干预,权臣利用刑部打击政敌,大宗正府以自己的标准审理案件,而不与中书省刑部一致等,都是这种肆意干预司法的表现。[1] 这些现象中,

---

[1] 事实上,更多的腐败案在元朝诸史料中都有记载,如成宗时,"大都路总管沙的坐赃当罢,帝以故臣子,特减其罪,俾仍旧职。崔彧言不可复任,帝曰:'卿等与中书省臣戒之,若后复然,则置尔死地矣。'"这是皇帝为自己亲信犯罪开脱的例子。大德七年,"中书平章伯颜、梁德珪、段真、阿里浑撒里,右丞八都马辛,左丞月古不花,参政迷而火者、张斯立等,受朱清、张瑄贿赂,治罪有差,诏皆罢之"。这是中书省宰执集体腐败的案子。同年,"御史台臣劾言江浙行省平章阿里不法,帝曰:'阿里朕所信任,台臣屡以为言,非所以劝大臣也。后有言者,朕当不恕。'"这是皇帝公然包庇臣下,威胁言官的例子。

行为的发生主体——皇帝、也可札鲁忽赤、中书权臣等看似五花八门,但本质上都是人治的结果,他们干预司法的权力来源于人治下皇权的赋予,并进而产生种种腐败。

因人治而造成的司法腐败,还不仅仅发生在这些勋贵高官身上,有时候,普通人也可能借着这种权势高下其手,大搞腐败。姚燧的《浙西廉访副使潘公神道碑》就记载潘泽在当监察御史时,"刑部主事恃当国臣知,多行不法,察院召按不能致",最后潘泽亲自带人缉捕这名犯罪的小官,"一讯而贪墨皆出,论如律"①。胡颐孙案中,胡颐孙为钱财杀其义弟,"赂郡县吏获免",事发多年才被绳之以法。② 元朝的僧侣集团则常仗着统治者崇信佛教的宗教信仰,以"做好事"为由赦免罪犯,其频率之高,所赦罪因犯罪性质之恶劣,甚至已经严重干扰了正常的司法运作。③ 大德七年,任中书左丞相的哈剌哈孙就指出这一弊端:"僧人修佛事毕,必释重囚。有杀人及妻妾杀夫者,皆指名释之。生者苟免,死者负冤,于福何有?"④ 大德十一年武宗继位后又"敕内庭作佛事,毋释重囚,以轻囚释之"⑤,此后因修佛事而大肆释囚的情况虽有所减少,但仍时不时被皇帝用以布施个人恩典。

第二,形式上看,元代的司法并非没有监督机制。前章提到的元代司法流程,其自始至终受到御史台监察系统的审查,在制度设计上确实能够防止中书省司法权力过大,失去监管。但这种制度设计并不总是能得到贯彻。在元代监察系统的实际运作中,其监察职能并不因制度设计而得到较为稳定的发挥,在很多时候,监察职能

---

① (元)姚燧撰:《浙西廉访副使潘公神道碑》,载《姚燧集·牧庵集》卷22,第348页。
② 事见《元典章·刑部三》中"胡参政杀弟"例。
③ 据"犯法度人有司决断"例:"自元贞元年以来,因做好事上,好生失的宽了有。""做罪过的不疏放"例:"因着做好事,节次放了的罪囚多有。……被害的人每冤气无处申告,伤着和气。"
④ 《元史》卷21《成宗四》,第450页。
⑤ 《元史》卷22《武宗一》,第493页。

的发挥与否，发挥效果如何，与之任的官员息息相关。当官员持正守法，如上文提到的潘泽，则监察能发挥其对司法的监督作用；如监察系统受制于行政乃至与之同流合污，则监管职能自然无法有效发挥。

出现这种职能行使波动的原因，与监察系统的选人、用人有一定关系。监察系统的选人、用人通常并不独立，御史大夫通常由皇帝、中书权臣任命亲信为之，其各级官员又多在诸行政、军事乃至皇室内务部门混合选充，盘根错节，这就导致了监察系统看似与其他部门之间构成相互制约和监督，形成不同部门之间的异体监督，却因选人、用人的混同造成本质上的"同体监督"。不少官员接连在中书省、御史台、枢密院系统来回迁转，根本无力形成制约和规范，更不存在任期限制等，这使得制度上的监督成了一纸空文。仅有"同体监督"，而缺乏其他外在监督保障机制，本就容易滋生腐败，何况在古代社会，其诸部门的选人、用人从根本上代表的是皇权利益，监察系统不可能真正通过制度设计对司法形成彻底的监督和制约。当然，要求监察系统另辟选径，完全避开其他部门的官员而独立进行人才选拔，缺乏现实可操作性。解决问题之关键或在于选人、用人之后相关制度的制约、规范和保障。从元代监察系统相关的《设立宪台格例》等法规，以及皇帝并不总是支持御史台工作的情况[1]看，元代对监察系统官员的制约、规范和保障力度还有欠缺，其职能发挥不稳定在所难免。张帆曾指出御史台在与中书省的争执中多居下风，正是这种欠缺的表现之一。

第三，选人用人、监察防范之外，司法腐败能否得到有效遏制还在于官制体系本身能够建构起有效的运作规则。权责清晰、制度明确、奖惩分明的官制体系，在机制上能够对破坏规则的行为形成

---

[1] 除前文注释中所举例外，还有如武宗至大元年"奉敕逮监察御史撒都丁赴上都"等捉拿监察系统官员的情况发生。虽然不知道捉拿撒都丁的具体缘由，但从台臣"同列皆惧，所系非小，乞寝是命"的说辞看，撒都丁所犯似乎并非不可饶恕之事，反而因此激起台臣恐惧的，恐怕是因为直言之事触怒龙颜。

一定制约和震慑，一定程度上能够遏制腐败的滋长和蔓延。问题在于，官制体系的健全与否应如何衡量？

马克斯·韦伯提出的理性官僚集团模型是一个有益的思考动向。官僚政治（Bureaucracy）是德国社会学家马克斯·韦伯提出的描述官僚行政模式的一个政治学、社会学术语，它的基本要点在于，第一，"存在着官职管辖权限的原则，该权限一般是由规则，即由法律或行政规章决定的"；第二，"由职务等级制原则与上诉渠道（Instanzenzug）原则确立了一种公认的高级职务监督低级职务的上下级隶属体系"；第三，"对现代官职的管理是以书面文件（"档案"，以原件或草稿形式保管起来）、一个下属官员班子以及各种文员为基础的"；第四，"官职的管理……通常都是以某个专业化领域的训练为前提"；第五，"一旦正式获得官职，职务活动就会要求官员付出全部工作能力，不管他在官署中的义务工作时间是否已有规定"；第六，"对官职的管理遵循着普遍规则，而规则大体上是稳定的，几乎是详尽无遗的，并且能够学会"[①]。

在官僚政治概念的基础上，马克斯·韦伯进一步提出了一种理想模型，即理性官僚集团存在的可能性。理性官僚集团是马克斯·韦伯建构的关于官僚集团的社会学模型，它旨在构建一个趋向完美的官僚运作体系，用以尽可能地消除人的因素在其中所起的主观能动作用。在这个体系中，人只是具体官职的代理，制度和规章的载体，具有非人格化特征。由于韦伯这一理性官僚集团失去了人在其中的能动性，加上过度强调规则、法律在其中的作用，容易造成迂腐固化的实际结果，因此法国学者克罗齐埃认为这种官僚制是天生低效率的组织形式，[②] 张康之则将之形象地称为"官僚之中宣布人

[①] [德]马克斯·韦伯：《经济与社会》，阎克文译，上海人民出版社2010年版，第1095—1097页。

[②] [法]埃米尔·克罗齐埃：《科层现象》，刘汉全译，上海人民出版社2002年版，第6页。

的死亡"①。

中国古代的政治制度中存在马克斯·韦伯所描述的官僚政治的某些因素，应该说是得到普遍认可的。但与这种职业的理性官僚不同的是，中国古代的官僚政治始终处在君主专制之下，带有强烈的事君治民的思想色彩，因此尽管从要件构成上与西方近代的官僚政治相似，如存在一定的专业化分工、等级制、按技术和法律规则办事等，但它在制度根本、负责对象、规则边界和职责边界等方面都与理性官僚模型存在差距，故二者难以混为一谈。② 不过，借鉴这一模型反观中国古代官僚政治仍然是有意义的，有助于从一个特定的角度考察元代司法腐败问题，即官僚制本身的不成熟模型或加剧了司法腐败。

韦伯的模型中，最理想的状态是官僚机器中人的因素消解，使官僚制变成一个纯机械运作的官僚体系，这种观点受19、20世纪前后流行的理性主义和机械唯物论等思想学说的影响。但现实中，韦伯也承认不存在这种理想模型，因此，借鉴这一模型考察的意义在于以之对比历史上存在的任何一种官僚制并找寻这种官僚制能在多大程度上"以客观的形式理性消解了经验管理的人治因素"③。也就是说，一个特定时期设计出来的官僚制，其规章、制度、法律本身能在多大程度上对运行其中的人的主观因素所造成的影响进行制约，并抵消其可能带来的负面效应，这是韦伯理论具有现实意义的地方。从这个角度出发，我们要探讨的就是元代官僚制的设计缺陷对元代司法腐败造成的影响。

元代的官僚政治是一个很脆弱的体系，名义上通过对译、模仿

---

① 张康之：《韦伯官僚制合理性设计的悖论》，《江苏社会科学》2001年第2期。
② 有关此点，可参见王亚南的《中国官僚政治研究》（中国社会科学出版社1981年版），李治安、杜家骥的《中国古代官僚政治》（中华书局2015年版）等相关研究成果。
③ 林雪菲：《公共行政过程中的理性官僚制——组织、机制与制度三种镜像下的剖析》，《教学与研究》2016年第12期。

汉制建立起了一系列汉式机构，以汉式官职委任各类官员，但制度设计却没有唐、宋时期的汉式官僚体系严密。这就使得元代的官僚制虽在总体上很像唐、宋时相对发达成熟的官僚体系，但实际制度设计却存在问题和缺陷，这就给贪腐佞幸提供了更多可乘之机。

首先，元代官职管辖职权不明，官职设置随意性较强。基于对实质公平的诉求和对形式逻辑的淡化，官职的规则边界和权责边界模糊成为中国古代官僚制的一个突出特点，这种模糊性使不少官吏经常从事一些与本职工作无甚相关的事务，如前述刑部尚书不忽木，被派往山西的唯一目的是审讯河东按察使阿合马的贪污罪状，但他却临时完成了另外一件本不属于他的任务——开仓赈济。这一行为虽然被视为乐施好善，也得到皇帝的事后追认，但从制度层面看，这一越权行为本身正来自此一模糊性。又如前章所述大宗正府职能的变迁，也多与这种职责边界模糊的现象有关。不唯如此，即使在本职工作内，也存在因模糊性而导致的官员之间权责不明的情况。更有甚者，一些官职甚至连基本权责都没有作出规定，如从蒙古制度中大量采纳进汉式机构的断事官，其职责临时性强，可大可小，非常模糊。规则边界和权责边界的模糊性带来的最大问题就是上级官员通常可以以权威和资历肆意干预下级官员的职责，甚至有时候同级官僚之间也会因职责不明而导致权职交叉，严重者甚至出现前章所举例——户部、礼部各自为政的情况。在这种情况下，官吏们就容易借机高下其手，贪赃枉法，正如胡祗遹在《民间疾苦状》中所指出的，"贿赂公行，则百务紊乱，民冤无诉"[①]。

其次，元代官僚系统虽建立了等级制，也制定了与之相关的升迁规定，但实际上并没有得到很好的执行。正如前章所展示的，官吏迁转中常见不按考核规定选用人，有的官员因受上级亲信，连升数级，往往一任未赴即有新命，有的官员则因卷入政治斗争，接连遭遇贬谪。一个关于等级制破坏的明显例子，是武宗时期大规模的

[①]（元）胡祗遹撰：《民间疾苦状》，载《胡祗遹集》，第429页。

"遥授"活动。据统计，在武宗在位短短的三四年时间里，仅在《元史·武宗本纪》中出现的明确指称为"遥授"的官员，就多达23名，且与世祖朝不同的是，武宗朝所"遥授"的官职，大多是宰执一类高官，"遥授"原因则多为细琐之事，如"角觝屡胜""诣西域取佛钵、舍利"等，以至于张养浩感慨："微至优伶、屠沽、僧道，有授左丞平章参政者。其他因修造而进秩，以技艺而得官，曰国公、曰司徒、曰丞相者，相望于朝。自有国以来，名器之轻，无甚今日。"① 《刑部第三题名之记碑》所显示的，到了元代后期，大量刑部尚书的散官加封到一二品，恐怕也是这种倖门大开的遗毒。② 不少官员的贪污现象是其表层问题，内里却是结党营私的真实写照，如前章所见落马的几位刑部尚书，取受只是表面行为，与权臣铁木迭儿的合流才是其贪污行为的本质。

复次，从业务水平的某些指标看，元代官吏的专业化水平并不高，这一点在司法领域尤其突出。刑部作为一个司法部门，总体上拥有元代最为专业的司法人才队伍，但是即使是这一队伍，从其学历、履历等构成看，非专业法官者极多。从附表二看，尽管大多数官员都受过文化教育，但真正精通律学的刑部官员并不多。与唐、宋时期不同的是，终元一代并无律学这一专门学科，多数官员以吏为师，经验水平参差不齐，没有受过较为系统的业务知识培训。元代中后期虽重开科举，但科举也没有明法一科，无法检验应试者在司法领域的业务理论水平，故此可见，大多数元朝官吏，特别是刑部官吏，是不具备系统的法律知识背景的。③ 非专业人员在司法时，

---

① （元）张养浩，李鸣、马振奎校点：《归田类稿》，《张养浩集》，吉林文史出版社 2008 年标点本，第 103 页。

② 详见拙文《元代"遥授"现象研究》，《湖北社会科学》2019 年第 4 期。

③ 王建峰在《唐代刑部尚书的法学素养》一文中从家学渊源、担任司法职务、立法中的表现和道德操守等方面考察唐代刑部尚书的法学素养及其对该职位的胜任情况。如果从这几个角度出发，结合附表二、三、四整理出来的刑部官吏的相关内容可以发现，除了道德操守外，元代刑部官员几乎很难在业务素养方面比得上唐、宋时期的刑部官员。

因其对法本身的掌握有限,作为一个法官所应具备的专业知识不足,常易以情理代法,将自身对案情认知的朴素情感加诸判决中,其结果必然容易导致因法官个人情感价值态度不同而造成判决不一。这种判决不一为援引判例提供余地,前章所引"舒仁仲钱业各归元主"一案,正是这种判决不一造成的恶劣后果,礼部贸然插手本属于户部核心职能的田土、债权问题,背后恐怕很难认为不与请托、受贿等腐败问题相联系。

综上来看,元代的官僚制度很难发挥其约束机制,并进而对身在其中的官吏形成制度束缚。相反,因人治因素超过了形式理性,元代官僚制度本身反而常被政客利用,成为政治斗争的工具。通过制度"选拔"的刑部官员在道德情操和业务素质能力方面是否符合选官标准难以得到保证,而党同伐异的存在本身已经决定了某些刑部官员在任用之初就存在潜在的司法不公正性的风险。胡祇遹在《论治法》中就指出这一问题:"选官择吏既不精粹,多非公清循廉之人,民有犯罪,漫无定法,或性情宽猛之偏,或好恶不公之弊,或惑于请谒,或徇于贿赂,或牵于亲戚故旧之情,或逼于权势,或为奸吏之执持恐逼舞智弄文,或为佞言之说诱欺诈。"[①] 可以说,元代司法腐败的猖獗和盛行,在官僚制度设计之初就已经埋下伏笔了。

很多当时人,甚至是明太祖朱元璋都把元朝的司法腐败单纯归结于不立律令,导致奸吏高下其手,如胡祇遹就曾建言:"官吏断事,无法可守。当议颁降条法,不致罪一而刑异,奸吏因缘高下其手。"[②] 实际上,这种提法值得追问。在唐、宋时代,国家亦有成文律令,司法腐败问题照样存在,而元朝吏人多有儒者出身,应该说也接受过一定程度的道德教育,那么再将元朝的司法腐败简单归结为无成文律令和吏人贪鄙,则既未触及问题根本,也有推卸责任之嫌。如前文所列举,因腐败而落马的官员亦不在少数,刑部官员是

---

① (元)胡祇遹撰:《论治法》,载《胡祇遹集》,第389页。
② (元)胡祇遹撰:《民间疾苦状》,载《胡祇遹集》,第430页。

其中非常突出的一部分。实际上相关的例子还有很多,如武宗至大元年,刑部尚书乌剌沙因赃罪落马等。我们可以看到,真正导致元朝司法腐败的,恐怕与前述原因息息相关。在人治的大背景和监管缺失、理性官僚无法建立的具体情况下,掌握司法大权的刑部很容易成为司法腐败的重灾区。

附 录

表一　　　　　　　　　　　　刑部官吏任职一览

姓名	时间	任职	出处
赵秉温	中统元年	行右三部事，稽考诸道工程	《元史·赵秉温传》，《滋溪文稿》卷22《故昭文馆大学士中奉大夫知太史院侍仪事赵文昭公行状》
宋子贞	中统二年六月四日至至元元年	右三部尚书	《元史·宋子贞传》，《中堂事记》，《元朝名臣事略》卷10
焦仲益	中统二年六月四日	右三部侍郎	《中堂事记》
李子敬	中统二年六月四日	右三部侍郎	《中堂事记》
石抹刚纥答	中统二年七月十三日	右三部尚书	《中堂事记》
冯渭	中统二年	右三部郎中	《牧庵集》卷20《山南廉访副使冯公神道碑》，卷20《中书右三部郎中冯公神道碑》
赵炳	中统三年	刑部侍郎兼中书省断事官	《元史·赵炳传》
严忠范	至元二年二月至十二月	兵刑部尚书	《元史·世祖本纪》，《中堂事记》，《柳待制集》卷9《严忠范谥节愍》
杨赟	约至元五年	任职右三部	《松雪斋文集》卷8《蔚州杨氏先茔碑铭》
李德辉	至元五年	右三部尚书	《元史·李德辉传》，《元朝名臣事略》，《牧庵集》卷30《中书左丞李忠宣公行状》
胡祗遹	至元五年	右三部令史	《元史·胡祗遹传》
畅师文	约至元三年至至元五年	右三部令史	《至正集》卷49《大元故翰林学士资善大夫知制诰同修国史赠推忠守正亮节功臣资政大夫河南江北等处行中书省左丞上护军追封魏郡公谥文肃畅公神道碑铭》

续表

姓名	时间	任职	出处
杨仁风	至元十一年前	刑部郎中	《元史·世祖十一》,《元史·裕宗传》,《元史·伯颜传》,《元史·阿刺罕传》,《中堂事记》,明成化《山西通志》卷9,明弘治《潞州志》
张昉	至元十一年	兵刑部尚书	《元史·张昉传》
王纲	至元十一年	兵刑部员外郎	清同治《畿辅通志》卷174《广东按察副使王纲墓神道碑铭》
刘敏中	至元十一年	刑部掾	清乾隆二十一年《章丘县志》卷11《刘文简公祠堂记》,元元统刻本《中庵集》卷首《敕赐故翰林学士承旨赠光禄大夫柱国追封齐国公刘文简公神道碑铭》,《中庵先生刘文简公文集》卷13《贾滦州赆行诗序》
刘敏中	至元十一年	兵刑部主事	
萧郁	至元十二年	刑部郎中	《元史·世祖五》,《巴西集》卷上《故征仕郎徽杭等处榷茶提举司吴君墓志铭》
伯术	至元十二年	刑部侍郎	《元史·世祖五》
李子忠	至元十五年	刑部尚书	《元史·刘正传》
王积翁	至元十五年	刑部尚书	《元史·王都中传》,《黄文献集》卷8下《故参知政事行中书省国信使赠荣禄大夫平章政事上柱国追封闽国公谥忠愍王公祠堂碑》,《宋元学案》
赵思恭	至元十六年前	刑部令史	《傅与砺文集》卷10《故朝列大夫金燕南河北道肃政廉访司事赠中议大夫上骑都尉礼部侍郎追封天水郡伯赵公行状》,《吴文正公集》卷33《大元故朝列大夫金燕南河北道肃政廉访司事赵侯墓碑》,《雍虞先生道园类稿》卷42《天水郡伯赵公神道碑》
珊竹拔不忽	至元十八年后	刑部尚书	1927年《江苏通志稿》卷金石19《有元故中奉大夫江东宣慰使珊竹公神道碑铭》
周维卿	约至元十九年	刑部郎中	《癸辛杂识》续集卷下《解厄咒》
刘好礼	至元十九年	刑部尚书	《元史·刘好礼传》

续表

姓名	时间	任职	出处
袁裕	至元十九年	刑部侍郎	《元史·袁裕传》，《中堂事记》
马绍	至元十九年	刑部尚书	《元史·马绍传》，《中庵先生刘文简公文集》卷8《故中顺大夫开州尹左公墓道碑铭》，《雍虞先生道园类稿》卷40《张忠献公神道碑》
布伯	至元十九年	刑部尚书	《元史·方技传》
崔彧	至元十九年至至元二十年，至元二十年至至元二十一年（不连续）	刑部尚书	《元典章》卷40《刑部》，《元史·崔彧传》，明成化十一年《山西通志》卷14《加封桑干河神庙碑记》，《至正条格·条格》卷34《狱官非理鞫囚》
王仪	约至元十九年	刑部侍郎	《元典章》卷40《刑部》卷2《刑狱·禁断王侍郎绳索》
傅岩起	至元十九年后	刑部郎中	《勤斋集》卷2《故中顺大夫江东建康道肃政廉访使傅公墓志铭》
杜世昌	至元二十年	刑部郎中	《陈众仲文集》卷5《杜德明同知唐州序》，《危太朴文续集》卷6《故通议大夫刑部尚书赠赞治功臣资善大夫中书左丞上护军追封长安郡公谥忠肃杜公行状》
	至元二十三年	刑部侍郎	
	至元二十六年	刑部尚书	
	大德二年	刑部尚书	
姚天福	至元二十二年	刑部尚书	《元史·姚天福传》，清同治四年《稷山县志》卷8，清光绪二十七年《山右石刻丛编》卷34《姚忠肃公神道碑》，清宣统涵芬楼本《古今文钞》卷70，清乾隆三十年《直隶绛州志》卷14《大都路总管姚公神道碑铭》，清光绪二十七年《山右石刻丛编》卷34《姚天福谥议碑》，《南村辍耕录》卷2
不忽木	至元二十三年九月	刑部尚书	《元史·不忽木传》，《元朝名臣事略》，《析津志》，《松雪斋文集》卷7《故昭文馆大学士荣禄大夫平章军国重事行御史中丞领侍仪司事赠纯诚佐理功臣太傅开府仪同三司上柱国追封鲁国公谥文贞康里公碑》
安祐	至元二十四年	刑部尚书	《元史·奸臣传》

续表

姓名	时间	任职	出处
立智理威	至元二十七年	刑部尚书	《元史·立智理威传》，《雍虞先生道园类稿》卷42《立只理威忠惠公神道碑》
姜毅	至元十四年至至元二十八年	刑部尚书	《元史·世祖五》，《元史·世祖六》，《元史·奸臣传》，1933年《广宗县志》卷9《广宗县新修庙学两庑碑记》
尚文	至元三十一年	刑部尚书	《元史·尚文传》
张宴	世祖时	刑部郎中	清宣统涵芬楼本《古今文钞》卷60《中书左丞张公神道碑》，《新元史》卷157《张文谦传》
贾庭瑞	大德三年前后	刑部主事	《吴文正公集》卷33《赵郡贾氏先茔碑》
王泰亨	大德四年	刑部尚书	《元史·外夷一》，《元史·顺帝一》
王珪璋	约大德六年	刑部令史	《元典章》卷45《刑部》卷7《指奸革拨》
塔察而	大德七年九月	刑部尚书①	《元史·成宗四》
奕赫抵雅尔丁	大德八年前	刑部员外郎	《元史·奕赫抵雅尔丁传》
徐毅	约大德十一年	刑部尚书	《金华黄先生文集》卷10《御史中丞赠资政大夫中书右丞上护军追封平阳郡公谥文靖徐公神道碑》，《牧庵集》卷18《提举太原盐使司徐君神道碑》
	约至大三年		
高克恭	大德八年	刑部侍郎	《巴西集》卷下《故大中大夫刑部尚书高公行状》
	大德八年后	刑部尚书	
庄子在	大德十年	任职刑部	《有宋福建莆阳黄仲元四如先生文稿》卷4《夏宣武将军墓志铭》
文矩	约大德十一年	刑部吏	《吴文正公集》卷40《故太常礼仪院判官文君墓志铭》
李居禁	大德十一年前	刑部主事	《元典章》卷54《刑部》卷16
王约	大德年间	刑部尚书	《元史·王约传》，《中庵先生刘文简公文集》卷6《敕赐赠荣禄大夫大司徒柱国梁国文惠公王公神道碑铭》
赵璧	大德年间	刑部郎中	《张文忠公文集》卷22《故中议大夫平江海道都运万户赵公墓志铭》

① 《蒙兀儿史记》作"刑部侍郎"。

续表

姓名	时间	任职	出处
乌剌沙	至大元年八月	刑部尚书	《元史·武宗一》
王伯胜	至大二年前	刑部尚书	《元史·王伯胜传》
田衍	至大二年前	刑部员外郎	《松雪斋文集》卷9《田师孟墓志铭》
卜天璋	至大二年至至大四年	刑部郎中	《元史·良吏一》
马绳武	约至大二年	刑部掾	清道光十四年《壶关县志》卷9《赠朝列大夫同金太常礼仪院事骑都尉追封扶风郡伯马氏之先德碑记》,《至正金陵新志》卷6下,明成化《山西通志》卷9
	泰定二年前	刑部主事	
	约泰定三年	刑部郎中	
马儿	至大三年三月	刑部尚书	《元史·武宗二》
撒都丁	至大三年九月	刑部尚书	《元史·武宗二》
马煦	至大三年	刑部尚书	《雍虞先生道园类稿》卷44《户部尚书马公墓碑》
谢让	至大四年	刑部尚书	《元史·谢让传》,《通制条格》
牛光祖	至大四年	刑部主事	清光绪七年《襄陵县志》卷24《襄陵牛氏墓碑》
贾钧	约大德七年	刑部郎中	《元史·贾居贞传》,《秘书监志》
韩若愚	仁宗即位前	刑部郎中	《元史·韩若愚传》,清乾隆五十二年《满城县志》卷9《参知政事南阳郡公韩昌墓志铭》
	皇庆元年	刑部侍郎	
	泰定元年	刑部尚书	
苏志道	约武宗时	刑部主事	《雍虞先生道园类稿》卷44《岭北行省左右司郎中苏公墓碑》,《至正集》卷47《敕赐故中宪大夫岭北等处行中书省左右司郎中赠集贤直学士亚中大夫轻车都尉追封真定郡侯苏公神道碑铭》
王笴	皇庆二年	刑部郎官	元至治刊本《秋涧先生大全文集》卷首《大元故翰林学士中奉大夫知制诰同修国史赠学士承旨资善大夫追封太原郡公谥文定王公神道碑铭》,《滋溪文稿》卷7《右丞相耶律文正公神道碑铭》,《秘书监志》,明弘治本《八闽通志》卷30《官秩》,清道光《济南府志》卷24

续表

姓名	时间	任职	出处
叶苏	皇庆二年	刑部员外郎	《清容居士集》卷25《献州交河县先圣庙碑》
曹伯启	延祐三年	刑部侍郎	《元史·曹伯启传》，《汉泉曹文贞公文集》后录《大元故资善大夫陕西行御史台中丞赠体忠守宪功臣资政大夫河南江北等处行中书左丞上护军追封鲁郡公谥文贞曹公神道碑铭》，《滋溪文稿》卷10《元故御史中丞曹文贞公祠堂碑铭》
举林柏	延祐四年六月	刑部尚书	《元史·仁宗三》
纳麟	延祐四年至延祐六年	刑部员外郎	《元史·纳麟传》，《元史·高智耀传》，《秋涧集》卷86《弹西夏中兴路按察使高智耀不当状》，《元典章》卷2《吏部》卷2《迁调官员》
纳麟	元统初	刑部尚书	
韩辅	延祐五年	刑部令史	《元典章》不分卷《新集至治条例》
答里马失里	约延祐七年	刑部尚书	《至正集》卷76《辨平章赵世延》
史惟良	延祐年间	刑部主事	《元史·泰定帝二》，《金华黄先生文集》卷26《集贤大学士荣禄大夫史公神道碑》，《至正金陵新志》卷6下
史惟良	延祐年间	刑部员外郎	
史惟良	约至治二年	刑部郎中	
史惟良	至治年间	刑部侍郎	
不答失里	约至治二年	刑部尚书	《元史·英宗二》，《至正集》卷76《辨班丹等》
唆住	泰定三年十月	刑部郎中	《元史·泰定帝二》
王结	泰定年间	刑部尚书	《元史·王结传》，《滋溪文稿》卷23《元故资政大夫中书左丞知经筵事王公行状》
李廷	泰定年间	刑部尚书	清同治《畿辅通志》卷166《潞阳郡公墓志铭》
李思明	泰定年间	刑部员外郎	《滋溪文稿》卷16《高邑李氏先德碑铭》

续表

姓名	时间	任职	出处
铁木儿达识①	约泰定四年	刑部侍郎	《金华黄先生文集》卷8《敕赐丞相冀宁文忠王祠堂记》，《黄文献集》卷10上《敕赐康里氏先茔碑铭》，《永乐大典》卷2744《元故中顺大夫刑部员外郎崔君墓志铭》，《秘书监志》，《元史·宰相年表》
崔世荣	约泰定四年前	刑部员外郎	《永乐大典》卷2744《元故中顺大夫刑部员外郎崔君墓志铭》
白元采	约泰定四年前	刑部主事	《永乐大典》卷2744《元故中顺大夫刑部员外郎崔君墓志铭》
大都	致和元年九月	刑部郎中	《元史·文宗一》
张冲	致和元年前后	刑部掾	《榘庵集》卷5《故张君彦谌墓志铭》
崔敬	天历间	刑部令史	《元史·崔敬传》，《析津志》
	后至元五年	刑部主事	
	至正十一年	刑部侍郎	
	至正十四年	刑部尚书	
彻里帖木儿	天历二年前	刑部尚书	《元史·彻里帖木儿传》
耿焕	天历二年前	刑部掾	《元史·文宗四》，《元史·顺帝二》清同治《畿辅通志》卷169《耿公先世墓碑》，《至正金陵新志》卷6下
		刑部尚书	
仇潘	天历二年	刑部侍郎	《燕石集》卷13《太中大夫陕西诸道行御史台治书侍御史仇公墓志铭》
井渊	元中期	刑部主事	1935年《张北县志》卷8《咸宁井氏墓志铭》
	天历二年前后	刑部员外郎	
赵师鲁	约至顺年间	刑部侍郎	《元史·赵师鲁传》
慕完	仁宗以后	刑部主事	清乾隆十二年《新乡县志》卷26《慕公世德碑》，《至正集》卷59《故中奉大夫侍御史慕公墓志铭》
	仁宗以后	刑部侍郎	
	至顺二年后	刑部尚书	

① 《元故中顺大夫刑部员外郎崔君墓志铭》所记刑部员外郎崔世荣去世时，有刑部侍郎"铁木尔榻石"同在上都，时间为泰定四年。结合冀宁文忠王铁木儿达识的生平，疑此"铁木尔榻石"即为铁木儿达识，其均为刑部侍郎，时间上亦可说得通。《宰相年表》中的"铁木儿塔识"亦同人。

续表

姓名	时间	任职	出处
刘宗说	约至顺二年	刑部尚书	《圭斋文集》卷10《元故中奉大夫江南诸道行御史台侍御史刘公墓碑铭》
答里麻	至顺二年至元统元年	刑部尚书	《元史·答里麻传》
余阙	元统元年后	刑部主事	《元史·余阙传》，《新安文献志》卷47《青阳山房记》，《杨维桢文集全录》卷4《余阙传》
苏天爵	元统二年至后至元二年间	刑部郎中	《元史·苏天爵传》，《至正集》卷47《敕赐故中宪大夫岭北等处行中书省左右司郎中赠集贤直学士亚中大夫轻车都尉追封真定郡侯苏公神道碑铭》
拔实	顺帝初	刑部员外郎	《元史·顺帝四》，《金华黄先生文集》卷25《资善大夫河西陇北道肃政廉访使凯烈公神道碑》
吕思诚	后至元五年后	刑部尚书	《元史·吕思诚传》
王由义	后至元六年前	刑部郎中	清康熙五十一年《朝邑县后志》卷8《王氏世德碑》
兀突蛮	约后至元末至正初年	刑部尚书	《元史·逯鲁曾传》
赵琏	至正元年	刑部主事	《式古堂书画汇考》卷5《辛西金史题名后题》，《元史·忠义二》
宋文瓒	至正二年后	刑部尚书	《元史·张珪传》，《诚意伯文集》卷6《前江淮都转运盐使宋公政绩记》，《两浙金石志》卷17《绍兴路总管宋公去思碑铭》，明万历《绍兴府志》卷37
成遵	至正三年	刑部员外郎	《元史·成遵传》
成遵	至正九年	刑部郎中	《元史·成遵传》
盖苗	至正四年	刑部尚书	《元史·盖苗传》
乌古孙良桢	至正四年	刑部员外郎	《元史·乌古孙良桢传》
哈剌元素	至正四年	刑部主事	《析津志》
王时	至正四年	刑部主事	《析津志》

续表

姓名	时间	任职	出处
皇甫玠	至正四年	刑部主事	《析津志》
陈思谦	至正五年	刑部尚书	《元史·陈思谦传》，《元史·陈祐传》，《张文忠公文集》卷18《资德大夫中书右丞商议枢密院事陈公神道碑铭》
赵子温	至正六年	刑部尚书	《东吴小稿》不分卷《代赵彦升送程梅林归江东序》
王彦实	约至正六年	刑部侍郎	《危太朴集》卷7《李节妇诗序》
安承权	约至正六年	刑部令史	《至正集》卷60《安伯宁知府墓志铭》
保保	约至正八年	刑部侍郎	《黄文献集》卷10上《敕赐康里氏先茔碑铭》
八十	至正九年	刑部郎中	《元史·顺帝五》
逯鲁曾	至正十二年前	刑部员外郎	《元史·逯鲁曾传》
阿鲁	至正十二年	刑部尚书	《元史·顺帝五》
归旸	至正十二年	刑部尚书	《元史·归旸传》
	至正十五年	刑部尚书	
李士瞻	至正十三年	刑部主事	《经济文集》附录《元翰林承旨楚国李公圹志》，《经济文集》附录《翰林承旨楚国李公行状》
	约至正十三年	刑部员外郎	
秃坚不花	至正十三年	刑部侍郎	《玩斋集》卷首《有元故礼部尚书秘书卿贡公神道碑铭》
李锡	至正十三年前	刑部掾吏	《东维子文集》卷5《送浙江宪书吏李公锡序》
庐山	至正十四年	刑部主事	《元史·乌古孙良桢传》
董铨	至正十五年	刑部尚书	《元史·顺帝七》
察罕帖木儿	至正十五年	刑部侍郎	《元史·顺帝七》，《元史·察罕帖木儿传》
答礼麻识理	至正十九年	刑部尚书	《元史·答礼麻识理传》
囊加歹	约至正二十年前	刑部郎中	《秘书监志》
闵本	至正二十二年后	刑部尚书	《元史·忠义传四》，《刑部第三题名之记碑》

续表

姓名	时间	任职	出处
刘希曾	至正二十二年后	刑部侍郎	《元史·周伯琦传》，《刑部第三题名之记碑》，《蜕庵诗》卷4《次韵刘希曾师鲁避兵病怀》
米只儿海牙	至正二十二年后	刑部侍郎	《元史·顺帝九》，《刑部第三题名之记碑》
牛继志	至正二十二年后	刑部郎中	《元史·顺帝六》，《刑部第三题名之记碑》，《羽庭集》卷2《饯刑部牛继志郎中回京》
张庸	至正二十七年至至正二十八年	刑部尚书	《元史·忠义传四》，《秘书监志》
镏彦通	至正年间	刑部掾	《青阳集》卷1《赠刑部掾史镏彦通使还京序》
张正	元前中期	刑部员外郎 刑部郎中	清乾隆五十二年《满城县志》卷9《张忠神道碑记》
苑希昉	元前中期	刑部侍郎	《滋溪文稿》卷13《礼部员外郎王君墓志铭》
马荣祖	元前中期	刑部掾	《榘庵集》卷8《朝列大夫金汉中道廉访司事傅公墓志铭》
韩克昌	元前中期	刑部令史 刑部主事	《张文忠公文集》卷21《监察御史韩君墓碣铭》
韩居仁	大德至延祐间	刑部主事	《至正集》卷50《故奉直大夫金河北河南道肃政廉访司事赠朝列大夫秘书少监骑都尉高阳郡伯韩公神道碑铭》
赵简	延祐三年前，时间未定	刑部侍郎	《雪楼集》卷5《魏国赵氏先德之碑》
约苏穆尔	至正三年前，时间未定	刑部侍郎	《畏斋集》卷5《监抽庆元市舶司右丞资德约苏穆尔公去思碑》
	至正三年前，时间未定	刑部尚书	
观音奴	元中后期，时间未定	奉训大夫、刑部郎中	《雍虞先生道园类稿》卷42《彭城郡侯刘公神道碑》

续表

姓名	时间	任职	出处
杨益	元中后期	承务郎、刑部主事	《雍虞先生道园类稿》卷45《杨氏先茔碑》，《申斋集》卷2《洛阳杨友直家谱序》
张篁	元中期	刑部郎中	清顺治十七年《乐陵县志》卷8《吏部尚书清河郡伯张公神道碑铭》
刘德智	元中期	刑部令史	《柳待制集》卷11《刘彦明墓志铭》
冯思温	元中后期	刑部侍郎	《至正集》卷38《送王仲方总管赴兵部序》
傅岩起	元中后期	刑部主事	《山右石刻丛编》卷36《傅杰碑》，《新元史·傅岩起传》
程徐	元后期	刑部主事	《新安文献志》卷71《积斋程君端学墓志铭》
汤抑	元末	刑部郎中	《元史·孝友传二》
阎行简	元末	刑部郎中	《杨维桢文集全录》卷4《真乐堂记》
怀都	未知	刑部尚书	《元史·石天麟传》
吕流	未知	刑部侍郎	《重刊襄阳郡志》卷4《羊公碑阴之记》
哈剌八失	未知	刑部侍郎	《庚申外史》卷下
李思敬	未知	刑部吏	《雍虞先生道园类稿》卷45《河东李氏先茔碑》
杨彬	未知	刑部吏	清嘉庆十五年《渑池县志》不分卷《飞骑尉洛阳男杨君世庆碑》
孟天伟	未知	刑部掾	《傅与砺文集》卷4《孟天伟文稿序》
傅道清	未知	刑部吏	《夷白斋稿》外集《傅道人传》
边公佐	未知	刑部令史	《金华黄先生文集》卷30《边氏崇孝阡表》
李宽甫	未知	刑部令史	曹栋亭刊本《录鬼簿》
高宣	未知	刑部提控令史	清道光二十年《济南府志》卷67《重修赘世先生祠堂记》
王德新	未知	刑部掾	《归田类稿》卷12《有莘王氏先德碑铭》

说明：表一将罗列目前文献中搜集到的所有刑部官吏，约略按时间先后顺序排列，时间完全不载或不可推者附于最后。

表二、三只针对有相关详细内容的刑部官员进行整理，无详细信息者，或仅在刑部担任吏职，而无任主事以上官，或无明确记载职位，仅知供职于刑部者则仅见于表一，特此说明。

仅出现在《刑部第三题名之记》碑里的刑部官吏见表四，可与其他文献形成印证者会在表一、二、三中体现。

表二　　　　　　　　刑部官吏学历、籍贯、族属一览

姓名	学历	籍贯/族氏	卒年	家世
赵秉温	从金进士冯巽亨学，后受学于刘秉忠	蔚州蜚狐（飞狐）人	至元三十年四月	祖父赵崑，金元帅府评事。父赵璠，从木华黎有战功，官至昭毅大将军、河北河南道提刑按察使，因而迁家至中山。赵秉温为长子
宋子贞	金太学生	潞州长子人	至元五年	与族兄宋知柔同补金太学生
冯渭		中山人	至元七年闰十一月十九日	三世金朝进士
赵炳		惠州滦阳人	至元十七年三月	父弘，国初为征行兵马都元帅，积阶奉国上将军
严忠范		泰安长清人	至元十二年二月	东平严氏家族，严实子
李德辉	因贫辍业，监酒丰州后始学	通州潞县人	至元十七年十一月二十七日	考朴，金尚书吏部主事
杨仁风		潞州襄垣人	大德九年后	
张昉		东平汶上人	至元十一年	父汝明，金大安元年经义进士，治书侍御史
王纲	刀笔试吏	淄川人	至元二十四年七月十六日	祖王德，金末为长山令，父王义，丰资乐施好善
刘敏中	学富而词益工，以儒贡入仕	济南章丘人	延祐五年九月八日	祖父刘鼎，广威将军、益都总判兼安慰济南淄德军民劝农事，行左右司郎中事
王积翁		福建福宁人	至元二十一年	世为宋世族
珊竹拔不忽	师李康伯	珊竹氏	至大元年十月二十八日	祖乌也而，累官金紫光禄大夫、北京兵马都元帅。父撒里，累官昭勇大将军、河间路总管兼诸军奥鲁、管内劝农事
刘好礼	好礼幼有志，知读书，通国言	汴梁祥符人	至元二十五年六月	父仲泽，金大理评事，遥授同知许州
袁裕		洛阳人	至元二十一年	
马绍	从上党张播学	济州金乡人	大德四年	

续表

姓名	学历	籍贯/族氏	卒年	家世
布伯		西域旭烈人，回回氏		父亦思马因，善造炮，攻宋时为回回炮手总管，至元十一年病卒
崔彧		弘州人	大德二年九月	父崔斌，累官江淮行省左丞，为阿合马所害。至大初，赠推忠保节功臣、太傅、开府仪同三司，追封郑国公，谥忠毅
傅岩起	早通经史	华原人	大德六年四月二日	父傅汝砺，陕西都转运司经历
杜世昌	知经史大义，通国语	太原葭州人	大德三年九月	父杜守中，宗王按只鰪辟为参谋，卒赠昭文馆大学士、中奉大夫、上护军、追封长安郡公，谥敬□
姚天福	从儒者读《春秋》	绛州人	大德六年	
不忽木	先再东宫师事太子赞善王恂，后入国子学师事许衡	康里氏	大德四年	祖父海蓝伯而上，世为康里部大人。父燕真，侍世祖
立智理威		唐兀乌密氏	至大三年	其先西夏之贵臣曲也怯律，官至金紫光禄大夫、平章政事
尚文		祁州深泽人	泰定四年	
张宴		邢州沙河人	成宗时	父元初名臣张文谦
奕赫抵雅尔丁	幼颖悟嗜学	回回氏	延祐元年	父亦速马因，仕至大都南北两城兵马都指挥使
徐毅	受业于许衡	平阳赵城人	延祐元年十二月二十六日	祖玉，累官河东南路提举常平仓事，累赠嘉议大夫、上轻车都尉，追封平阳郡侯。父德举，累官太原路盐使司提举，累赠中奉大夫、护军，追封平阳郡公
高克恭	早习父训	西域人，占籍大同	至大三年九月初四日	父嘉甫，为六部尚书器重，归以其女。大究《易》《诗》《书》《春秋》及关洛诸先生绪言，世祖曾召见奏对

续表

姓名	学历	籍贯/族氏	卒年	家世
王约	从中丞魏初游，博览经史，工文辞，务达国体	其先汴人，祖北徙真定	至顺四年二月	父王松年，赠官荣禄大夫、大司徒、柱国、梁国文惠公
赵璧	幼隶学	北京人	至大元年四月十日	
王伯胜		霸州文安人	泰定三年冬	兄伯顺，给事内廷，为世祖所亲幸，因以伯胜入见
田衍	母李氏教之读书	其先京兆醴泉人，后迁相州	皇庆二年十一月癸巳	大父田芝，金嘉议大夫、镇南军节度副使兼户部侍郎。父田文鼎，彰德路转运经历官
卜天璋		洛阳人	至顺二年	父世昌，金河南孔目官，降元后为真定路管民万户
马绳武	劝学自立，挈家童来京，日出为吏事，日暮为学	上党壶关人		祖由平阳府吏迁甘肃行省掾，历许、沁州吏，父不仕
马煦		磁州滏阳人	延祐三年	父公和，磁州提领劝农官
谢让	幼颖悟好学	颖昌人	延祐四年十月	祖义，有材勇，金贞祐间，为义军千户
贾钧	幼读书	真定获鹿人	皇庆元年	父贾居贞，元代名臣，死后赠推忠辅义功臣、银青荣禄大夫、中书平章政事，追封定国公
韩若愚		保定满城人	天历三年九月	
苏志道	好读书，尤尊信《大学》及陆宣公奏议	真定人	延祐七年二月	
王笴		卫辉人		祖父元代名臣王恽，赠中奉府君翰林学士承旨、资善大夫、追封太原郡公，谥文定

续表

姓名	学历	籍贯/族氏	卒年	家世
曹伯启	从东平李谦游，笃于问学	济宁砀山人	至顺四年二月十六日	
纳麟		河西人	至正十九年八月	祖父高智耀，西夏中兴等路提刑按察使，赠崇文赞治功臣、金紫光禄大夫、司徒、柱国、宁国公，谥文忠。父高睿，终南台御史中丞，赠推忠佐理功臣、太傅、开府仪同三司、上柱国、宁国公，谥贞简
史惟良	受学前进士王仲文	郓城人	至正七年正月四日	
王结	从太史董朴受经	易州定兴人	后至元二年正月二十八日①	祖逖勤，以质子军从太祖西征，娶阿鲁浑氏
李廷		粤之漳南镇人	天历元年春二月八日	
李思明	少读孔氏书	其先太原人，迁高邑		
铁木儿达识	延师教之	康里氏	至正七年九月十八日	父和宁忠献王亦纳脱脱，伯父顺宁忠烈王阿沙不花，均元代名臣
崔敬	通刑名法律之学	大宁惠州人	至正十八年	
彻里帖木儿		阿鲁温氏		祖父累立战功，为西域大侯
耿焕	国子伴读生	束鹿人		祖孝祖，束鹿军民长官；父继元，累官同知绛州事，积阶忠显校尉
仇浚	读书淮浙	世家临潢，徙京兆，至公为燕人	至顺三年十一月二十八日	父仇锐，尹蒲城县。父丧，舅氏郝公任户部尚书，挈至京
井渊		兴和咸宁人		兄井源，泰定四年累官河南行省左右司郎中，积阶奉政大夫

① 苏天爵撰《元故资政大夫中书左丞知经筵事王公行状》为"二月二十九日"。

续表

姓名	学历	籍贯/族氏	卒年	家世
赵师鲁	太学生	霸州文安县人	后至元三年九月	父趾，秘书少监，赠礼部尚书
慕完	贫不能卒儒业，习法家	卫郡人	至正五年九月十日	
刘宗说	从乡先生赵抃学	成都华阳人	后至元二年四月	
答里麻		高昌人	至正八年后	大父撒吉斯，为辽王傅，世祖称其贤。从讨李璮，以勋授山东行省大都督
余阙	进士出身	唐兀氏，世家河西武威，随父官至庐州	至正十八年正月	父沙剌臧卜，官庐州
苏天爵	国子学生	真定人	至正十二年	父苏志道，中宪大夫、岭北等处行中书省左右司郎中，赠集贤直学士、亚中大夫、轻车都尉，追封真定郡侯
拔实		蒙古凯烈氏	至正十年正月戊午	高祖宁国孝勇公，事太祖皇帝，以智谋材武克有伐功，世备宿卫。父云国宣毅公，历事世祖、成宗、武宗、仁宗朝，尤被宠遇
吕思诚	从萧学治经。入国子学为陪堂生，试国子伴读中选，泰定元年进士	平定州人	至正十七年三月十七日	六世祖宗礼，金进士，辽州司户。宗礼生仲堪，亦举进士。仲堪生时敏，时敏生钊，为千夫长，死国事。钊生德成，德成生允，卒平定知州致仕，思诚父也
王由义	父延名师以学	京兆同州朝邑县人		
赵琏	至治元年进士			祖贞献公刘宏伟
宋文瓒	以儒生举为吏	南阳裕州人		父为中书左丞崔公所举，后为湖广行省平章阿里海牙所辟

续表

姓名	学历	籍贯/族氏	卒年	家世
成遵	至顺年受春秋业于夏镇，为国子生，元统元年登进士第	南阳穰县人	至正十九年	
盖苗	延祐五年登进士第	大名元城人	至正七年	
乌古孙良桢		女真乌古部		父乌古孙泽，累官福建廉访使，积阶至中大夫，谥正宪
哈剌元素	进士出身	荈林人		
王时	进士出身	辽西人		
皇甫玠	进士出身	博平县人		
陈思谦	警敏好学，尤深于邵子《皇极经世书》	赵州宁晋人	至正十三年	祖陈祐，淮东道宣慰使，为贼所害。祖叔父陈天祥，资德大夫、中书右丞、商议枢密院事。累赠推忠正义全德佐理功臣、河南江北等处行中书省平章政事，追封赵国公，谥文忠
逯鲁曾	天历二年登进士第	修武人	约至正十二年	
归旸	登至顺元年进士第	汴梁人	至正二十七年	
李士瞻	至正十年登进士第	河南荆门人	至正二十七年十一月二十七日	
察罕帖木儿	进士出身	其先乃蛮台，父随大军南征，为颍州沈丘人	至正二十二年	诏赠推诚定远宣忠亮节功臣、开府仪同三司、上柱国、河南行省左丞相，追封忠襄王，谥献武。及葬，赐赙有加，改赠宣忠兴运弘仁效节功臣，追封颍川王，改谥忠襄，食邑沈丘县，所在立祠，岁时致祭
答礼麻识理	从师授经史	怯烈台氏		其先北方大族，六世祖始居开平。父曰阿剌不花，江西行省参知政事，追封赵国公，谥襄惠

续表

姓名	学历	籍贯/族氏	卒年	家世
闵本		河内人	至正二十八年	
牛继志	至正十四年进士状元	武强人		
张庸		温州人	至正二十八年	
张正		保定满城人		父张忠,袭父职为顺天府二十四处管领诸色人匠使
韩克昌		汴之太康人	延祐元年八月二十九日	父韩椿,淇水巡检
韩居仁		般阳长山人	延祐七年七月四日	
赵简	服膺《诗》、《书》	魏人		父赵楫,后迁承事郎、织染司提举
杨益		洛阳人		父某,以承直郎、南阳府判官卒于官
张簠	伴读生	河间乐陵人		
程徐		四明人		父程端学,至治三年进士榜第二名,累官太常博士
汤抑	登进士第	晋宁洪洞县		
怀都		顺州人		父石天麟,武宗时平章政事,死后赠推诚宣力保德翊戴功臣、开府仪同三司、太师、上柱国,追封冀国公,谥忠宣

说明:本表数据出处与表一同。

表三

刑部官吏迁转

姓名	时间	历官	时间	历官
赵秉温	中统以前	从征吐蕃、大理	中统元年	行右三部事
	至元三年	同建大都	至元七年	尚书礼部侍郎兼知侍仪事、中顺大夫
	至元八年	秘书少监、少中大夫	至元十九年	昭文馆学士、知太史院侍仪司事、嘉议大夫。未几加大学士、中奉大夫
宋子贞	太祖二十年后	东平行台幕详议官	太宗七年	行台右司郎中
	中统元年五月	益都济南等路宣抚使	中统二年六月四日至至元元年	右三部尚书
	至元二年	翰林学士、参议中书省事	至元元年	中书平章政事
赵炳	宪宗时	抚州长	至元九年	判北京宣抚司事
	至元三年	刑部侍郎兼中书省断事官		昭勇大将军、济南路总管
	至元十四年	辽东提刑按察使	至元十六年	京兆路总管兼府尹
严忠范	中统二年	镇国上将军、安西王相	至元二年一十二月	中奉大夫、安西王相兼陕西五路西蜀四川课程屯田事
	至元七年至至元十年三月	东平路管民总管、签陕西五路西蜀四川行中书省	至元十二年	兵刑部尚书
李德辉	定宗丁未年	正奉大夫、皇太子侍读	宪宗癸丑年	工部侍郎兼国信使
	中统元年（时尚未建年号）	南京经略使	中统元年	京兆调军食
	中统元年	燕京宣抚使	中统三年	北京宣慰使
				山西宣慰使

续表

姓名	时间	历官	时间	历官
李德辉	至元元年	嘉议大夫、太原路总管兼府尹	至元五年	右三部尚书
	至元九年	户部尚书	至元八年	中奉大夫、参知北京行尚书省事
	至元十三年	中奉大夫、参知北京行中书省事	至元十一年	安西王相
		安西王相兼西川行枢密院副枢密使	至元十七年	资政大夫、中书左丞、安西行中书省
	中统元年	燕京中书省奏事官	至元十一年前	刑部郎中
	至元十一年	伐宋军中断事官		江州路总管
杨仁风	至元十八年	为裕宗东宫所辟	至元二十三年	同佥枢密院事
	至元二十三年	东京行省参知政事	至元二十四年	真定等路宣慰使
	至元二十四年后	辽阳行尚书省参知政事	大德七年	中书左丞
张昉	至元五年	东平行台掾，后权知东平事	中统四年	参知中书省事，四川等处行枢密院参议
	至元七年	中书省左右司郎中	至元三年	制国用使司郎中
	至元十一年	尚书省左右司郎中	至元九年	中书省右司郎中
		兵刑部尚书		
王纲	至元五年	辟除漕幕	至元八年	工部主事
	至元十一年	兵刑部员外郎		工部郎中
	至元十五年	奉议大夫、山东按察副使		湖南按察副使
		广东按察副使		

续表

姓名	时间	历官	时间	历官
刘敏中	至元十一年	刑部掾	至元十一年	中书兵刑部主事
	至元十一年	承直郎、御史台监察御史		御史台都事
		燕南廉访司副使		国子司业
		翰林直学士		国子祭酒
	大德七年	辽东山北奉使宣抚	大德七年	东平路总管
	武宗即位	陕西行台治书侍御史	大德九年	集贤学士、商议中书省事、嘉议大夫
		集贤学士兼太子赞善、商议中书省事		中奉大夫、河南行中书省参知政事
		治书侍御史	至大四年	淮西廉访使
		通奉大夫、山东宣慰使	约皇庆元年后	翰林学士承旨、荣禄大夫、知制诰兼修国史
王积翁	至元十三年	仕宋为宝章阁学士、福建制置使，降元后为福建宣抚使	至元十五年	中奉大夫、刑部尚书、福建道宣慰使兼提刑按察使
	至元十七年	户部尚书	至元十九年	正奉大夫、参知政事、江西行中书省事
	至元二十一年	正奉大夫、参知政事、江西行中书省事、充国信使		
珊竹拔不忽	中统三年	武节将军、同知北京转运司事	中统五年（至元元年）	奉政大夫、同知北京转运司事
	约至元五年	朝列大夫、濮州尹		
	约至元十四年	平滦路总管	约至元十五年	嘉议大夫、江南浙西道提刑按察使
	至元十八年	江北淮东提刑按察使	至元十八年后	刑部尚书
		中奉大夫、江东宣慰使		

续表

姓名	时间	历官	时间	历官
刘好礼	宪宗时	廉访府参议	宪宗岁乙卯	永兴府达鲁花赤
	至元七年	益兰州等五部断事官	至元十八年	嘉议大夫、澧州路总管
	至元十九年	刑部尚书		
		吏部尚书	至元二十一年	北京路总管
		户部尚书		
	中统初	聊城县丞	中统初	中书右司橡
袁裕	至元六年	开封府判官	至元八年	监察御史
	至元十四年	西夏中兴等路新民安抚副使，兼木道巡行劝农副使，奉直大夫	至元十三年	甘州等路宣抚副使，兼西夏中兴等路新民安抚副使
	至元十九年	移镇甘州	至元十八年	南阳知府
	中统元年	刑部侍郎		顺德路总管
	至元十年	燕京行中书省宾勘合令史	至元十三年	中书左右司都事
	至元十三年	佥山东西道提刑按察司事	至元十四年	佥河北河南道提刑按察司事
马绍	至元二十年	同知利州路总管府事	至元十九年	刑部尚书
	至元二十三年	参议中书省事	至元二十二年	兵部尚书
		刑部尚书	至元二十四年	尚书省参知政事
		尚书省左丞	至元二十八年	中书左丞
	元贞元年	中书右丞行江浙省事	大德三年	中书右丞行河南省事

续表

姓名	时间	历官	时间	历官
布伯	至元十一年	袭父职为回回炮手总管	至元十八年	镇国上将军、回回炮手都元帅
	至元十九年	军匠万户府万户	至元十九年	刑部尚书
		通奉大夫、浙东道宣慰使		
	至元十六年	江南访贤使臣	至元十九年	集贤侍读学士
	至元十九年至至元二十年	集贤侍读学士、刑部尚书	至元二十年	御史中丞
	至元二十年至至元二十一年	刑部尚书	至元二十三年	集贤大学士、中奉大夫、同金板密院事
崔彧	至元二十三年后	甘肃行省右丞	至元二十八年三月	中书右丞
	至元二十八年	御史中丞	大德元年闰十二月	御史中丞兼领侍仪司事
	大德二年	荣禄大夫、平章政事		
		随廉德辉经略河南		随廉希宪行省陕西
		陕西行省右司提控、承事郎		咸宁尹
		京兆总管判官		承务郎、金四川提刑按察司事
傅岩起		奉训大夫、御史台监察御史	至元十九年后	刑部郎中
		奉政大夫、四川西道宣慰副使		荆湖宣慰副使
		陕西行省理问所官		朝列大夫、四川转运使
		江南行省侍御史		

续表

姓名	时间	历官	时间	历官
杜世昌	宪宗七年	蒲台县达鲁花赤	中统二年	蒲台县兼司候司达鲁花赤
	至元二年	济南路商河县达鲁花赤	至元七年	借注泰安州长清县尹
	至元十二年	从仕郎，昌邑县尹		承事郎，蒲台县尹
	至元十六年	御史台监察御史	至元十八年	承直郎，御史台都事
	至元十八年	奉议大夫，御史台都事	至元十九年	河南道提刑按察司副使
	至元十九年	枢密院都事		（右）司都事①
	至元二十年	刑部郎中	至元二十三年	刑部侍郎
	至元二十六年	嘉议大夫，刑部尚书	至元二十一年	通议大夫，益都路总管兼府尹、本路诸军奥鲁总管兼管内劝农事
	大德二年	通议大夫，刑部尚书		世祖潜邸宿卫
姚天福	至元初	怀仁县吏	至元五年	御史台架阁管勾兼狱丞、将仕郎
	至元十一年	怀仁县丞	至元十二年	朝列大夫、衡州路同知
	至元十二年三月	承事郎、监察御史	至元十二年六月	中顺大夫、洽侍侍御史
	至元十六年春	朝列大夫、河东道提刑按察副使	至元十八年	湖北道按察使
	至元二十年	嘉议大夫、淮西道按察使	至元二十二年	通议大夫、刑部尚书
	至元二十三年	扬州路总管	至元二十六年	正议大夫、淮西道按察使

① 此处原文缺，据前后任职，疑为"右司"。

续表

姓名	时间	历官	时间	历官
姚天福	至元二十八年	平阳路总管	至元三十一年	陕西汉中道肃政廉访使
	至元三十一年	中奉大夫、甘肃行省参知政事	元贞元年	陕西汉中道肃政廉访使
	元贞元年六月①	真定路总管	元贞元年至元贞二年	山东奉使宣抚
	大德二年	江西行省参知政事	大德四年	通奉大夫、中书参知政事、大都路总管、兼大兴府尹、本路诸军奥鲁总管、管内劝农事
	至元十年后	裕宗东宫卫士	至元十四年	利用少监
	至元十五年	燕南河北道提刑按察副使	至元十九年	燕南河北道提刑按察使
	至元二十二年	吏部尚书	至元二十三年	工部尚书
	至元二十三年九月	刑部尚书	至元二十七年	翰林学士承旨、知制诰兼修国史
不忽木	至元二十八年	中平章政事	元贞二年	昭文馆大学士、平章军国事
	大德二年	昭文馆大学士、平章军国事、行御史中丞	大德三年	荣禄大夫、昭文馆大学士、平章军国事、行御史中丞事、兼领侍仪司事
	至元十年	裕宗东宫必阇赤	至元二十八年	嘉议大夫、嘉定路总管府达鲁花赤
立智理威		泉府卿	至元二十七年	刑部尚书
		中奉大夫、江东道、湖南宣慰使	元贞二年	通奉大夫、四川行省参知政事
	大德三年	正奉大夫、湖南宣慰使	大德四年	正奉大夫、荆湖北道宣慰使

① 一作"二月"。虞集所撰的《姚忠肃公神道碑》和苏天爵所撰的《大都路总管姚公神道碑铭》以及《元史》列传本身在任职时间上略有细微差异，但大体一致，不再一一指出。

附　录　265

续表

姓名	时间	历官	时间	历官
立智理威	大德七年	四川行省参知政事	大德八年	资善大夫，四川行省左丞
	大德十一年①	资善大夫，湖广行省右丞		
姜毅	至元十二年	磁洺路总管	至元十二年后	转运使
	至元十四年至至元二十八年	刑部尚书		
尚文	至元七年	张文谦宣抚河东时掌书记		西夏行中书省任职
	至元十七年	右直侍仪使		司农都事
	至元二十二年	出守辉州	至元十九年	户部郎中
		御史台都事		大司农丞
		大司农少卿		吏部侍郎
	元贞初	江南湖北道肃政廉访使	至元三十一年	刑部尚书
	元贞三年	御史台侍御史	元贞二年	河北河南政廉访使
	大德三年	山东廉访使		行省参政
		行台中丞	大德七年	中书左丞，资善大夫
	大德十年	昭文馆大学士、中书右丞、商议中书省事	武宗、仁宗时	自光禄大夫转银青荣禄大夫，仍中书左丞
	延祐六年	太子詹事	泰定三年	中书平章政事

① 《元史》作"大德十年"。

续表

姓名	时间	历官	时间	历官
张晏	世祖时	裕宗东宫府正司丞	世祖时	刑部郎中
		大司农丞	元贞元年	集贤侍读学士、参议枢密院事
		嘉议大夫、集贤大学士、枢密判官		西台御史中丞
贾庭瑞	至元二十八年至大德二年	湖广行省左右司都事	至元二十八年至大德二年	湖广行省左右司都事
	大德二年	江浙行省左右司都事	大德三年左右	刑部主事
	约大德九年	吏部主事		枢密院都事
	至大二年	户部员外郎	至大元年	兵部郎中
	仁宗时	同佥宣徽院		度支少监
奕赫抵雅尔丁		扬州路总管		
		中书省掾		江西行省员外郎
		吏部主事	大德八年前	刑部员外郎
		中书右司员外郎		中书右司郎中
		中书左司郎中		翰林侍讲学士、知制诰兼修国史
	皇庆元年后	中奉大夫、集贤大学士	至大二年	参议尚书省事
	至元十年	参议中书省事		同知澧州事
徐毅	约至元二十四年	人为掾		佥河西汉中道廉访司事
	成宗即位后	御史台监察御史	成宗即位后	佥河东山西道廉访司事
		吏部员外郎		

续表

姓名	时间	历官	时间	历官
徐毅	约大德十一年	徽政院长史		枢密院经历
	约至大三年	御史台都事		中书右司郎中
	约至大三年	陕西行台书侍御史		中书左司郎中
		御史台治书侍御史		陕西汉中道廉访使
		刑部尚书	约至大三年	河北河南道廉访使
		刑部尚书	仁宗即位后	御史台侍御史
		金枢密院事		江南行台侍御史
		燕南河北道廉访使		参议中书省事
		资善大夫、陕西行台御史中丞		
	至元十二年	贡朴工部令史	至元十四年	江南行台掾
	至元十六年	御史台掾	至元十八年	山东西道按察司经历
	至元十九年	中书掾		户部主事
	至元二十二年	河南道提刑按察司判官	至元二十三年	山东西道提刑按察司判官
	至元二十四年	监察御史	至元二十五年	尚书右司都事
	至元二十六年	考覆江淮省文书		兵部郎中
高克恭	大德元年	中书左右司郎中	元贞二年	山西河北道廉访副使
		江南行台治书侍御史	大德三年	工部侍郎
		翰林直学士	大德六年	吏部侍郎
	大德七年	彰德路总管	大德八年	刑部侍郎
		刑部尚书		大中大夫、大名路总管

续表

姓名	时间	历官	时间	历官
王约	至元十三年	从仕郎、翰林国史院编修官，兼司徒府掾		中书省掾
		礼部主事	至元二十四年	承务郎、监察御史
		御史台都事	至元三十一年	中书右司员外郎
	成宗即位后	兵部郎中		礼部郎中
	大德年间	刑部尚书		礼部尚书
	至大二年	太子詹事丞	至大三年	太子副詹事
	至大四年	河南行省右丞	皇庆元年三月一日	集贤大学士
	延祐二年	燕南山东道奉使宣抚		枢密副使
	至治二年	集贤大学士、商议中书省事、荣禄大夫		
赵璧	约至元十五年	江南行台掾		浙东提刑按察使事
	约至元二十八年	御史台监察御史		御史台都事
		佥山东廉访司事		佥燕南廉访司事
		户部员外郎	大德年间	刑部郎中
		中书右司员外郎		奉议大夫、礼部郎中
	至大元年三月	中议大夫、平江等处都运万户	至元二十五年	朝列大夫、拱卫直都指挥使
王伯胜	元贞元年	宿卫	成宗即位	通议大夫
	大德九年	嘉议大夫	武宗即位	通奉大夫、也可札鲁忽赤、刑部尚书
		大宁路总管		

续表

姓名	时间	历官	时间	历官
王伯胜	至大二年	中书右丞	至大三年	银青荣禄大夫、大都留守,兼少府监
	仁宗即位	资德大夫		荣禄大夫、辽阳等处行中书省平章政事
	延祐二年	大都留守	延祐二年	银青荣禄大夫
	至治二年	武卫亲军都指挥使,兼大都屯田事,仍大都留守		
田衍		中书掾		礼部主事
		吏部主事		兵部员外郎
		万亿赋源库提举	至大二年前	刑部员外郎
		河间等路都转运盐使司副使		中顺大夫、知河中府
	约至大二年	南京府吏		河南按察司令史
	至元中	御史台掾		中书省掾
	大德四年	工部主事	大德五年	奉训大夫、枢密院都事
卜天璋	武宗初	宗正府郎中	至大二年至大四年	刑部郎中
	皇庆初	归德知府		浙西道廉访副使
		饶州路总管		广东廉访使
	天历二年	山南廉访使		
	成宗时	宿卫	至大二年	左卫府率府照磨兼管勾
马绳武	约至大二年	刑部掾		佐转运司幕府
		陕西行台令史		御史台掾

续表

姓名	时间	历官	时间	历官
马绳武	约泰定二年	中书西曹掾		江淮榷茶运司经历
	泰定二年	户部主事	泰定二年前	刑部主事
	泰定三年	承事郎、中书省检校官	泰定二年	承德郎、御史台监察御史
	天历二年	奉直大夫、中书右司都事	约泰定三年	奉议大夫、刑部郎中
	至正元年	奉政大夫、同佥通政院事		中顺大夫、浙江道廉访副使
		宗正府郎中		同知上都留守司
马煦	至元初	江南行台侍御史		
		大司农史		御史台掾
	至元十五年	奉议大夫、江南行台监察御史	至元二十八年	佥江南提刑按察事
	至元二十二年	荆湖行省员外郎		庐州同知
	至元二十六年	江淮行省理问官	元贞二年	江西行省左右司郎中
	元贞元年	山南廉访副使	元贞三年	行泉府司卿
	大德三年	户部侍郎	大德四年	中书左司郎中
	大德六年	出守济宁	至大元年	出守湖州
	至大三年	刑部尚书	延祐三年	正议大夫、户部尚书
谢让		宣慰司令史	至元十一年至至元十三年	江西行省令史
	大德年间	河间等路都转运盐使司经历		中书右司都事
		陕西行省员外郎	大德四年	宗正府都事
		户部员外郎		宗正郎中

续表

姓名	时间	历官	时间	历官
谢让	至大元年	监察御史		中书右司员外郎
		湖广行省左右司郎中	至大二年	河南行省左右司郎中
	至大三年	户部侍郎	至大三年	陕西行台侍御史
	至大三年至大四年二月初三日	治书侍御史	至大四年	同金枢密院事
		户部尚书、少中大夫		刑部尚书
	仁宗即位	正议大夫、刑部尚书	延祐二年	陕西行省参知政事
		陕西行台侍御史		
牛光祖		甘肃行省掾		中书省掾
	武宗时	中都留守司都事	至大四年	五品秩,刑部主事
	延祐五年	工部主事		奉政大夫、上都留守司经历
		榷茶提举		监察御史、金淮东廉访司事
贾钧		行台都事	约大德七年①	刑部郎中
		右司郎中		参议中书省事
	皇庆元年	中书参知政事	皇庆元年	金枢密院
	皇庆元年	中书参知政事		

① 《秘书监志》有一则记载,言"大德七年闰五月二十二日,准中书兵部关:准本部郎中贾朝列关:刑部关:准本部郎中贾朝列关:云云",这个贾朝列,疑即贾钧。

续表

姓名	时间	历官	时间	历官
韩若愚		武卫府史		从事郎、通惠河道所都事
		大都留守司都事		承务郎、大都留守司经历
	延祐六年	奉训大夫、知蓟州①		中书左司都事
	泰定元年	奉议大夫、刑部郎中		朝散大夫、提举诸路宝钞库
		吏部郎中	皇庆元年	御史台都事
	皇庆元年	中顺大夫、刑部侍郎	皇庆元年	中宪大夫、中书左司郎中
	铁木迭儿为相	参议中书省事		亚中大夫、户部尚书
	延祐六年	太中大夫、参议中书省事	泰定元年	正议大夫、刑部尚书
	泰定元年	湖广参知政事	泰定元年	太子詹事丞
	泰定元年八月	江浙奉使宣抚		御史台侍御史
	泰定三年	浙西廉访使	泰定三年	河南行省左丞、资善大夫
	天历三年	资政大夫、淮西江北道廉访使		
苏志道	元贞元年左右	真定吏		山西河东道按察司书吏
		监察御史掾	大德七年左右	户部令史
		枢密院掾		中书省掾
		承直郎、中书省检校官	约武宗时	刑部主事
		枢密院断事府经历		中宪大夫、岭北行省左右司郎中

① 李木鲁瑚所撰《参知政事南阳郡公韩昌墓志铭》作"苏州"。因"苏"繁体字"蘇"与"蓟"相近，结合其前述任官，疑为"蓟州"之讹。

续表

姓名	时间	历官	时间	历官
王筠	大德七年闰五月初二日	秘书郎	皇庆二年	朝列大夫、刑部郎官
	延祐六年	监察御史	至治年间	福建廉访司佥事
	泰定二年	山东廉访副使		
	至元十四年后	冀州儒学教授	至元十九年	将仕郎、江阴路总管府经历
	至元二十五年	黎州路兰溪主簿		从仕郎、杭州路钞库提领
		江浙行省掾		承务郎、常州路推官
曹伯启	大德十一年	奉训大夫、河南行省左右司都事	大德五年	朝列大夫、台州路治中
	至大三年	朝列大夫、陕西行台监察御史	至大三年	朝散大夫、陕西行台都事
	延祐元年	中顺大夫、御史台都事		中宪大夫、刑部侍郎
		通议大夫、真定路总管	延祐三年	江南行台治书侍御史
	延祐五年	司农丞	延祐四年	福建廉访使
		右司郎中	至治元年	山北廉访使①
		集贤学士、御史台侍御史		浙西廉访使
	天历中	淮东廉访使	天历中	陕西诸道行御史台中丞、资善大夫
	大德六年	宿卫	大德十年	中书舍人
纳麟	至大四年	宗正府郎中	皇庆元年	金河南廉访司佥事
	延祐初	监察御史	延祐四年	刑部员外郎

① 苏天爵的《元故御史中丞曹文贞公祠堂碑铭》作"至治元年，迁辽东廉访使"，山北辽东道系一处，简称不同而已。

续表

姓名	时间	历官	时间	历官
	延祐六年	河南行省郎中	至治三年	都漕运使
	泰定中	湖南湖北道廉访使	天历元年	杭州路总管
	天历二年	江西廉访使	至顺元年	湖广行省参知政事
	元统初	刑部尚书	元统初	江南行台治书侍御史
纳麟		江南行台御史中丞	后至元元年	中书参知政事
		知枢密院事		江浙行省右丞
		浙西廉访使	至正二年	行宣政院使
	至正二年	江浙行省平章政事	至正三年	河南行省平章政事
	至正七年	江南行台御史大夫	至正八年	金紫光禄大夫、太尉
	至正十二年	江南行台御史大夫、太尉		
	约至元三十年	御史台书吏		将仕郎、河间都转运盐使司知事
		大宗正府椽		大宗正府架阁库管勾
	延祐年间	刑部主事	延祐年间	刑部员外郎
	延祐五年	御史台监察御史	约延祐五年	中书右司都事
		御史台都事		中书右司员外郎
史惟良	至治元年	江南行台都事	约至治二年	刑部郎中
	泰定元年	奉议大夫、刑部侍郎	泰定元年	中书右司郎中
	泰定元年	云南廉访使	泰定元年	太子家令丞
	泰定元年	朝列大夫、中书右司郎中	泰定元年	参议枢密院事

续表

姓名	时间	历官	时间	历官
史惟良	泰定二年	朝请大夫、江南行台治书侍御史	泰定二年	御史台治书侍御史
	泰定三年	佥宣政院事	泰定三年	吏部尚书
	泰定三年	御史台治书侍御史	天历元年	中奉大夫、御史台侍御史
	泰定三年	中书参知政事	天历二年	御史台侍御史
	天历元年	资善大夫、中书左丞		御史台侍御史中丞
	天历二年	太子副詹事	至顺三年五月	资政大夫、御史台侍御史中丞、知经筵事
	至顺元年二月	资德大夫、中书左丞		浙东海右道廉访使
	至顺四年六月四日	中书左丞	元统元年	山东西道廉访使
	元统三年	枢密副使	后至元三年五月	燕南河北道廉访使
	后至元三年五月	江南行台御史中丞	至正元年	集贤大学士、荣禄大夫
		仁宗潜邸宿卫	大德十一年	东宫典牧太监、太中大夫
	仁宗即位后	集贤直学士		顺德路总管
		扬州路总管		宁国路总管
		东昌路总管	至治二年	参议中书省事
王结	泰定元年	吏部尚书	泰定元年	集贤侍读学士、中奉大夫、廷试读卷官
	泰定三年	知经筵事	泰定二年	浙西廉访使
	天历元年	辽阳行省参知政事		刑部尚书
	天历二年	陕西行省参知政事	天历元年	同知储庆司事
		中书参知政事		集贤侍读学士

续表

姓名	时间	历官	时间	历官
王结	元统元年	浙西廉访使	元统元年	翰林学士、资善大夫、知制诰同修国史
	元统二年十月	中书左丞	后至元元年春	知经筵事
	至元十二年	京尹曹		中书左司掾
		吏部掾		南昌尹
		詹事院掾		中书掾
		泉府司知事		泉府司经历
李廷		行泉府司丞		知河南府事
		陕西行省左右司员外郎		甘肃行省左右司郎中
		户部郎中		三品秩,江州总管
		两淮屯盐总管		兵部尚书
	约泰定年间	刑部尚书	约泰定年间	中奉大夫、淮东宣慰使
		中书西曹掾		寿福院都事
		府正司典簿		工部主事
		大都留守司都事		山北廉访司经历
		户部主事		河南行省左右司员外郎
		陕西行台都事		刑部员外郎
李思明	泰定年间	御史台都事	泰定年间	辽阳行省左右司郎中
		山北道廉访副使	文宗时	兵部侍郎
	至顺二年	太禧院断事官	至顺二年冬	户部尚书
	至顺三年	陕西行台治书侍御史	元统元年	江西道廉访使

续表

姓名	时间	历官	时间	历官
李思明	元统二年	工部尚书	元统二年	大都路总管
	元统三年	中奉大夫、江浙行省参知政事		同知都护府事
	约泰定四年	事明宗潜邸刑部侍郎		监察御史
	文宗时	工部侍郎	元统元年十一月二十一日	秘书卿①
	元统二年四月	礼部尚书		参议中书省事
		陕西行台侍御史		奎章阁侍书学士
		大都留守		同知枢密院事
	后至元六年	中书右丞	至正元年四月	中书平章政事
铁木儿达识	至正五年七月	御史大夫	至正六年	中书平章政事
	至正七年四月	开府仪同三司、上柱国、中书左丞相、录军国重事、领经筵事、兼昔宝赤、右手万户、左阿速卫亲军、宣忠斡罗思亲军都指挥使司达鲁花赤、提调留守司武卫、大医院、广惠司、宁徽寺事		

① 《先茔碑铭》作"秘书郎",查《秘书监志》为"秘书卿",据改。

续表

姓名	时间	历官	时间	历官
崔世荣	约泰定四年前	大都吏		刑部令史
		宗正府掾		尚书省掾
		武备寺照磨		云南奉使首领官
		徽州路推官		刑部主事
		枢密院都事		枢密院经历
		枢密院断事官		大都兵马都指挥使
		佥山东西道廉访司事		监察御史
	天历间	中顺大夫、刑部员外郎		
崔敬	天历间	淮东、山南廉访司书吏	天历初	御史台察书吏
	后至元六年	刑部令史	后至元五年	徽政院掾史
	后至元六年	中书省掾	后至元六年	刑部主事
	至正初	枢密院都事	至正初	监察御史
		佥山东北廉访司事		佥河南廉访司事
		佥江东廉访司事		江西行省左右司郎中
		诸路宝钞提举		工部侍郎
	至正十一年	同知大都路总管府事	至正十一年	刑部侍郎
	至正十一年至至正十二年	中书左司郎中	至正十二年	兵部尚书
	至正十二年	枢密院判官	至正十四年	刑部尚书
	至正十五年	枢密院判官	至正十七年	河南行省参知政事
		兵部尚书，兼济宁军民屯田使		大司农少卿

续表

姓名	时间	历官	时间	历官
崔敬	至正十七年	中书参知政事兼领分省兵、刑、户、工四部事	至正十八年	山东行枢密院副使
	至正十八年	江浙行省左丞		
彻里帖木儿	铁木迭儿专权时	宿卫		中书直省舍人
	天历二年前	监察御史	天历二年前	山东转运司副使
	天历二年	刑部尚书	天历二年	中书右丞
	至顺元年	中书平章政事		河南行省平章政事
	后至元元年	知行枢密院事		上都留守
		中书平章政事		
		刑部掾		司农掾
		中书掾		工部主事
		工部员外郎		工部郎中
耿焕		历中书左右二司，都事到郎中		历河东、山东、江西、浙西四道廉访司，金事到副使
		历中外台，由监察御史、治书待御史		历江西、江浙、中书、江南行台侍御史
	天历二年	历工、刑、礼部尚书	天历二年前	户部尚书
	大德十一年	中书参知政事	至顺三年	通奉大夫、江南行台侍御史
仇瞻		东宫说书	至大三年	将仕佐郎、资国院照磨
		礼部令史		集贤院掾
	延祐间	从仕郎、大都护府照磨	延祐间	中书左司掾

续表

姓名	时间	历官	时间	历官
仇潜	至治元年	承务郎、太庙署令		礼部主事
	泰定元年至泰定二年	奉直大夫、监察御史	泰定四年	奉政大夫、户部员外郎
	泰定五年	朝散大夫、吏部郎中	天历元年	金燕南河北道廉访司事
	天历元年	中宪大夫、礼部郎中	天历二年	中书右司员外郎
	天历二年	亚中大夫、刑部侍郎	天历二年	中大夫、中政院判官
	至顺元年	江北淮东道廉访司副使		吏部侍郎
		参议枢密院事	至顺二年	太中大夫、陕西行台治书侍御史
		将作院掾		刑部主事
		宣政院官		太禧院官
井渊	天历二年左右	刑部员外郎		监察御史
		中书右司都事		兵部郎中
		储政院判		徽政院参议
		内宰		工部侍郎
		浙西廉访副使		中书右司郎中兼经延事
	后至元六年	正议大夫、兵部尚书	后至元六年	正议大夫、河西陇北道廉访使
	延祐初	兴文署丞	延祐五年	将作院照磨
	延祐七年	御史台掾		中书省掾
赵师鲁	泰定中	工部主事		中书省检校官
		监察御史		枢密院都事
		枢密院经历	致和初	奉政大夫、参议枢密院事

续表

姓名	时间	历官	时间	历官
赵师鲁	天历中	枢密院判官	天历中	兵部侍郎
	约至顺年间	同佥枢密院事	约至顺年间	枢密院判官
		中顺大夫、刑部侍郎	约至顺年间	枢密院判官
		河间路转运盐使		
		礼部掾		御史台掾
		中书右司掾	仁宗以后	从仕郎、大都留守司都事
		从仕郎、户部主事		从仕郎、刑部主事
		奉议大夫、监察御史		中书左司都事
		佥燕南道廉访司事		御史台都事
蔡完		淮西道廉访副使		燕南道廉访司副使
		中书右司郎中		山东道廉访司副使
	至顺二年	中书左司郎中	至顺二年	参议中书省事
		江南行台侍书御史		刑部尚书
		燕南道廉访副使		御史台治书侍御史
		中奉大夫、御史台侍御史		
		中书刑部令史		广西道廉访司照磨
刘宗说		江南行台掾		湖东道廉访司照磨
		江南行台掾		海北道廉访司经历
		江浙行省监察御史		河南行省左右司员外郎
		江浙行省左右司员外郎		江南行台都事

续表

姓名	时间	历官	时间	历官
刘宗说		中书台司都事		御史台监察御史
		御史台都事		山南道廉访副使
		浙西道廉访副使		御史台都事
		淮东道廉访使		广西道廉访使
		江东道廉访使	约至顺二年	刑部尚书
		江南行台侍御史		中奉大夫、江南行台侍御史
	铁木迭儿专权时	宿卫	大德十一年	御药院达鲁花赤
		回回御药院		金湖北山南道廉访司事
	至治二年	监察御史		河东道廉访副使
	泰定元年	燕南道廉访副使	至治元年①	济宁路总管
		福建道廉访使		浙西道廉访使
答里麻		上都同知留守	天历三年（至顺元年）	淮东廉访使
	至顺二年	刑部尚书	元统元年	辽阳行省参知政事
	元统三年	山东廉访使		大都留守
	至正六年	河南行省右丞		翰林学士承旨
	至正七年	陕西行台中丞		
余阙	元统元年	同知泗州事		应奉翰林文字
		中书刑部主事		翰林院三史修撰

① 疑有误。

续表

姓名	时间	历官	时间	历官
余阙	至正十二年	监察御史		中书礼部员外郎
		湖广行省左右司郎中		集贤院经历
		翰林待制		佥浙东道廉访司事
		淮东都元帅府副使、佥都元帅府事		淮东都元帅府都元帅
		江淮行省参知政事	至正十七年	淮南行省左丞
	泰定元年	从仕郎、大都路蓟州判官	至治年后期	功德使司照磨
	至正元年	翰林国史院典籍官		应奉翰林文字
	至顺二年	翰林修撰		江南行台监察御史
	至顺三年	滤囚湖北		奎章阁授经郎
	元统元年	监察御史		翰林待制
		中书右司都事，兼经筵参赞官	元统二年至元后至元二年	刑部郎中
苏天爵	后至元二年	御史台都事	后至元三年	大中大夫、礼部侍郎
	后至元五年	淮东道肃政廉访使	后至元五年	枢密院判官
	后至元六年	吏部尚书	后至元六年	陕西行台治书侍御史
	后至元六年	吏部尚书	后至元六年	参议中书省事
	至正二年	湖广行省参知政事		陕西行台侍御史
	至正四年	集贤侍讲学士、兼国子祭酒	至正五年	山东道肃政廉访使
		集贤侍讲学士、充京畿奉使宣抚	至正七年	湖北道宣慰使

附 录 283

续表

姓名	时间	历官	时间	历官
苏天爵	至正七年	浙东道廉访使		江浙行省参知政事
	至正九年	大都路都总管		两浙都转运使
	至正十二年	江浙行省参知政事		
	约延祐五年	承直郎、长秋寺丞	约延祐七年	奉议大夫、同知隆禧总管府事
	文宗时	亚中大夫、御史台燕南河北道廉访司事		刑部员外郎
拨实	约元统元年	中大夫、金燕南河北道廉访司事		同知广西两江道宣慰使司事、副都元帅
	约至正元年	嘉议大夫、徽政院断事官		吏部尚书
		翰林直学士、知制诰、同修国史、兼经筵官		
		中奉大夫、大宗正府也可札鲁忽赤	至正五年	浙东海右道廉访使
	约至正五年	大都路都总管达鲁花赤		江南湖广道奉使宣抚
	约至正八年	集贤侍读学士、通奉大夫		参议中书省事
	约至正九年	资善大夫、河西陇北道廉访使		资善大夫、燕南河北道廉访使
吕思诚	泰定元年	同知辽州事	泰定年间	景州修县尹
	文宗时	翰林国史院检阅官	文宗时	翰林编修
		国子监丞		国子司业
	元统之后	监察御史		佥广西廉访司事

续表

姓名	时间	历官	时间	历官
吕思诚	后至元五年后	佥浙西廉访司事		
		中书左司员外郎	后至元五年后	国子司业
		右司郎中	后至元五年后	左司郎中
	至正元年后	礼部尚书，廷试读卷官		刑部尚书
		御史台侍御史，辽金宋史总裁官		御史台治书侍御史
		御史台侍御史		枢密院副使
		集贤待讲学士，兼国子祭酒		河东廉访使
		湖北廉访使		湖广行省参知政事
		中书左丞		中书参知政事
		中书左丞，知经筵事，提调国子监，兼翰林学士承旨，知制诰兼修国史，加荣禄大夫		御史台侍御史中丞
		中书左丞		枢密副使，仍知经筵事
		湖广行省左丞		集贤学士，仍兼国子祭酒
	约至正十七年	光禄大夫，大司农		中书左丞
王由义		文学掾		中书户部令史
		宣徽院掾		中书西曹掾
		奉训大夫，礼部主事		朝请大夫，陕西行台监察御史
		徽政院都事		御史台监察御史

286　元代刑部研究

续表

姓名	时间	历官	时间	历官
王由义	后至元六年	中书右司都事	后至元六年前	亚中大夫、刑部郎中
	至治元年	大都副留守	至正元年	彰德路总管
		嵩州判官	后至元六年	祥符县尹
	至正元年	国子助教	至正二年	典簿
	至正二年	刑部主事		翰林待制
赵琏		湖广行省左右司郎中		杭州路总管
		吏部侍郎		中书左司郎中
		礼部尚书		户部尚书
		参议中书省事		山北辽东道廉访使
		湖北廉访司吏		江南行台察院吏
		御史台察院书吏		将仕郎、池州路总管府知事
		宣政院断事官		御史台掾
		中书省掾	至治年间	从仕郎、浙西道廉访司经历
宋文瓒	至治中	江浙行省左右司都事	约至治三年至治四年	兵部员外郎
	约至治四年	中书右司都事	至治四年七月	中书左司都事
	泰定初	御史台监察御史		中书左司员外郎
		江浙行省左右司郎中		大宗正府左右司郎中
	天历二年	礼部侍郎	天历二年	同金储院事
	至正二年	杭州路总管	至正元年	绍兴路总管
		山东都转运盐使	约至正四年后	刑部尚书

续表

姓名	时间	历官	时间	历官
宋文瓒	元统元年	大都路总管	约至正六年	两淮都转运盐使
	后至元五年	将仕郎、翰林国史院编修官	后至元四年	应奉翰林文字
	至正二年	御史台掾	至正元年	太常博士
	至正三年	中书检校官	至正二年	御史台监察御史
		刑部员外郎	至正三年至至正五年	陕西行省员外郎
成遵	至正八年	金淮东肃政廉访司事	至正八年	礼部郎中
	至正八年	山东淮北道宣慰使	至正九年	刑部郎中
	至正九年	御史台都事	至正九年	户部侍郎
	至正十年	中书右司郎中	至正十年	工部尚书
	至正十四年	武昌路总管	至正十五年	江南行台书侍御史
	延祐五年	参议中书省事	至正十七年	资善大夫、中书左丞、分省彰德
		济宁路单州判官		御史台掾
		山东廉访司经历	文宗时	礼部主事
		江南行台监察御史	至正初	御史台监察御史
		大禧宗禋院都事		知亳州
盖苗	后至元四年（仅在职十八日）	左司都事	至正二年	户部郎中
	至正二年	御史台都事	至正二年	山东廉访副使
	至正三年	户部侍郎	至正四年	都水监

续表

姓名	时间	历官	时间	历官
盖苗	至正四年	刑部尚书	至正四年	山东廉访使
	至正四年	参议中书省事	至正五年	陕西行台侍御史
	至正五年	陕西行省参知政事	至正六年	御史台治书侍御史
	至正六年	御史台侍御史	至正六年	中书参知政事，同知经筵事
	至正六年	江南行台御史中丞	至正六年	甘肃行省左丞
	至正六年	陕西行台御史中丞		
	至治二年	荫补江阴州判官	泰定时	黎州武义县尹
		漳州路推官		泉州路推官
		延平路判官		陕西行台监察御史
		陕西行省都事		御史台监察御史
乌古孙良桢	至正四年	刑部员外郎	至正四年	御史台御史都事
	至正五年	中书左司都事	至正五年	江南道肃政廉访司副使
	至正六年	平江路总管		中书右司员外郎
	至正九年	中书右司郎中		广东道肃政廉访使
		中书右司郎中		福建道肃政廉访使
		参议中书省事兼经筵官		御史台治书侍御史
	至正十三年	中书参知政事，同知经筵事	至正十一年	中书左丞兼大司农卿，同知经筵事
		太子副詹事	至正十三年	中书左丞兼大司农卿
		中书左丞，分省彰德	至正十四年	淮南行省左丞
			至正十六年	荣禄大夫
	至正十七年	大司农	至正十八年	中书右丞兼大司农

续表

姓名	时间	历官	时间	历官
陈思谦	天历二年三月	典宝监经历	天历二年十一月	礼部主事
	至顺元年	陕西行台监察御史	至顺二年二月	太禧宗禋院都事
	至顺二年九月	监察御史		中书右司都事
	元统二年五月	兵部郎中	元统二年十一月	御史台都事
	后至元元年五月	淮西道廉访副使	后至元元年六月	中书省员外郎
	至正元年	兵部侍郎	约至正三年后	中书右司郎中
	至正五年三月	参议中书省事	至正五年	刑部尚书
		湖南廉访使	至正八年	淮东宣慰司都元帅
	至正九年	浙西廉访使	至正九年	湖广行中书省参知政事
	至正十一年	浙西廉访使	至正十一年	集贤侍讲学士
	至正十二年	御史台治书侍御史	至正十三年	荣禄大夫、御史中丞
	至正六年	刑部尚书		参议中书省事
赵子温		辽阳行省参知政事		江南行台侍御史
	至正十二年	浙东廉访使		
	天历二年	翰林国史院编修	伯颜下台时	御史台掾
逯鲁曾	伯颜当政时	太常博士		御史台监察御史
		枢密院都事		刑部员外郎
		宗正府郎中		辽阳行省左右司郎中
		金山北道肃政廉访司事		礼部郎中
	至正十二年	资善大夫、淮南宣慰使		

续表

姓名	时间	历官	时间	历官
归旸	至顺元年	同知颍州事		
	后至元六年	国子博士		大都路儒学提举
	至正五年	金河南廉访司事		监察御史
	至正六年	宣文阁监书博士，兼经筵译文官	至正六年	金淮东廉访司都事
	至正八年	中书司员外郎	至正七年	中书右司都事
		御史台都事	至正八年六月	参议枢密院事
	至正八年十二月	枢密院判官	至正九年正月	参议枢密院事
	至正九年	礼部尚书	至正九年	河西廉访使
	至正九年	翰林直学士，同修国史，仍兼太子赞善	至正十年正月	太子赞善
	至正十二年	刑部尚书	至正十年正月	四川行省参知政事
	至正十七年	集贤学士，兼国子祭酒	至正十五年	刑部尚书
	至正十年至至正十一年	度支阙知印	至正十七年十一月	集贤学士、万亿广源库知事
李士瞻	至正十三年	中书右司掾	至正十一年至正十三年	将仕郎、万亿广源库知事
	约至正十三年	刑部员外郎	至正十三年	从仕郎、刑部主事
		金山南廉访司事		承德郎、枢密院经历
		文林郎、户部侍郎		儒林郎、吏部侍郎
				行永平总管府事

续表

姓名	时间	历官	时间	历官
李士瞻		文林郎、户部尚书		资善大夫、福建行中书省左丞
		参议中书省事		资政大夫、中书参知政事
		荣禄大夫、翰林学士、知制诰、同修国史、兼知经筵事		辽阳行中书省左丞
		中书参知政事		枢密副使
		翰林学士承旨、知制诰、兼修国史、楚国公		
察罕帖木儿	至正十二年	中顺大夫、汝宁府达鲁花赤	至正十五年	刑部侍郎、中议大夫
	至正十六年	兵部尚书、嘉议大夫	至正十六年九月	中奉大夫、佥河北行枢密院事
	至正十七年	资善大夫、陕西行省左丞	至正十八年	陕西行省右丞、兼陕西行台侍御史、同知河南行枢密院事
	至正十八年	陕西行省平章政事、兼知行枢密院事	至正十九年	河南行省平章政事、兼知河南枢密院事、兼知河南行台御史中丞
	至正二十一年	中书平章政事、知河南山东行枢密院事、陕西行台中丞		
答礼麻识理	至正五年	经筵译史		御史台译史
	至正十五年	御史台照磨	至正十五年	监察御史、佥山北道肃政廉访司事
	至正十五年	詹事院长史	至正十五年	工部员外郎
	至正十六年	詹事院长史	至正十六年	中议大夫、参议詹事院事
	至正十七年	太子家令	至正十八年	秘书太监

续表

姓名	时间	历官	时间	历官
答礼麻识理	至正十八年	吏部侍郎	至正十八年	御史台经历
	至正十九年	中书右司郎中	至正十九年	刑部尚书
	至正二十五年	中书参知政事、同知经筵事	至正二十三年至至正二十四年	上都留守兼开平府尹、荣禄大夫
	至正二十五年	上都分省右丞	至正二十五年	中书右丞兼上都留守、提调虎贲司、加光禄大夫、提调东手八剌忽哈赤
	至正二十七年	遥授中书平章政事、上都留守	至正二十六年	大宗正府也可札鲁忽赤
	至正二十七年秋	太子詹事	至正二十七年	翰林学士承旨
		知枢密院事、大抚军院事		
闵本		礼部令史		御史台掾
		御史台照磨		枢密院都事
		御史台监察御史		中书左司都事
		吏部尚书	至正二十三年后	刑部尚书
		户部尚书	至正二十三年后	中奉大夫、集贤侍讲学士
刘希曾	约至正十二年	陕西行台监察御史	至正二十三年后	刑部侍郎
米只儿海牙	约至正二十三年	御史台监察御史	至正二十七年	刑部侍郎
		福建行省员外郎		江西行省郎中
张庸	至正二十六年四月初	秘书少监		同佥将作院事、领房山团结
	至正二十七年至至正二十八年	刑部尚书、领房山团结		衢州路推官
张正		宣徽院掾		兵部主事
		户部主事		

续表

姓名	时间	历官	时间	历官
张正		宣徽院经历		刑部员外郎
		刑部郎中		御史台都事
		户部侍郎		
韩克昌		河南廉访司吏		陕西廉访司吏
		刑部掾		刑部主事
		承务郎、太常奉使大乐署令		儒林郎、御史台监察御史
	大德七年	辽阳岭北奉使宣抚刘敏中掾		御史台椽
韩居仁		中书右掾		承直郎、山北辽东道廉访司经历
		刑部主事		御史台监察御史
		枢密院都事		奉直大夫、金河南道廉访司事
赵简		浙江廉访司任职		刑部侍郎
		江南行台治书侍御史		河东廉访司任职
	延祐二年	御史台治书侍御史		参议中书省事
		河南行省参知政事		
		礼部员外郎		礼部郎中
		御史台经历		礼部侍郎
		刑部侍郎		陕西行台侍御史
约苏穆尔		中书左司郎中		刑部尚书
		兵部尚书		集贤侍讲学士
		湖南宣慰使		集贤侍读学士

294　元代刑部研究

续表

姓名	时间	历官	时间	历官
约苏穆尔		淮西廉访使		江南行台治书侍御史
		湖广行省参知政事	约至正三年	上都留守
		行宣政院使		资德大夫，江浙等处行中书省右丞
杨益		江西行省掾		承务郎，刑部主事
		南雄路总管		
		刑部令史		大宗正府掾
		中书右司都事		太常礼仪院主事
		任职户部		宣政院都事
		监察御史		詹事院都事
张蕙		中书右司都事		中书左司都事
		刑部郎中		太禧宗禋院判官兼供应神御殿事
		御史台都事		御史台检校官
		山东西道肃政廉访副使		
		刑部侍郎		右司郎中
冯思温		参议中书省事		江浙行省参知政事
		江南行台侍御史		
		陕西行省掾		陕西行省都事
傅岩起		吏部主事		户部主事
		刑部主事		监察御史
		中书左司都事		太子家丞

续表

姓名	时间	历官	时间	历官
傅岩起		中书左司员外郎		御史台都事
		左司郎中		参议中书省事
	泰定四年	吏部尚书		同知太禧宗禋院事
		同佥枢密院事		两淮都转运盐使
		湖北廉访使		燕南廉访使
		山东廉访使		陕西行台治书侍御史
		御史台治书侍御史		御史台侍御史
	后至元四年	中书参知政事	后至元六年	资政大夫、中书左丞知经筵事
程徐		翰林从事		太史院校书郎
		奉礼郎		中书东曹掾
		礼部主事		刑部主事
		户部主事		中书检校官
		御史台监察御史		御史台都事
怀都		断事官		刑部尚书
		荆湖北道宣慰使		
吕流		襄阳路总管		刑部侍郎

说明：本表数据出处与表一同。另，本表中所体现的日期为可确证任职日期，不确证是否任职的空档期姑不入列。

296　元代刑部研究

表四　《刑部第三题名之记碑》中的刑部官吏信息①

官职	人名	信息	人名	信息	人名	信息
尚书	曲出	有诚	萨而达温		普达明理	安礼
	卜别	通奉、仁卿	藏卜	伯昌	那颜不花	
	刘谦	自牧	王茂	德春	崔孛罗帖木儿	元卿
	杨鹗	大举	杨景元	可允	阿八赤	仁口
	秃满迭儿	仲明	护都铁穆尔		阿口答纳	仲口、口奉
	完口都口		杨思益		桑哥识理	中口
	李家奴		脱口帖木儿		胜吉普	
	月鲁帖木儿	正口	完者帖木儿	仲贤、资善	闵本	资善
	完者帖木儿	升为头	孛尔忽达		吉膙颅思班	再任、荣禄
	阿儿灰	彦卿、奉议	王演口	琦温	桑哥识理	升为头
	沙剌藏普	彦泽、资政	王玉尔海牙	鼎臣	沙剌藏普	德春、再任
	朵儿只	元善	脱火安	君祐	杨景元	允公
	山寿	子宾	张瑞	善口	纳嘉识理	
	燕帖穆尔	子宾	张章嘉讷			
侍郎	斡亦图	明善	赛因帖木儿	德卿、承直	怗古思帖木儿	
	伯颜		木斯林	子山	刘希曾	师鲁
	韩楫	汝舟	米只儿海牙	元臣、朝列、由监察御史迁	忽都帖木儿	

① 《刑部第三题名之记碑》如今被安置在北京石刻艺术博物馆，其碑阴倚墙，无法全部探知。宋辽金元至元金国旺老师惠赐拓片扫描件，碑阴信息得以较为全面地记录，得益于中国社科院历史研究所宋辽金元室张国旺老师惠赐拓片扫描件，碑阴信息得以较为全面地记录，在此一并致谢。

续表

官职	人名	信息	人名	信息	人名	信息
侍郎	撒儿塔牙	德举	桑哥失里		唐兀台□	
	察吉儿		阔阔歹	朝用	月鲁不花	
	秃只	士中	唐昇	彦明	忙哥帖木儿	国杰
	六十	元方、至正二十四年□	刘宴	仲安、嘉议	山寿	子静
	只儿哈忽	嘉议、鲁卿、详定副迁、答鲁乃蛮	吕谦	伯益	刘宴	仲安、通议、复任
	脱脱	希古、中宪、济南总管迁、监察御史迁、怯列歹	金伯颜	德元、由北兵马都指挥使迁、至正廿四年四月上	王元□	廿七年四月上
	月鲁帖木儿	正议、师杰、监察御史迁、至正二十□年八月上	秃鲁帖木儿		药师奴	
郎中	汪家		教化	中大夫、左司□	张土勉	□吾、辽□
	蔡因普化		观音奴		牛继志	述善
	秃满迭儿		满哥帖木儿	廷彦	黑黑	仲方
	福安	仁寿	黄夔		萨都实理	彦诚
	锁南班		帖木儿脱	元记	□□木儿	
	按摊木花		□宝		吕宗艺	志能
	王元鲁	希曾	刘炳	孟文		

298　元代刑部研究

续表

官职	人名	信息	人名	信息	人名	信息
郎中	汪家奴	由光禄寺卿迁，至正二十七年四月上	杨听德	朝列，字惟聪，由国子司业迁，至正二十七年四月上	教化同	子敬，员外升
	王德诚	仲芳	李克诚		种梦起	鼎臣，朝列，户部郎中迁
	护都铁穆尔	可允	□□	述古	□□	子敬
	韩励	之进	允住	朝列，敬之	完者秃	
	锁锁	无方	燕□		曹□	
	六十		答失帖木儿		□□	□宾
	兀□台	宗约	帖麦赤		阿忽章	
	荆也先帖木儿		张晋	伯晋	允住	敬之
员外郎	准提奴	希颜，朝散	八都不花	元凯	教化同	子敬
	哈剌不花	字德芳，阿鲁温氏，至正廿五年三月一日由江浙员外迁，奉训	王伦普	彦周，承德	赵溉	济舟，奉议
	种梦起	鼎臣，奉议	庸者□		张家奴	
	木八剌沙		完者秃		李克诚	
	那颜不花		王思义		孟幸	
	宝宝□					
提控	赵克己	敬礼	刘敬	处恭	安亨	伯谦
	陶亨	士元	侯士岩	鲁瞻	李德庸	执中
令史	李守正	友仁				

附录 299

续表

官职	人名	信息	人名	信息	人名	信息
令史	刘敬	处恭	范祯	伯宣	闫廷玉	仲理
	陈天赉	梦弼	安享	伯谦	牛思祖	奉先
	刘炯	永昭	李继祖	孝先	王彦廷	师宾
	李伯谊	彦忠	杨元举	文质	李惟	
	李德庸	执中	李彦威	叔仪	崔允恭	克让
	王世贞	伯纯	赵克允	彦能	萧懿	士端
	闫思义	子直	刘师鲁	景贤	杜荣进	文义
	刘有文	德善	李守正	友仁	张继祖	孝先
	李良		田贞	德固	宋居仁	嘉夫
	闫文郁	德周	刘谦	彦口	常志一	道宁
	韩希弼	晋卿	唐弘毅	道远	高良	良卿
	裴吉	元益	薛普	惟明	盛茂	
	杜君义	子徽	陶亨	士元	蔡德新	复初
	柴祯	国直	李志	道宁	赵权	德中
	贺琬	庭琰	杨克孝	进道	赵彦泽	德润
	刘谦	允让	滕楠	有文	刘师口	
	魏惟明	口远	马正	士瑞	李文胜	焕章
	赵俊德	克明	霍守礼	遵道	马惟善	德称
	胡文焕	有章	张守贞		冯贵	贵道
	曹从德	希敏		子正		

续表

官职	人名	信息	人名	信息	人名	信息
模糊不清	□住	仲德	侯世禄	元爵	张木花	国□
	郝都彻彻秃	大□	俺都剌法答	彦通	买木丁	
	马哈马	德明	阿合马	仲良		
知印	孛罗帖木儿	彦□	举迷实普□	田築不忽	伯祯	伯亨
	陈忠	□忠	同思忠		木八剌沙	得春
奏差	张凤	□仪	哈质	仲彬	杨狗儿	
	李孝宗		孙拜住		上都	彦明
	皇甫	克明	哈剌木花			
	□从信	允夫	孟文	士章	高思恭	致敬
书□①	薛中	好问	赵俊德	克明	李壁	文玉
	□辅	唐臣	姚权	执中	刘德行	用□
	曹从德	希闵	王焕	文玉	马正	士□
	邢裕	士宽				
誊写	□天禄	士良	王焕章	炳文		
首领	马德	显道	陈德新	荣甫		
回回令史	安子成		游德彬	文质	常进	成甫

① 疑为"书吏"。

续表

官职	人名	信息	人名	信息	人名	信息
模糊不清	□	继先	成进	君卿	孙显	得明
	宜智中	希彦	张成		侯钦祖	继先
司狱						
司司狱						
狱丞	张成		蒋禅			
司籍所提领	□成	伯允	龚敬	以敬	高仔敬	
同提领	李士□					
	□和					
书写	秦佑		萧恣		张郁	
	苏仁杰		李亨	道元	任善	可举
	武仪	士威	刘文宝	彦恭	杨昇	
	徐登		张德	大本	王子成	士□
	游德彬	文质	常进	成甫	安崇德	从善
	萧义	成甫	史得林	君义	姚甫	
	王聚		刘用	巨川	高□	士元
	王荣		田荣祖	继先	路主	
	苏义	胜烈				
典吏	赵然	文英	李肃	惟恭		
杂乱	刘可宜	文义	裴希颜		夏士宗	
无章	刘秉臣	安道	王怡道	秉文	和愍	仲良

302　元代刑部研究

续表

官职	人名	信息	人名	信息	人名	信息
杂乱无章	郑国瑞		鄂智	文纪	吴泰	子达
	侯邦杰	国英	王纲	元臣	高敏	守中
	郝文焕		李亨		王遵道	
	刘用		孙显		成进	
	安崇德		肖义		史德林	
	王聚	继先	□显		成进	
	刘用	巨川	高达	士元	王荣	彦实
	王阶	德甫	李居敬	行简	□□彦	
	李居敬	行简	宜智中	希彦	张成	
	于渊	彦深	苏义		窦德	李先
	孟成□		赵德		于得海	
	赵德		宜□		杨得□	
	高□					

表五　　　《元典章·刑部卷》中至元十三年前司法判例信息

时间	地点	案件
至元元年（1则）	南京路	因奸谋杀本夫
至元二年（4则）	济南路	因斗误伤傍人致死
	东平路	打死妻
	东平路	打死强奸未成奸夫
	真定路	强奸无夫妇人
至元三年（15则）	河间路	打杀妻父
	太原路	因奸谋杀本夫（又）
	泰安州	强奸男妇未成
	顺天路	奸弟妻
	东平路	药死本夫
	济南路棣州	打死妻（又）
	济南路	打死婿
	真定路	淹死亲女
	济南路棣州	打死定婚夫还活
	东平路	因奸杀人偶获生免
	丰州	诬告本属多科
	平阳路	脱囚监守罪例
	中都路	脱囚监守罪例（又）
	河间路	脱囚监守罪例（又）
	东平路	脱囚监守罪例（又）
至元四年（16则）	上都路	男妇执谋翁奸
	东平路	诬告谋反者流
	曹州	驱奴斫伤本使
	北京路	奴杀本使
	西京路	奴杀本使（又）
	卫辉路	因奸同谋勒死本夫
	顺天路	踢打致死
	濮州馆陶县	船边作戏淹死
	中都路	走马撞死人
	东平路濮州馆陶县	杀死奸夫
	中都路	赚推撷死奸妇

续表

时间	地点	案件
至元四年（16则）	真定路	杀死奸夫
	中都路	殴人
	河间路	折跌支体
	中都路	男妇执谋翁奸
	真定路	赦前犯奸告发在后
至元五年（19则）	顺天路	翁奸男妇已成
	南京路	因奸同谋打死本夫
	益都路	反狱劫囚
	济南路	误打死人
	益都路	马惊车碾死
	濮州	打死男妇
	卫辉路	打死无罪驱
	隆兴路	打死同驱
	太原路	杀死娼女
	冠氏县	杀死盗奸寝妇奸夫
	东平路	打死犯奸妾
	平阳路夏县	军殴县令
	冠氏县	和奸有夫妇人
	中都路	夫受财纵妻犯奸
	济南路	犯奸放火
	济南路	奴奸主幼女例
	洺州	偷斫树木免刺
	河间路	放火烧死人
	太原路	诈写大王令旨
至元六年（11则）	中都路	孕囚出禁分娩
	济南路	无财可陪家属典雇
	真定路	打死二人烧埋银止征五十两
	河间路	打死奸夫不征埋银
	卫辉路	强奸有夫妇人
	大都路	非奸所捕获勿论
	彰德路	犯奸休和理断

续表

时间	地点	案件
至元六年（11则）	曹州	奸婢生子随母
	博州路	获贼给赏等第
	禹城县	词讼正官推问
	涿州	禁写无头圆状
至元七年（13则）	顺天路	佐职提控罪囚
	东平路汶上县	主误伤佃妇致死
	泰安州	射鹿射死人
	中都路	良人杀驱
	陕西行省延长县	年老打死人赎罪
	泰安州	割瘿割死人
	北京路	医死人断罪
	河间路	无妻男财产免征烧埋银
	东平府汶上县	获贼准过不给赏
	益都路莒州莒县	捕盗官身故难议追罚
	彰德路	捕杀人贼同强盗罪赏
	曹州	捕放火人同强盗罪赏
	安阳县	被盗枉勘平民
至元八年（11则）	隆兴路	殴死弟
	真定路	欲奸亲女未成
	平阳路	因斗咬伤致死
	大名路南乐县	惊死年幼
	濮州路	神刀伤死
	真定路	男打死母奸夫
	济南路	自伤致死
	顺天路	狗咬死人
	泰安州	无人口免征烧埋银
	中都路	容奸受钱追给
	中都路	禁治贯刀乞化
至元九年（8则）	大名路	奴杀本使次妻
	临汾县	自行淹死
	延安路	主奸奴妻

续表

时间	地点	案件
至元九年（8则）	归德府睢阳县	盗赃无偿折俸
	泰安州	别境获贼准过捉事人旌赏
	大都路	事主获盗官收赏钱
	益都路	权官止依捕盗官停俸
	太原路平晋县	民官影占民户
至元十年（7则）	彰德路	军户重刑总府归结
	平阳路	翁戏男妇断离
	太原路	戏杀准和
	泰安州	官吏赃罚钞
	南京路	年老停贼断罪
	博州路茌平县	交替捕盗官不停俸
	顺州	迥野失盗难议责罚
至元十一年（3则）	神木县	主打死驱
	大都路	拾得物难同真盗
	顺天路束鹿县	禁学散乐词传
至元十二年（3则）	平阳路	蒙古人自相犯重刑有司约会
	大都路	诈认物合同真盗
	大都路	奴拐主财不刺配

参考文献

一 石刻与史料文献

（一）石刻史料与出土文献

蔡美彪编著：《元代白话碑集录》（修订版），中国社会科学出版社2017年版。

《大元故光禄大夫监修国史中书左丞相耶律公墓志铭》，北京石刻艺术博物馆藏。

国家图书馆善本金石组：《历代石刻史料汇编》，北京图书馆出版社2000年版。

李逸友编著：《黑城出土文书（汉文文书卷）》，科学出版社1991年版。

（清）胡聘之撰：《山右石刻丛编》，清光绪二十七年刻本。

《石刻史料新编》（全四辑），台湾：新文丰出版公司1979、1982、1986、2006年版。

孙继民、宋坤、陈瑞青、杜立晖等：《中国藏黑水城汉文文献的整理与研究》，中国社会科学出版社2016年版。

《刑部第三题名之记碑》，北京石刻艺术博物馆藏。

（二）正史与官方相关文献

（东汉）班固撰：《汉书》，中华书局1962年版。

（后晋）刘昫撰：《旧唐书》，中华书局1975年版。

（唐）李林甫撰，陈仲夫点校：《唐六典》，中华书局2014年版。

（唐）魏征等撰：《隋书》，中华书局1982年版。

（宋）窦仪等详定，岳纯之点校：《宋刑统》，北京大学出版社2015年版。

（宋）欧阳修、宋祁撰：《新唐书》，中华书局1975年版。

（宋）宋敏求编：《唐大诏令集》，学林出版社1992年版。

（元）脱脱等撰：《金史》，中华书局1987年版。

（元）脱脱等撰：《辽史》，中华书局1974年版。

（元）脱脱等撰：《宋史》，中华书局1985年版。

（元）佚名编：《景印元本〈大元圣政国朝典章〉》，台北"故宫博物院"1976年影印本。

（明）解缙等奉敕纂：《永乐大典》，中华书局2012年版。

（明）宋濂等撰：《元史》，中华书局1976年版。

（清）永瑢撰：《四库全书总目》，中华书局2013年影印清乾隆武英殿本。

（清）张廷玉等撰：《明史》，中华书局1974年版。

陈高华、张帆、刘晓、党宝海点校：《元典章》，天津古籍出版社2011年版。

方龄贵点校：《通制条格校注》，中华书局2001年版。

洪金富点校：《元典章》，台湾"中研院"史语所专刊2016年版。

怀效锋点校：《大明律》，法律出版社1999年版。

柯劭忞、屠寄撰：《元史二种》，上海古籍出版社2012年版。

柯劭忞撰：《新元史》，上海古籍出版社2018年版。

司义祖整理：《宋大诏令集》，中华书局1962年版。

余大钧译注：《蒙古秘史》，内蒙古大学出版社2014年版。

岳纯之点校：《唐律疏议》，上海古籍出版社2013年版。

［韩］李玠奭等点校：《〈至正条格〉校注本》，Humanist出版集团2007年版。

　　（三）文人文集、笔记与其他作品

（金）刘祁撰：《归潜志》，中华书局1983年版。

（金）元好问编，萧和陶点校：《中州集》，华东师范大学出版社 2014 年版。

（金）元好问著，狄宝心校注：《元好问诗编年校注》，中华书局 2011 年版。

（金）元好问著，狄宝心校注：《元好问文编年校注》，中华书局 2012 年版。

（宋）胡太初撰：《画廉绪论》，宋百川学海本。

（宋）黄仲元撰：《有宋福建莆阳黄仲元四如先生文稿》，四部丛刊本。

（宋）黎靖德编：《朱子语类》，中华书局 1986 年版。

（宋）马端临著，上海师范大学古籍所、华东师范大学古籍所注：《文献通考》，中华书局 2011 年版。

（宋）熊克著，顾吉辰、郭群一点校：《中兴小纪》，福建人民出版社 1984 年版。

（宋）徐梦莘撰：《三朝北盟会编》，上海古籍出版社 1987 年版。

（宋）赵珙撰：《蒙鞑备录》，《全宋笔记》（第 7 编），大象出版社 2016 年版。

（宋）周密著，吴企明点校：《癸辛杂识》，中华书局 2002 年版。

（元）曹伯启撰：《曹文贞诗集》，清文渊阁四库全书本。

（元）陈基著，邱居里、李黎校点：《陈基集》，吉林文史出版社 2009 年版。

（元）陈旅撰：《陈众仲文集》，中国国家图书馆藏元至正刻明修本。

（元）程端礼撰：《畏斋集》，四明丛书本。

（元）程端学撰：《积斋集》，四明丛书本。

（元）程钜夫撰：《雪楼集》，清宣统二年陶氏涉园刻本。

（元）戴表元著，李军、辛梦霞校点：《戴表元集》，吉林文史出版社 2008 年版。

（元）戴良著，李军、施贤明校点：《戴良集》，吉林文史出版社 2009 年版。

（元）邓文原撰：《巴西集》，清文渊阁四库全书本。

（元）傅若金撰：《傅与砺文集》，民国嘉业堂丛书本。

（元）富大用编：《新编古今事文类聚·新集》，元刊本。

（元）贡奎、贡师泰、贡性之著，邱居里，赵文友校点：《贡氏三家集》，吉林文史出版社2010年版。

（元）顾瑛撰：《玉山遗稿》，读画斋丛书本。

（元）郝经撰：《郝经集编年校笺》，人民文学出版社2018年版。

（元）胡祗遹著，魏崇武、周思成校点：《胡祗遹集》，吉林文史出版社2008年版。

（元）胡助撰：《纯白斋类稿》，金华丛书本。

（元）黄溍著，王颋点校：《黄溍全集》，天津古籍出版社2008年版。

（元）揭傒斯撰，李梦生标校：《揭傒斯文集》，上海古籍出版社2012年版。

（元）李存撰：《俟庵集》，北京图书馆藏明永乐三年李光刻本。

（元）李士瞻撰：《经济文集》，清文渊阁四库全书本。

（元）刘秉忠撰：《藏春集》，四库全书珍本六集本。

（元）刘将孙著，李鸣、沈静校点：《刘将孙集》，吉林文史出版社2009年版。

（元）刘敏中著，邓瑞全、谢辉校点：《刘敏中集》，吉林文史出版社2008年版。

（元）刘仁本撰：《羽庭集》，北京图书馆藏清抄本。

（元）刘因撰：《静修先生文集》，四部丛刊本。

（元）刘岳申撰：《申斋集》，清文渊阁四库全书本。

（元）柳贯著，魏崇武、钟彦飞点校：《柳贯集》，浙江古籍出版社2014年版。

（元）马祖常撰，王媛点校：《马祖常集》，吉林文史出版社2010年版。

（元）欧阳玄著，魏崇武、刘建立校点：《欧阳玄集》，吉林文史出版社 2009 年版。

（元）沈仲纬撰：《刑统赋疏》，《中国律学文献》，黑龙江人民出版社 2004 年版。

（元）宋褧撰：《燕石集》，清文渊阁四库全书本。

（元）苏天爵编：《元文类》，上海古籍出版社 1993 年版。

（元）苏天爵辑撰，姚景安点校：《元朝名臣事略》，中华书局 1996 年版。

（元）苏天爵著，陈高华、孟繁清点校：《滋溪文稿》，中华书局 1997 年版。

（元）同恕撰：《榘庵集》，清文渊阁四库全书本。

（元）王鹗撰：《汝南遗事》，《丛书集成初编》本。

（元）王结撰：《文忠集》，清文渊阁四库全书本。

（元）王寔撰：《东吴小稿》，上海科学技术文献出版社 2016 年版。

（元）王士点、商企翁编次，高荣盛点校：《秘书监志》，浙江古籍出版社 1992 年版。

（元）王恽著，杨亮、钟彦飞点校：《王恽全集汇校》，中华书局 2013 年版。

（元）王恽撰：《玉堂嘉话》，中华书局 2006 年版。

（元）危素撰：《危太朴文集》，《元人文集珍本丛刊》影印本。

（元）危素撰：《危太朴文续集》，《元人文集珍本丛刊》影印本。

（元）魏初撰：《青崖集》，清文渊阁四库全书本。

（元）吴澄撰：《吴文正公集》，《元人文集珍本丛刊》影印本。

（元）吴师道著，邱居里、邢新欣校点：《吴师道集》，吉林文史出版社 2008 年版。

（元）萧㪺撰：《勤斋集》，清刻本。

（元）徐元瑞撰，杨讷点校：《吏学指南》，浙江古籍出版社 1988 年版。

（元）许衡撰：《许文正公遗书》，清乾隆五十五年怀庆堂刻本。

（元）许有壬撰：《圭塘小稿》，三怡堂丛书本。

（元）许有壬撰：《至正集》，《元人文集珍本丛刊》影印本。

（元）杨奂撰：《还山遗稿》，适园丛书本。

（元）杨维桢撰：《东维子文集》，四部丛刊本。

（元）杨瑀撰：《山居新话》，中华书局2006年版。

（元）姚燧著，查洪德编辑点校：《姚燧集》，人民文学出版社2011年版。

（元）耶律楚材撰：《湛然居士文集》，四部丛刊本。

（元）耶律铸撰：《双溪醉隐集》，知服斋丛书本。

（元）余阙撰：《青阳集》，四部丛刊续编本。

（元）虞集著，王颋点校：《虞集全集》，天津古籍出版社2007年版。

（元）虞集：《雍虞先生道园类稿》，《元人文集珍本丛刊》影印本。

（元）袁桷著，杨亮校注：《袁桷集校注》，中华书局2012年版。

（元）张伯淳撰：《养蒙文集》，北京图书馆藏传抄本。

（元）张弘范撰：《张淮阳集》，清光绪二十一年鹿傅霖刻本。

（元）张养浩著，李鸣、马振奎校点：《张养浩集》，吉林文史出版社2008年版。

（元）张之翰著，邓瑞全、孟祥静校点：《张之翰集》，吉林文史出版社2009年版。

（元）张翥撰：《蜕庵诗》，四部丛刊续编景明本。

（元）赵承禧等编撰，王晓欣点校：《宪台通纪（外三种）》，浙江古籍出版社2002年版。

（元）赵孟𫖯著，钱伟强点校：《赵孟𫖯集》，浙江古籍出版社2016年版。

（元）赵天麟撰：《太平金镜策》，北京大学图书馆藏元刻本。

（元）钟嗣成撰：《录鬼簿》，上海古籍出版社1978年版。

（元）朱德润撰：《存复斋集》，四部丛刊续编本。

（明）陈邦瞻撰：《元史纪事本末》，中华书局2015年版。

（明）陈永辑：《法家裒集》，明嘉靖三十年刻本。

（明）程敏政辑：《新安文献志》，黄山书社 2004 年版。
（明）黄淮、杨士奇编：《历代名臣奏议》，上海古籍出版社 1989 年版。
（明）黄宗羲著，全祖望补修，陈金生、梁连华校：《宋元学案》，中华书局 2007 年版。
（明）雷梦麟撰：《读律琐言》，法律出版社 2000 年版。
（明）刘基撰：《刘伯温集（新编本）》，浙江古籍出版社 2011 年版。
（明）权衡著，任崇岳笺证：《庚申外史笺证》，中州古籍出版社 1991 年版。
（明）陶宗仪撰：《南村辍耕录》，辽宁教育出版社 1998 年版。
（明）王肯堂原释、（清）顾鼎重辑：《王仪部先生笺释》，清康熙三十年顾鼎刻本影印本，载《四库未收书辑刊》，北京出版社 2000 年版。
（明）叶子奇撰，吴东昆校点：《草木子》，上海古籍出版社 2012 年版。
（明）佚名编：《吏文辑览》，极东书店 1962 年版。
（明）张楷撰：《律条疏议》，《中国律学文献》，黑龙江人民出版社 2006 年版。
（清）卞永誉编著：《式古堂书画汇考》，台北：正中书局 1958 年景印本。
（清）陈梦雷等编纂：《古今图书集成》，中华书局、巴蜀书社 1985 年版。
（清）顾嗣立编：《元诗选》，中华书局 1987 年版。
（清）全士潮等辑纂：《驳案汇编》，法律出版社 2009 年版。
（清）沈之奇撰：《大清律辑注》，法律出版社 2000 年版。
（清）孙承泽撰：《春明梦余录》，清文渊阁四库全书本。
（清）汪辉祖撰：《元史本证》，中华书局 2004 年版。
（清）薛允升撰：《唐明律合编》，中国书店出版社 2010 年版。
（清）薛允升撰：《唐明清三律汇编》，《中国珍稀法律典籍续编》，黑龙江人民出版社2002年版。
（清）赵翼著，王树民校证：《廿二史劄记校证》，中华书局1984年版。
北京图书馆出版社影印室编：《辽金元名人年谱》，北京图书馆出版社2005年版。
顾宏义、李文整理标校：《金元日记丛编》，上海书店出版社2013年版。
黄时鉴编：《元代法律资料辑存》，浙江古籍出版社1988年版。
李修生主编：《全元文》，江苏古籍出版社1999年版。
吴曾祺编：《古今文钞》，清宣统涵芬楼本。

  （四）方志

（元）郝献明、胡岳立修：《顺治乐陵县志》，清顺治十七年刻本。
（元）王元恭纂：《至正四明续志》，宋元四明六志本。
（元）熊梦祥著，北京图书馆善本组辑：《析津志辑佚》，北京古籍出版社1983年版。
（元）杨谦修：《至正昆山郡志》，观自得斋丛书本。
（元）于钦纂：《齐乘》，明嘉靖四十三年杜氏校刊本。
（元）俞希鲁编纂：《至顺镇江志》，江苏古籍出版社1999年版。
（元）袁桷纂：《延祐四明志》，宋元四明六志本。
（元）张铉修：《至正金陵新志》，元至正四年刊本。
（明）曹树声等修：《万历平阳府志》，明刻清印本。
（明）陈善修：《万历杭州府志》，明万历七年刊本。
（明）冯惟敏、王政熙纂：《万历保定府志》，明隆庆五年刊万历三十五年增补本。
（明）郭实修：《万历续朝邑县志》，明万历十二年刊本。
（明）何乔远修：《闽书》，福建人民出版社1994年版。
（明）胡谧纂：《成化山西通志》，明成化二十一年刊本。
（明）胡宗宪修：《嘉靖浙江通志》，明嘉靖四十年刊本。
（明）黄仲昭编纂：《弘治八闽通志》，福建人民出版社2006年版。

参考文献　315

（明）纪大纲纂：《崇祯文安县志》，明崇祯年间刊本。

（明）雷福修：《嘉靖真定府志》，明嘉靖二十六年刊本。

（明）李贤、万安等纂修：《大明一统志》，国家图书馆出版社 2009 年版。

（明）刘廷锡纂：《万历潍县志》，明万历二年刊本。

（明）龙文明修：《万历莱州府志》，明万历三十二年刊本。

（明）陆钶修：《嘉靖山东通志》，明嘉靖十二年刊本。

（明）马暾纂：《弘治潞州志》，明弘治八年刊本。

（明）王璜修：《嘉靖滁县志》，明嘉靖八年刊本。

（明）萧良干修：《万历绍兴府志》，明万历十四年刊本。

（明）邢侗纂：《万历武定州志》，明万历十六年刊本。

（明）徐良傅修：《嘉靖抚州府志》，明嘉靖三十二年刊本。

（明）杨芳纂：《万历真定县志》，明万历四年刊本。

（明）杨琬纂：《正德丹徒县志》，明正德十四年刊本。

（明）张恒纂修：《天顺重刊襄阳郡志》，明天顺三年刻本。

（明）张一飞修：《天启同州志》，明天启五年刊本。

（明）张元芳修：《万历顺天府志》，明万历二十一年刊本。

（明）赵景禄纂：《隆庆襄陵县志》，明隆庆二年刊本。

（明）赵木修：《正统大名府志》，清抄本。

（明）赵廷瑞修：《嘉靖陕西通志》，明嘉靖二十一年刊本。

（明）钟羽正纂：《万历青州府志》，明万历四十三年刊本。

（清）储大文修：《雍正山西通志》，清文渊阁四库全书本。

（清）李鸿章等修：《同治畿辅通志》，清宣统二年北洋官报兼印刷局石印本。

（清）钱墉修：《光绪襄陵县志》，清光绪七年刻本。

（清）茹金修：《道光壶关县志》，清道光十四年刻本。

（清）沈凤翔修，邓嘉绅等纂：《同治稷山县志》，清同治四年刻本。

（清）王赠芳、王镇主修，成瓘、冷烜编纂：《道光济南府志》，清道光二十年刻本。

（清）王兆鳌修：《康熙朝邑县后志》，清康熙五十一年刻本。
（清）张焕纂修：《乾隆满城县志》，清乾隆五十二年刻本。
（清）张万青纂：《乾隆章丘县志》，清乾隆二十一年刻本。
（清）赵开元修，畅俊纂：《乾隆新乡县志》，清乾隆十二年石印本。
陈继淹、许闻诗修：《张北县志》，1935年排印本。
金鉽纂：《江苏通志稿》，天津社会科学院图书馆藏1927年抄本。

二 中文研究著作

白钢主编，陈高华、史卫民：《中国政治制度通史·元》，社会科学文献出版社2011年版。
蔡枢衡：《中国刑法史》，广西人民出版社1983年版。
陈得芝：《蒙元史研究丛稿》，人民出版社2005年版。
陈得芝：《蒙元史与中华多元文化论集》，上海古籍出版社2013年版。
陈高华、张帆、刘晓：《元代文化史》，广东教育出版社2009年版。
陈高华：《元朝史事新证》，兰州大学出版社2010年版。
陈高华：《元史研究新论》，上海社会科学院出版社2005年版。
陈灵海：《唐代刑部研究》，法律出版社2010年版。
陈垣：《元西域人华化考》，中华书局2016年版。
方龄贵：《元史丛考》，民族出版社2004年版。
郭超：《元大都的规划与复原》，中华书局2016年版。
韩儒林主编：《元朝史》，人民出版社1986年版。
韩儒林：《蒙元史与内陆亚洲史研究》，兰州大学出版社2012年版。
韩儒林：《穹庐集》，河北教育出版社2000年版。
胡兴东：《元代民事法律制度研究》，中国社会科学出版社2007年版。
胡兴东：《中国古代判例法运作机制研究——以元朝和清朝为比较的考察》，北京大学出版社2010年版。
瞿同祖：《中国法律与中国社会》，商务印书馆2010年版。

李甲孚：《中国监狱法制史》，台北：台湾商务印书馆1984年版。

李鸣飞：《金元散官制度研究》，兰州大学出版社2014年版。

李锡厚、白滨：《辽金西夏史》，上海人民出版社2016年第2版。

李治安、杜家骥：《中国古代官僚政治》，中华书局2015年版。

李治安：《元代分封制度研究》，天津古籍出版社1992年版。

李治安：《元代行省制度》，中华书局2011年版。

李治安：《元代政治制度研究》，人民出版社2003年版。

梁庚尧：《中国社会史》，东方出版中心2016年版。

梁启超：《中国历史研究法》，中华书局2009年版。

刘晓：《耶律楚材评传》，南京大学出版社2001年版。

吕思勉：《中国通史》，上海古籍出版社2009年版。

内蒙古典章法学与社会学研究所编：《〈成吉思汗法典〉及原论》，商务印书馆2007年版。

钱穆：《国史大纲》，商务印书馆1996年版。

（清）沈家本：《历代刑法考》，商务印书馆2011年版。

屈文军：《元史研究——方法与专题》，中国社会科学出版社2017年版。

尚衍斌：《元史及西域史丛考》，中央民族大学出版社2013年版。

宋国华：《元代法制变迁研究——以〈通制条格〉和〈至正条格〉为比较的考察》，知识产权出版社2017年版。

苏振申：《元政书经世大典之研究》，台北：中国文化大学出版部1984年版。

唐长孺：《山居存稿》，武汉大学出版社2013年版。

王慎荣主编：《元史探源》，吉林文史出版社1991年版。

王亚南：《中国官僚政治研究》，中国社会科学出版社1981年版。

吴凤霞主编：《辽史、金史、元史研究》，中国大百科全书出版社2009年版。

吴海航：《元代法文化研究》，北京师范大学出版社2000年版。

吴海航：《元代条画与断例》，知识产权出版社2009年版。

吴宗国主编:《中国古代官僚政治制度研究》,北京大学出版社 2004 年版。
萧启庆:《内北国而外中国》,中华书局 2007 年版。
萧启庆:《元代史新探》,台北:新文丰出版公司 1983 年版。
徐苹芳:《中国城市考古学论集》,上海古籍出版社 2015 年版。
许凡:《元代吏制研究》,劳动人事出版社 1987 年版。
严耕望:《严耕望史学论文选集》,中华书局 2006 年版。
阎步克:《品位与职位——秦汉魏晋南北朝官阶制度研究》,中华书局 2009 年版。
阎步克:《士大夫政治演生史稿》,北京大学出版社 2015 年版。
杨鸿烈:《中国法律发达史》,中国政法大学出版社 2009 年版。
杨一凡、[日]田寺浩明编:《日本学者中国法制史论著选——宋辽金元卷》,中华书局 2016 年版。
姚大力:《蒙元制度与政治文化》,北京大学出版社 2011 年版。
扎奇斯钦:《蒙古史论丛》,台北:学海出版社 1980 年版。
张帆:《元代宰相制度研究》,北京大学出版社 1997 年版。
张晋藩总主编,韩玉林分卷主编:《中国法制通史·元》,法律出版社 1999 年版。
张田田:《清代刑部的驳案经验》,法律出版社 2015 年版。
赵琦:《金元之际的儒士与汉文化》,人民出版社 2004 年版。

三 外文(中译)研究著作

[德]马克斯·韦伯:《经济与社会》,阎克文译,上海人民出版社 2010 年版。
[法]埃米尔·克罗齐埃:《科层现象》,刘汉全译,上海人民出版社 2002 年版。
[美]陈恒炤:《蒙古统治下的中国法制传统》(*Paul Heng-chao Chen: Chinese Legal Tradition under the Mongols: The Code of 1291 as Reconstructed*),普林斯顿大学出版社 1979 年版。

[日] 安部健夫:《元代史研究》,东京:创文社1972年版。

[日] 大薮正哉:《元代的法制和宗教》,东京:秀英出版社1983年版。

[日] 丹羽友三郎:《中国元代的监察官制》,东京:高文堂出版社1994年版。

[日] 仁井田陞:《补订中国法制史研究》,东京:东大出版社1991年版。

四 中文学术论文

白翠琴:《略论元朝法律文化特色》,《民族研究》1998年第1期。

陈得芝:《蒙古优势、汉制主体的元朝法制——读〈至正条格·断例〉》,2010年南京大学东亚多元文化时代的法律与社会——《至正条格》与蒙元法律文献研究学术研讨会论文。

陈高华:《元朝的审判机构和审判程序》,《东方学报》第66册,1994年。

陈高华:《元代的流刑与迁移法》,《祝贺杨志玖教授八十寿辰中国史论集》,天津古籍出版社1994年版。

陈高华:《〈至正条格·条格〉初探》,《中国史研究》2008年第2期。

陈广恩:《研究元代刑狱制度的新史料——〈至正条格〉"狱官"条格初探》,《图书馆理论与实践》2010年第3期。

陈佳臻:《蒙汉文化的冲突与调适:以元代判例创制为例》,《炎黄文化研究》第19辑,大象出版社2019年版。

陈佳臻:《元代法制史研究综述》,《隋唐宋辽金元史论丛》第9辑,上海古籍出版社2019年版。

陈佳臻:《元代"遥授"现象研究》,《湖北社会科学》2019年第5期。

程妮娜:《金代一省制度述论》,《北方文物》1998年第2期。

程妮娜:《论金代的三省制度》,《社会科学辑刊》1998年第6期。

杜荣坤、白翠琴：《元朝狱政及特点刍议》，《蒙元史暨民族史论集：纪念翁独健先生诞辰一百周年》，社会科学文献出版社2006年版。

龚延明：《宋代刑部建制述论——制度史的静态研究》，《河北大学学报》（哲学社会科学版）2016年第5期。

郝时远：《元代监察制度概述》，《元史论丛》第3辑，中华书局1986年版。

胡兴东：《元朝令考》，《内蒙古师范大学学报》（哲学社会科学版）2016年第4期。

胡兴东：《元代刑事审判制度之研究》，《云南大学学报》（法学版）2005年第2期。

李涵：《蒙古前期的断事官、必阇赤、中书省和燕京行省》，《武汉大学学报》1963年第3期。

李明德：《元代司法制度述略》，《法学研究》1995年第1期。

李鸣飞：《蒙元时期的札撒孙》，《西域研究》2013年第2期。

李玉年：《〈大札撒〉对元朝立法的影响及其在中华法系中的地位》，《史林》2007年第3期。

李治安：《元代肃政廉访司研究》，《文史》第52—54辑，中华书局2000—2001年版。

李治安：《元代行省制起源与演化论述》，《南开学报》1997年第2期。

李治安：《元江南地区的籍没及其社会影响新探》，《社会科学》2016年第9期。

林雪菲：《公共行政过程中的理性官僚制——组织、机制与制度三种镜像下的剖析》，《教学与研究》2016年第12期。

刘卫东：《〈刑部题名第三记碑〉考》，《北京文博文丛》2014年第3期。

刘晓：《大蒙古国与元朝初年的廉访使》，《元史论丛》第8辑，江西教育出版社2001年版。

刘晓：《〈大元通制〉到〈至正条格〉：论元代的法典编纂体系》，

《文史哲》2012 年第 1 期。

刘晓：《〈大元通制〉断例小考——从〈五服图解〉中的两件〈通制〉断例说起》，《法律史论集》第 3 卷，法律出版社 2001 年。

刘晓：《南坡之变刍议——从"武仁授受"谈起》，《元史论丛》第 12 辑，内蒙古教育出版社 2010 年版。

刘晓：《元朝断事官考》，《中国社会科学院研究生院学报》1998 年第 4 期。

刘晓：《元代大宗正府考述》，《内蒙古大学学报》（人文社会科学版）1996 年第 2 期。

刘晓：《元代监狱制度研究》，《元史论丛》第 7 辑，江西教育出版社 1999 年版。

刘晓：《元代司法审判中种族因素的影响》，《性别、宗教、种族、阶级与中国传统司法》，"中研院史语所"出版，2013 年。

刘晓：《再论〈元史·刑法志〉的史源——从〈经世大典·宪典〉一篇佚文谈起》，《北大史学》第 10 辑，北京大学出版社 2004 年版。

吕志兴：《元代"约会"审判制度与多民族国家的治理》，《西南政法大学学报》2011 年第 4 期。

罗炳良：《"予夺褒贬"与"据事直书"——中国传统史学的两种治史理念及其演变趋势》，《学术研究》2006 年第 6 期。

乔志勇：《论元代的人口籍没》，《元史及民族与边疆研究集刊》第 31 辑，上海古籍出版社 2016 年。

沈仁国：《元代俸禄制度》，《元史及北方民族史研究集刊》第 12—13 合辑，1988 年印刷。

宋国华：《论元代的监狱管理——兼与唐宋的比较》，《平顶山学院学报》2015 年第 4 期。

唐犀：《元代二元民族法律观念初探》，《中国政法大学学报》2015 年第 4 期。

王东平：《元代回回人的宗教制度与伊斯兰教法》，《回族研究》

2002 年第 4 期。

王建峰：《唐代刑部尚书的法学素养》，《文史哲》2015 年第 5 期。

翁独健：《蒙元时代的法典编纂》，《燕京社会科学》1948 年第 1 期。

吴志坚：《元代法律特征及其在中华法系中的地位——以法律形式为中心》，2010 年南京大学东亚多元文化时代的法律与社会——《至正条格》与蒙元法律文献研究学术研讨会论文。

杨德华、胡兴东：《元代"约会"制度初探》，《云南师范大学学报》1999 年第 5 期。

杨清华：《金宣宗朝行六部设置考》，《学术交流》2008 年第 8 期。

杨印民：《元代籍没妇女的命运与籍没妻孥法的行废》，《史学月刊》2007 年第 10 期。

杨印民：《元文宗朝籍没政策及籍没资产对政府财政的作用》，《庆贺邱树森教授七十华诞史学论文集》，华夏文化艺术出版社 2007 年版。

杨志娟：《回回人与蒙古宫廷政变——兼论元朝回回商人与回回法的盛衰》，《西北民族研究》2012 年第 1 期。

姚大力：《从"大断事官"制到中书省——论元初中枢机构的体制演变》，《历史研究》1993 年第 1 期。

姚大力、郭晓航：《金〈泰和律〉徒刑附加决杖考——附论元初的刑政》，《复旦学报》1999 年第 4 期。

姚大力：《论元朝刑法体系的形成》，《元史论丛》第 3 辑，中华书局 1986 年版。

于月：《元代俸禄制度新考》，《中国史研究》2018 年第 4 期。

曾代伟：《蒙元法定死刑考辨》，《法学家》2004 年第 5 期。

扎奇斯钦：《说〈元史〉中的札鲁忽赤并兼论元初的尚书省》，《蒙古史论丛》（上），台北：学海出版社 1980 年版。

张帆：《金元六部及相关问题》，《国学研究》第 6 卷，北京大学出版社 1999 年版。

张帆：《论蒙元王朝的"家天下"政治特征》，《北大史学》第 8 辑，北京大学出版社 2001 年版。

张帆:《元朝皇帝的"本命日"》,《元史论丛》第 12 辑, 内蒙古教育出版社 2010 年版。

张帆:《元朝诏敕制度研究》,《国学研究》第 10 卷, 北京大学出版社 2002 年版。

张帆:《〈元典章〉本校举例》,《中国古代法律文献研究》第 8 缉, 社会科学文献出版社 2014 年版。

张国旺:《元代军官俸禄制度考论——〈元典章·户部·禄廪〉研究之一》,《中国经济史研究》2016 年第 3 期。

张康之:《韦伯官僚制合理性设计的悖论》,《江苏社会科学》2001 年第 2 期。

赵文坦:《元代的刑部和大宗正府》,《历史教学》1995 年第 8 期。

赵文坦:《元代刑法轻重考辨》,《中国史研究》1999 年第 2 期。

郑金鹏:《中国传统法律解释的实践之维——以从"盗"至"白昼抢夺"的罪名演变为例》,《法律史评论》2015 年总第 7 卷。

周东平、李勤通:《〈大明律〉采六部体系编纂模式原因考辨》,《法律科学》2017 年第 1 期。

周继中:《论元朝监察制度的特点》,《中国人民大学学报》1987 年第 3 期。

周思成:《元代刑法中的所谓"敲"刑与"有斩无绞"之说辨正》,《北京师范大学学报》(社会科学版) 2015 年第 2 期。

五 外文(中译)学术论文

[日] 安部健夫:《大元通制解说》,《东方学报》第 1 册, 1931 年。

[日] 安部健夫:《〈元史·刑法志〉与"元律"之关系》,《东方学报》第 2 册, 1931 年。

[日] 宫崎市定:《宋元时期的法制与审判机构》, 载杨一凡、田寺浩明主编《日本学者中国法制史论著选——宋辽金元卷》, 中华书局 2016 年版。

［日］田村实造：《元朝札鲁忽赤考》，《中国征服王朝的研究（中）》，京都：同朋舍1964年版。

［日］小林高四郎：《元代法制史上的旧例》，《江上波夫教授古稀纪念论集·历史篇》，东京：山川出版社1977年版。

［日］岩村忍：《〈元典章〉刑部研究——刑罚手续》，《东方学报》第24册，1954年。

［日］岩井茂树：《元代行政诉讼与判决文书——以〈元典章〉附钞案牍〈都省通例〉为素材》，《东方学报》第86册，2013年。

［日］有高岩：《元代的诉讼裁判制度研究》，《蒙古史研究参考资料新编》第18辑，1981年。

［日］植松正：《关于元代江南豪民朱清、张瑄——围绕诛杀与财产官没问题展开》，《东洋史研究》1968年第27卷第3号。

［日］植松正：《汇集〈至元新格〉并解说》，《东洋史研究》1972年第30卷第4号。

［日］植松正：《元初法制论考——特别是与金制的关系》，《东洋史研究》1981年第40卷第1号。

［日］植松正：《元代条画考》，《香川大学教育学部研究报告》第45—51、58号，1978年。

六　学位论文

李玉年：《元代多元法律问题研究》，博士学位论文，南京大学，2008年。

刘本栋：《五代至北宋初期刑部制度研究》，硕士学位论文，河南大学，2011年。

王建峰：《唐代刑部尚书研究》，博士学位论文，山东大学，2007年。

王晓昱：《宋代刑部研究》，硕士学位论文，南开大学，2009年。

武波：《元代法律问题研究——以蒙汉二元视角的观察为中心》，博士学位论文，南开大学，2010年。

徐昱春：《元代法定刑考辨》，博士学位论文，西南政法大学，2009年。

杨清华：《金朝行省制度研究》，博士学位论文，吉林大学，2009年。

朱志培：《明代刑部大理寺职能嬗变考》，硕士学位论文，华东政法大学，2011年。

七 工具书

陆峻岭编：《元人文集篇目分类索引》，中华书局1979年版。

王德毅等编著：《元人传记资料索引》，中华书局1987年版。

姚景安编：《元史人名索引》，中华书局1982年版。

中华文化复兴运动推行委员会四库全书索引编纂小组主编：《钦定辽金元三史国语解索引》，台北：台湾商务印书馆1986年版。

朱士嘉编：《宋元方志传记索引》，上海古籍出版社1986年版。

［日］植松正编著：《元代政治法制史年代索引》，东京：汲古书院2008年版。

后　记

　　改完博士论文并准备付梓，已在数九时节，此时距博士毕业已过去近两年。

　　我硕士期间的学习方向是宋史，蒙元史于我而言，只是个陌生而又熟悉的"近邻"。后来读博，承蒙刘晓老师不弃，我得以在蒙元史领域开始新的学习研究，并在博士毕业后继续从事相关领域的科研工作。满打满算，我在蒙元史方向的学习研究时间仅仅五年，说是"萌新"，亦非虚语。师从刘晓老师，获益良多，不如撷取其要，分享诸君。

　　一切念兹在兹。犹记得初到社科院历史研究所，考虑到我非天资聪颖之辈，又对蒙元史懵懂无知，于是刘晓老师给我开了两门课——"元史研究前沿"和"元史文献研读"，作为开启蒙元史学习的基础课。基础课的学习，需要坐冷板凳的心态，对于一个年近三十，未成家未立业的人来说，还带着些许对时间的焦虑。幸而有刘晓老师之耐心指点，在攻习蒙元史的过程中，我得以少走弯路，博士论文的选题，也在基础课的学习中逐渐具体化。

　　我的博士论文选题，并非一开始就定在"元代刑部"。我在本科和研究生阶段皆无法学专业背景，硕士也非专研法史，因此在入学伊始，刘晓老师希望我从元代地方行政单位，如徽州路，入手进行专题研究。但机缘巧合，我的博士室友李泊毅博士是法学方向的博士，寝室四周又多住着法学方向的学生，甚至与我同届的历史学专业的涂盛高博士，亦法学专业出身，入学之前，活跃于法政系统。

在与诸友的沟通交流中，我也渐渐对法律、法律史发生兴趣（就在撰写后记前数日，我意外获悉自己通过 2020 年国家法律职业资格考试，也算是对我这数年"恶补"法学知识的一种肯定），但毫无专业基础或史料积累基础的我，又未敢轻易涉足法律史，于是在与刘晓老师的交流中，便渐渐形成从传统政治史切入法律史的思路，最后以研究刑部作为沟通这两个领域的桥梁。

有了题目，就需要开始为之作大量准备。而学界之积淀，藏如烟海。若未能得明师指点，则往往皓首穷经而不得其要。刘晓老师曾在课上跟我谈到，邓广铭先生曾指出习史之四把钥匙，为职官、地理、年代、目录。而今天之学界，还需第五把钥匙——研究动态。知前人之研究成果，可以使我们在学术道路上少走弯路，少做重复工作，亦有利于我们站在前人的肩膀上进一步开拓深耕。研究动态之外，基本文献的积累，同样是治史者精深学问的不二法门。由于中国社会科学院研究生院博士学制三年，我又是初入蒙元史领域，时间上颇为紧张。刘晓老师时常再三叮嘱我，要以"上穷碧落下黄泉"的精神，将最基本的元代文献细嚼慢咽，沉下心步步为营，又要有紧迫感，知时间之流逝。

于是，在学期间，我的主要任务只有两项：其一，在老师的引导下，将前人之研究成果作尽可能详细的了解，知其然后知其所以然；其二，将所读史料分门别类，做好资料长编。三年时间，枯燥而充实，知识积累的成效虽非立竿见影，但亦渐有起色。史料中出现的龃龉之处，在大量阅读史料之后逐渐浮出水面，而汲取新知的过程中，又渐渐产生问题意识和批判精神。这种思想火花，不啻于清晨第一缕阳光。刘晓老师鼓励我自己探索，在适格之时又作点拨。不知觉间，博士论文的框架亦就此搭建。

论文写作过程，亦非坦途。写作中会遇到不少问题，如原先设计好的章节，在实际撰写中缺乏史料，难以形成严密的逻辑链，甚或史料过于支离破碎，无法支撑倾向性结论的问题；又如史料详略所造成的章节篇幅长短不一、论据的证明力大小不等；等等。打磨成稿，调整框架，亦需劳心劳力。刘晓老师告诉我，论文写作，本身就是理性逻辑思维的形成过程，论文写完，固当为了解决所立命题，但更为重要的，是通过写作，培养科学理性看问题、解决问题的能力。我想，投入并不年轻的三年时光深造学习，不正是为了获得其他途径难以获得的，弥足珍贵的东西吗？

论文终得撰成，还得到校内外诸师友的指点赐教。社科院的研究生院远在良乡，每次返回建国门上课，时间是极为集中的。为了充分利用时间学习，乌云高娃老师特地利用中午休息时间为我们上蒙古语课。惭愧的是，临近毕业，我没能在第三学期继续坚持学习。北京大学的张帆老师，北京师范大学的游彪、王东平老师，社科院的孙晓、阿风、乌云高娃老师，中央民族大学的尚衍斌老师，是我博士论文的评审、答辩委员会专家，对我博士论文提出了宝贵的批评建议，给予我很多启示指导。此外，课前课后，我也常得与研究室其他老师沟通交流，张国旺、蔡春娟、罗玮诸师友亦在我学习过程中指点颇多，在此一并致谢。

但求学路之艰辛，非惟学问本身，亦在生活日常中。我非生于富庶殷实之家，因此，我每在校孜孜求学一天，便意味着父母需为我多担待一天。我与妻子刘英相处有时，除了默默相守，她对我亦多有支持，未尝加一语塞责这种漫无边际的"苦日子"。物欲横流的社会中，等待往往最是一种煎熬。每念及此，我对他们无不感怀至深。此外，我毕业找工作时一度困顿，最终幸而得在学术圈继续从事科研工作，离不开中国政法大学法律史学研究院朱勇老师，以及法律古籍整理研究所李雪梅老师等诸位老师的支持，我定当不辱使命，稳步前行。

坦率讲，出版博士论文一事，我心里多少没有勇气。拙文虽忝列中国社科院的优秀博士论文，但时至今日我仍认为，如果论文中有值得称道之处，那一定是刘晓老师及诸位师友教益的结果。在此也要特别感谢中国社会科学院大学的项目资助。当我得知论文获得资助时，我不禁想起朱庆馀的《近试上张籍水部》："妆罢低声问夫婿，画眉深浅入时无？"但丑媳妇终究得见公婆，出书本身不是结果，而是新的征程。本书是在博士论文的基础上修改而成的。我对博士论文各章的具体内容均作程度不等的调整及词句润色，一些不甚成熟的章节亦作取舍，如余论中谈及元明继承问题，我作了较为详尽的内容扩充，而原本在判例法层面试图进行的中外比较法研究，则因论述尚未臻完善而删去。博士论文尚附有独立论文两篇，至本书稿中亦一并删除。希望本书付梓，能对学界有所作用；贻笑方家之处，亦请海涵。余不多及。

搁笔时，北京刚过号称"21世纪以来最冷"的日子。新冠肺炎疫情仍纷扰不息，但想春天已经不远，愿学术之树常青！

陈佳臻

2021年1月10日于南五环外

中国社会科学院大学优秀博士学位论文出版资助项目书目

- 元代刑部研究
  埃及经济转型、社会结构与社会流动研究
  与时俱化：庄子时间观研究
  广告法上的民事责任
  葛颇彝语形态句法研究
  杨绛的人格与风格
  越南海洋战略与中越海洋合作研究